本书的出版得到了中国南方电网有限责任公司的资助

U0592732

中国企业社会责任报告

Corporate Responsibility Reporting in China 2014

2014

以报告促管理

中国社会科学院经济学部企业社会责任研究中心

新华网

正德至远社会责任机构

钟宏武　魏紫川　张　蒽　翟利峰等/著
方小静　王梦娟　王志敏　张晓丹等/数据分析

经济管理出版社

ECONOMY & MANAGEMENT PUBLISHING HOUSE

图书在版编目（CIP）数据

中国企业社会责任报告（2014）/钟宏武等著. —北京：经济管理出版社，2015.1
ISBN 978-7-5096-3617-6

Ⅰ.①中… Ⅱ.①钟… Ⅲ.①企业责任—社会责任—研究报告—中国—2014 Ⅳ.①F279.2

中国版本图书馆 CIP 数据核字（2015）第 017953 号

组稿编辑：陈　力
责任编辑：陈　力
责任印制：司东翔
责任校对：超　凡

出版发行：经济管理出版社
　　　　　（北京市海淀区北蜂窝 8 号中雅大厦 A 座 11 层　100038）
网　　址：www. E-mp. com. cn
电　　话：（010）51915602
印　　刷：三河市延风印装厂
经　　销：新华书店
开　　本：710mm×1000mm/16
印　　张：20.25
字　　数：385 千字
版　　次：2015 年 1 月第 1 版　2015 年 1 月第 1 次印刷
书　　号：ISBN 978-7-5096-3617-6
定　　价：128.00 元

中国社会科学院经济学部企业社会责任研究中心简介

中国社会科学院经济学部企业社会责任研究中心（以下简称"中心"）成立于2008年2月，中国社会科学院副院长、经济学部主任李扬研究员任中心理事长，国务院国有资产监督管理委员会研究局局长彭华岗博士、中国社会科学院工业经济研究所所长黄群慧研究员任中心常务副理事长，中国社会科学院社会发展战略研究院钟宏武副研究员任主任。中国社会科学院、国务院国有资产监督管理委员会、人力资源与社会保障部、中国企业联合会、人民大学、国内外大型企业的数十位专家、学者担任中心理事。

中心以"中国特色、世界一流社会责任智库"为目标，积极践行研究者、推进者和观察者的责任：

● 研究者：中国企业社会责任问题的系统理论研究，研发颁布《中国企业社会责任报告编写指南（CASS-CSR1.0/2.0/3.0)》，组织出版《中国企业社会责任》文库，促进中国特色的企业社会责任理论体系的形成和发展。

● 推进者：为政府部门、社会团体和企业等各类组织提供咨询和建议；主办"中国企业社会责任研究基地"；主办"分享责任——中国企业社会责任公益讲堂"；开设中国社科院研究生院MBA"企业社会责任"必修课，开展数百次社会责任专项培训；组织"分享责任中国行/世界行"，参加各种企业社会责任研讨交流活动，分享企业社会责任研究成果和实践经验。

● 观察者：从2009年起，每年出版《企业社会责任蓝皮书》，跟踪记录上一年度中国企业社会责任理论和实践的最新进展；从2011年起，每年发布《中国企业社会责任报告白皮书》，研究记录我国企业社会责任报告发展的阶段性特征；自2010年起，制定、发布、推动《中国企业社会责任报告评级》，累计为196份中外企业社会责任报告提供评级服务；主办"责任云"（CSRCloud责任云）微信平台。

中国社会科学院经济学部企业社会责任研究中心

2014年12月

电话：010-59001552

传真：010-59009243

网站：www.cass-csr.org

微博：http://weibo.com/casscsr

中心官方微信号：中国社科院 CSR 中心

微信公众账号：CSRCloud （责任云）

E-mail：csr@cass-csr.org

地址：北京市朝阳区东三环中路 39 号建外 soho 写字楼 A 座 605 室 （100022）

研究业绩

课题：

1. 国务院国资委：《中央企业海外社会责任研究》，2014；

2. 国务院国资委：《中央企业社会责任优秀案例研究》，2014 年；

3. 工信部：《"十二五"工业信息领域企业社会责任发展评估研究》，2014 年；

4. 国家食药监局：《中国食品药品行业社会责任信息披露机制研究》，2014 年；

5. 国土资源部：《矿山企业社会责任评价指标体系研究》，2014 年；

6. 中国保监会：《中国保险业社会责任白皮书》，2014 年；

7. 全国工商联：《中国民营企业社会责任研究报告》，2014 年；

8. 陕西省政府：《陕西省企业社会责任研究报告》，2014 年；

9. 国土资源部：《矿业企业社会责任报告制度研究》，2013 年；

10. 国务院国资委：《中央企业社会责任优秀案例研究》，2013 年；

11. 中国扶贫基金会：《中资海外企业社会责任研究》，2012~2013 年；

12. 北京市国资委：《北京市属国有企业社会责任研究》，2012 年 5~12 月；

13. 国资委研究局：《企业社会责任推进机制研究》，2010 年 1~12 月；

14. 国家科技支撑计划课题组：《社会责任国际标准风险控制及企业社会责任评价技术研究之子任务》，2010 年 1~12 月；

15. 深交所：《上市公司社会责任信息披露》，2009 年 3~12 月；

16. 中国工业经济联合会：工信部制定《推进企业社会责任建设指导意见》前期研究成果，2009 年 10~12 月；

17. 中国社科院：《灾后重建与企业社会责任》，2008 年 8 月~2009 年 8 月；

18. 中国社科院：《海外中资企业社会责任研究》，2007 年 6 月~2008 年 6 月；

19. 国务院国资委：《中央企业社会责任理论研究》，2007 年 4~8 月。

专著：

1. 彭华岗、钟宏武、孙孝文、张蒠：《中国企业社会责任报告编写指南（CASS-CSR3.0)》，经济管理出版社 2014 年版；

2. 黄群慧、彭华岗、钟宏武、张蒽：《中国企业社会责任研究报告（2014）》，社会科学文献出版社 2014 年版；

3. 孙孝文、李晓峰、张蒽、朱念锐：《中国企业社会责任报告编写指南之一般采矿业》，经济管理出版社 2014 年版；

4. 张蒽、钟宏武、魏秀丽、陈力等：《中国企业社会责任案例》，经济管理出版社 2014 年版；

5. 钟宏武、张蒽、魏秀丽：《中国国际社会责任与中资企业角色》，社会科学出版社 2013 年版；

6. 彭华岗、钟宏武、张蒽、孙孝文等：《企业社会责任基础教材》，经济管理出版社 2013 年版；

7. 姜天波、钟宏武、张蒽、许英杰：《中国可持续消费研究报告》，经济管理出版社 2013 年版；

8. 陈佳贵、黄群慧、彭华岗、钟宏武：《企业社会责任蓝皮书（2012）》，社会科学文献出版社 2012 年版；

9. 钟宏武、魏紫川、张蒽、孙孝文等：《中国企业社会责任报告白皮书（2012）》，经济管理出版社 2012 年版；

10. 陈佳贵、黄群慧、彭华岗、钟宏武：《企业社会责任蓝皮书（2011）》，社会科学文献出版社 2011 年版；

11. 彭华岗、钟宏武、张蒽、孙孝文：《中国企业社会责任报告编写指南（CASS-CSR2.0）》，经济管理出版社 2011 年版；

12. 钟宏武、张蒽、翟利峰：《中国企业社会责任报告白皮书（2011）》，经济管理出版社 2011 年版；

13. 彭华岗、楚旭平、钟宏武、张蒽：《企业社会责任管理体系研究》，经济管理出版社 2011 年版；

14. 彭华岗、钟宏武：《分享责任——中国社会科学院研究生院 MBA "企业社会责任" 必修课讲义集（2010）》，经济管理出版社 2011 年版；

15. 陈佳贵、黄群慧、彭华岗、钟宏武：《企业社会责任蓝皮书（2010）》，社会科学文献出版社 2010 年版；

16. 钟宏武、张唐槟、田瑾、李玉华：《政府与企业社会责任》，经济管理出版社 2010 年版；

17. 陈佳贵、黄群慧、彭华岗、钟宏武：《企业社会责任蓝皮书（2009）》，社会科学文献出版社 2009 年版；

18. 钟宏武、孙孝文、张蒽：《中国企业社会责任报告编写指南（CASS-CSR1.0）》，经济管理出版社 2009 年版；

19. 钟宏武、张蒽、张唐槟、孙孝文：《中国企业社会责任发展指数报告 (2009)》，经济管理出版社 2009 年版；

20. 钟宏武：《慈善捐赠与企业绩效》，经济管理出版社 2007 年版。

论文：

在《经济研究》、《中国工业经济》、《人民日报》、《光明日报》等刊物上发表论文数十篇。

专访：

接受中央电视台、中央人民广播电台、人民网、新华网、光明网、凤凰卫视、法国 24 电视台等数十家媒体访问。

正德至远社会责任机构简介

正德至远社会责任机构成立于 2010 年，在中国社会科学院经济学部企业社会责任研究中心咨询部和数据中心的基础上组建而成，是中国社会科学院企业社会责任研究中心的战略合作机构和成果转化平台。自成立以来，先后为《中国企业社会责任蓝皮书（2010/2011/2012/2013/2014)》、《中国企业社会责任报告白皮书(2011/2012/2013)》、《中国企业社会责任报告编写指南（CASS-CSR 3.0)》等项目提供数据支持；双方共同为国内外数十家大型企业提供社会责任管理咨询、培训和报告服务。

机构依托中国社会科学院企业社会责任研究中心深厚的理论研究基础，结合我国企业实践经验，专注于企业社会责任管理咨询、能力培训和品牌推广，为客户提供全方位的社会责任解决方案，帮助客户成为面向未来的可持续企业。机构提供的服务主要包括：

社会责任管理咨询：帮助企业建立社会责任组织体系、制度体系、指标体系、社会责任战略规划和社会责任项目评估。

社会责任报告咨询：帮助企业建立社会责任报告编写流程、议题选择流程，并指导企业进行年度社会责任报告编制。

社会责任培训：为企业提供社会责任理论和实践培训，提升管理层和员工的社会责任意识，并帮助企业掌握社会责任工作工具。

地址：北京市朝阳区东三环中路 39 号建外 soho 写字楼 A 座 605 室

邮箱：wangj@cass-csr.org

电话：010-59001552

咨询项目

自 2008 年起，正德至远社会责任机构已经为 50 多家企事业单位编制社会责任报告 100 余份。其中社会责任报告编写项目 70 余份，社会责任报告顾问项目 30 余份。

（一）报告编写项目（部分）

1. 中央企业

1. 中国石油化工股份	2009~2013 年	2. 中国兵器装备集团	2010 年
3. 中国电子信息产业集团	2010~2013 年	4. 国家核电	2010~2012 年
5. 中国盐业总公司	2010~2013 年	6. 中国电信	2010 年
7. 中国北方工业公司	2011 年	8. 中国农业发展集团	2011 年
9. 中国保利集团	2011~2013 年	10. 中国储备棉管理总公司	2011~2013 年
11. 中国建设科技集团	2011~2013 年	12. 新兴际华集团	2011~2013 年
13. 中国中丝集团	2011 年	14. 中国联通	2012 年
15. 中国中纺集团	2012 年	16. 中国华能集团	2013 年
17. 中海油田服务股份有限公司	2013 年		

2. 地方国有企业

18. 广汽集团	2011 年	19. 北京汽车集团	2012 年
20. 北京控股集团	2012~2013 年	21. 天津生态城	2012~2013 年

3. 民营企业

22. 中国民生银行	2008~2013 年	23. 联想集团	2008 年
24. 华夏幸福基业	2013 年	25. 海航集团	2013 年

4. 外资及合资企业

26. 中国三星	2012 年	27. 佳能（中国）	2012~2013 年
28. 上海大众	2012~2013 年	29. 东风本田	2012 年
30. 现代汽车	2013 年	31. 乐金化学	2013 年
32. 乐金电子	2013 年		

（二）报告顾问项目（部分）

1. 中国石油化工集团	2009~2013 年	2. 中国南方电网公司	2009~2011 年
3. 中国兵器工业集团	2010~2013 年	4. 中国黄金集团	2010~2013 年
5. 广百集团	2011 年	6. 广百股份	2011 年
7. 中国电信	2011~2013 年	8. 华润集团	2011~2013 年
9. 斗山（中国）	2012~2013 年	10. 松下（中国）	2012~2013 年
11. 东风汽车	2013 年	12. 华润置地	2013 年
13. 中国三星	2013 年		

主要作者简介

钟宏武，中国社会科学院经济学部企业社会责任研究中心主任。1977年出生，男，四川简阳人。毕业于中国社会科学院研究生院工业经济系，管理学博士，副研究员。主持"中央企业海外社会责任研究"（国资委课题）、"中国食品药品行业社会责任信息披露机制研究"（国家食药监局课题）、"中国保险业白皮书"（保监会课题）、"企业社会责任推进机制研究"（国资委课题）、"上市公司社会责任信息披露"（深交所课题）；先后访问日本、南非、英国、瑞典、中国台湾、缅甸、苏丹、美国、韩国、荷兰，研究企业社会责任。出版《中国企业社会责任报告编写指南》、《企业社会责任基础教材》、《企业社会责任蓝皮书》、《企业社会责任报告白皮书》、《慈善捐赠与企业绩效》等专著26部。在《经济研究》、《中国工业经济》、《人民日报》等刊物上发表论文50余篇。

魏紫川，1966年出生，安徽滁州人，汉族，中共党员，中国企业社会责任报告专家评级委员会副主席。1986年毕业于南京东南大学无线电技术专业，中国人民大学经济学硕士、博士，美国纽约市立大学计算机科学高级访问学者。1986~1996年在新华社技术局工作，任教授级高级工程师；1997年参与新华网创建；1997~2000年在新华社新闻信息中心和新华社网络办公室工作；2000年任新华网总裁助理；2004年至今任新华网副总裁兼副总编、董事会成员；2010年至今任国家计算机网络与信息安全专家组委员。曾获新华社技术进步一等奖（部级）、新华社社级好稿奖、中国新闻奖网络新闻专栏一等奖等荣誉奖项，编著《中国企业社会责任报告白皮书（2012/2013）》。

张蒽，中国社会科学院经济学部企业社会责任研究中心常务副主任。1982年生，女，管理学博士，经济学博士后，助理研究员，作为主要研究人员参与"中央企业社会责任推进机制研究"、"上市公司社会责任信息披露"、"中央企业社会责任理论研究"、"企业社会责任指标体系研究"等重大课题的研究。出版《中国企业社会责任发展指数报告（2009）》、《中国企业社会责任报告编写指南（CASS-CSR3.0）》、《企业社会责任管理体系研究》、《中国企业社会责任报告白皮书2011/2012/2013》、《中国上市公司非财务信息披露研究报告（2011）》等专著，在《中国工业经济》、《经济管理》等期刊公开发表社会责任相关论文。

翟利峰，中国社科院经济学部企业社会责任研究中心副主任，男，哲学硕士。2010 年开始进入企业社会责任研究领域，目前主攻方向为 ESG 评价和责任品牌，曾合著出版《中国企业社会责任报告白皮书（2011）》，参与《中国企业社会责任蓝皮书（2011）/(2012)/(2013)》和《中国上市公司非财务信息研究蓝皮书（2011)》课题的技术路线设计、数据收集和撰写工作；参加"北京市属国有企业社会责任研究课题"（省部级）；为中国石化、三星、华夏幸福基业等大型企业社会责任报告提供指导意见。

方小静，中国社科院企业社会责任研究中心评价部部长。女，河南许昌人，企业社会责任审计师，从事企业社会责任管理与审计 7 年，现负责中心企业社会责任报告评级管理、联络及评价，担任报告评级的过程性实地评估组长。曾参与《中国企业社会责任蓝皮书（2012）/(2013)/(2014)》、《中国企业社会责任报告白皮书（2012）/(2013)》的数据分析与撰写，参与中国民生银行、中国联通、天津生态城、东风本田等公司的社会责任咨询工作。

王梦娟，中国社科院企业社会责任研究中心分析师。女，江西吉安人，毕业于中国人民大学农业与农村发展学院，工学硕士。曾参与《中国企业社会责任报告白皮书（2011）》、《中国企业社会责任蓝皮书（2014）》、《中国企业社会责任报告（2014)》的数据分析与撰写工作；参加"矿山企业社会责任评价指标体系"、"食品药品行业社会责任信息披露机制"等课题研究；为中石化、中粮集团、中国黄金等 20 余家大型企业提供报告评级服务；曾参与中国电子信息集团、中国储备棉等公司的社会责任咨询工作。

王志敏，中国社会科学院企业社会责任研究中心分析师。男，湖北咸宁人，毕业于中国社会科学院研究生院，社会工作硕士。曾参与《中国企业社会责任蓝皮书（2014）》、《中国企业社会责任报告（2014)》的数据收集、分析与撰写工作；参与国土资源部《矿山企业社会责任评价指标体系研究》、中电标协《2014 年中国电子信息行业社会责任研究报告》等研究课题；为华润（集团）、LG（中国）、中储棉、国药集团、中航工业等 8 家大型企业提供社会责任报告评级服务。

张晓丹，中国社会科学院经济学部企业社会责任研究中心分析师，女，毕业于南开大学周恩来政府管理学院，社会工作硕士。参与《中国企业社会责任蓝皮书（2014）》、《中国企业社会责任报告（2014)》、《2014 年中国电子信息行业社会责任研究报告》、《中国汽车行业企业社会责任报告（2013)》的数据收集、分析和撰写工作。为中国交通建筑、中国铝业、现代汽车等 20 余家大型企业社会责任报告编写提供指导意见，并参与企业社会责任报告评级工作。

内容摘要

《中国企业社会责任报告（2014）》是中国社会科学院经济学部企业社会责任研究中心在全面分析在华企业2013年社会责任报告的基础上形成的重要研究成果。研究以《中国企业社会责任报告编写指南（CASS-CSR3.0)》（以下简称《指南3.0》）和《中国企业社会责任报告评级标准（2014）》为评价依据，以企业社会责任报告的信息披露情况及报告管理为评价内容，对1007份报告进行逐一评价，分析出企业社会责任报告发展阶段特征。

本书分为总论、报告篇、管理篇、评级篇和附录五大部分。总论概述了研究背景、本年度主要发现及报告的主要趋势；报告篇对2014年度1007份社会责任报告进行逐一评价，详述了我国企业社会责任报告基本情况及报告议题的披露情况；管理篇梳理了61家评级企业的社会责任报告管理亮点，并选取华电、中国移动等8家企业作为典型案例，详述了企业过程性管理优秀实践；评级篇展示了参与"中国企业社会责任报告评级"的61份2013年社会责任报告的评级报告；附录部分对报告评级、《指南3.0》等内容进行了介绍。

研究发现：

（1）2014年中国企业社会责任报告数量持续增长，达到1526份，其中上市公司和国有企业是主力军；

（2）报告篇幅略增，内容较丰富，企业更倾向披露慈善公益等责任信息；

（3）报告参考标准多元，但第三方评价不足，可靠性有待提高；

（4）报告亮点突出，但同质化现象渐显，反映出报告实质性议题识别不足的短板；

（5）报告定量数据改善明显，纵向可比性好于横向可比性；

（6）报告平衡性表现不足，除部分企业外，整体存在"报喜不报忧"现象；

（7）报告发布连续性较好，发布时间集中在上半年，发布形式和途径多样，显示出企业对社会责任信息传播和沟通的迫切期望；

（8）报告过程性管理可圈可点，但利益相关方参与沟通须进一步加强。

目　录

报告篇　2014年度中国企业社会责任报告内容研究

管理篇　2014 年度中国企业社会责任报告管理研究

评级篇　中国企业社会责任报告评级（2014）

附 录

总论：中国企业社会责任报告年度进展（2014）

第一节　研究背景

企业社会责任报告（Corporate Social Responsibility Report），又称非财务报告，是企业就其履行社会责任的理念、制度、措施和绩效所进行的系统信息披露，是企业与利益相关方进行全面沟通交流的重要载体。

放眼世界，企业主动发布社会责任报告，积极与利益相关方开展沟通交流，已经成为经济全球化时代重要的商业准则，截至 2014 年 11 月，全球已有 11801 家公司发布 61494 份社会责任报告（www.corporateregister.com）。综观中国，在政府、资本市场、行业协会等力量的推动下，[①] 我国企业社会责任报告的编制和发布取得了飞跃式的发展。截至 2014 年 10 月 31 日，共收集到 1526 份社会责任报告，相比 2006 年的 32 份增长了 50 倍，占当年全球报告总数的 15% 左右，中国已经成

---

① 政府方面，深圳市人民政府在 2007 年 5 月 9 日发布的《中共深圳市委深圳市人民政府关于进一步推进企业履行社会责任的意见》中提出了"鼓励企业向社会发布企业社会责任报告"等措施。2007 年 7 月，上海浦东新区发布《浦东新区推进建立企业社会责任体系三年行动纲要（2007~2009）》，明确了浦东新区推进建立企业社会责任体系的工作目标，其中指出，发布企业社会责任报告企业要达到 300 家。2008 年 1 月，国资委发布一号文《关于中央企业履行社会责任的指导意见》，鼓励中央企业发布社会责任报告，接受社会公众的监督，2010 年 8 月要求中央企业 3 年以内都要发布社会责任报告。资本市场方面，深交所在 2006 年 9 月发布的《上市公司社会责任指引》，2008 年 12 月发布的《关于做好上市公司 2008 年度报告工作的通知》中就提出上市公司应当发布社会责任报告；上交所在 2008 年 5 月发布的《上市公司环境信息披露指引》以及 2009 年 1 月发布的《上市公司社会责任报告编制指引》中对社会责任报告编制做出了细化的要求；证监会在《中国证券监督管理委员会公告〔2011〕41 号》中明确提出"增强社会责任意识，鼓励披露社会责任报告"。行业协会方面，中国银行业协会继 2009 年 1 月发布《中国银行业金融机构企业社会责任指引》之后，2009 年 5 月发布了《中国银行业社会责任报告》。房地产、汽车、医药卫生、直销、体育用品等行业均发布了行业可持续发展报告或相关调查研究。中国工业经济联合会组织召开 2009 年、2011 年中国工业经济行业可持续发展报告发布会。中国纺织工业协会出台《中国纺织服装可持续发展报告纲要》。

为全球发布社会责任报告的重要力量。

中国企业社会责任报告在呈现"井喷式"增长的同时，报告的质量方面仍存在一些问题，如报告过于简单、信息披露不规范、"报喜不报忧"等，报告信息披露的时效性、客观性、平衡性和可读性等方面都有较大的提升空间。为了引导中国企业社会责任报告的发展，提高中国企业社会/环境信息披露的质量和水平，中国社会科学院经济学部企业社会责任研究中心自2009年开始先后编制发布《中国企业社会责任报告编写指南（CASS-CSR1.0/2.0/3.0）》，为我国企业社会责任报告编写提供参考标准；制定《中国企业社会责任报告评级标准（2010/2011/2012/2013/2014）》，先后为国内外196家大型企业提供第三方报告评级服务；连续发布《中国企业社会责任报告白皮书（2011/2012/2013）》，全样本评价我国企业社会责任报告质量和水平，辨析阶段性特征，跟踪我国企业社会责任报告的发展进程。

正是在这样的背景下，本书以2014年中国企业发布的1007份①社会责任报告为评价对象，对报告的基本情况、报告的实质性议题进行量化评价，并对60余家评级企业的报告管理过程进行了访谈分析，以辨析2014年中国企业社会责任报告最新进展，进一步推动中国企业社会责任报告水平的提升。

第二节　主要发现

发现一：报告数量持续增长，2014年达1526份，国有企业和上市公司成为主力军

在我国政府、资本市场、行业协会等多方力量的推动下，中国企业社会责任报告数量持续增长，由2013年的1231份增至2014年的1526份，同比增长24.0%，发展速度保持良好态势。通过对1007份报告分析得出：从地区分布来看，北上广地区发布最多，共计404份，占比40.1%；从企业性质来看，国有企

---

① 报告的获取渠道主要包括企业官网、社会责任报告资源库等；报告的发布主体包括国有企业、民营企业和针对中国大陆发布社会责任报告的在华外资企业，政府、研究机构等其他组织不纳入评价范畴；报告的名称包括企业社会责任报告、企业公民报告、可持续发展报告等，但单项责任报告，如环境责任报告、社会公益报告等未纳入本研究的范畴。最终，本书共收集1526份社会责任报告，剔除对外宣称发布报告但不能从公开渠道搜到报告、外资企业发布的中文版全球报告、单项责任报告、非企业报告、超出本研究时间范围的报告519份，最终用于评价的是1007份2013年企业社会责任报告。

业发布报告积极性依然强劲，共计 608 份，占比 60.4%；从上市情况看，共有 758 家为上市公司，占报告总数的 75.3%，上市公司构成了我国企业社会责任报告发布的主力军。如图 0-1 所示。

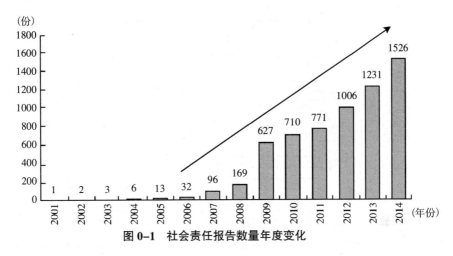

图 0-1 社会责任报告数量年度变化

发现二：报告篇幅略增，内容较丰富，企业更倾向披露慈善公益等信息

2014 年，中国企业社会责任报告披露内容较丰富，平均篇幅由 2013 年的 31.8 页增至 34.5 页，能较好地涵盖企业所在行业及年度重大责任议题。从具体议题披露情况来看，相比大气污染防治措施（34.9%）和水污染防治措施（33.9%）等"公共"问题，企业更愿意披露企业公益方针与政策（77.0%）等信息，而反腐与合规（62.7%）、职业病防治（57.1%）、供应商管理（56.9%）等议题表现相近。如图 0-2 所示。

发现三：报告参考标准多元，但第三方评价不足，可靠性有待提高

2014 年，681 份报告（67.6%）披露了报告编写的参考标准，456 份报告参考两种及以上的标准，在遵守政府、监管机构要求的同时注重参考协会、学术机构的指引，在注重参考国内指南的同时也注重参考国际相关标准，其中全球报告倡议组织 GRI（280 份）、上海证券交易所（以下简称上交所）指引（240 份）、中国社会科学院经济学部企业社会责任研究中心（以下简称社科院）指南（231 份）

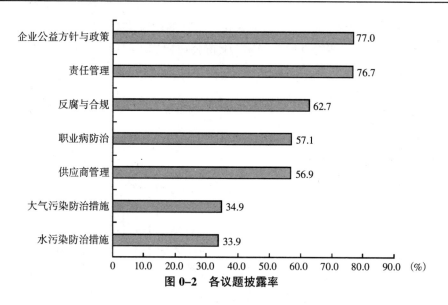

图0-2　各议题披露率

成为最受我国企业青睐的三大社会责任报告编写标准。但从第三方评价来看，我国企业社会责任报告表现不佳，仅有143家（14.2%）企业对报告进行第三方评价，其中部分企业采用两种以上的评估方法，表现较好。第三方评价主要有四类，依次是报告评级（61份）、专家点评（54份）、质量认证（26份）和数据审验（18份）。如图0-3所示。

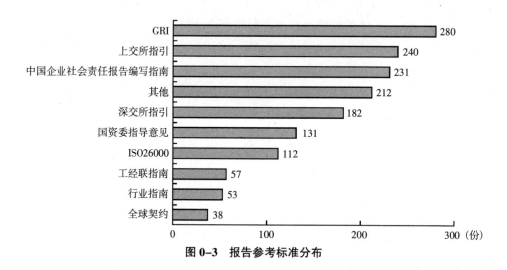

图0-3　报告参考标准分布

发现四：报告亮点突出，但同质化现象渐显，报告实质性议题识别不足

部分企业尤其是中央企业和外资企业，能够结合公司年度重大活动或事件，在报告显著位置设置专题进行专项披露，反映公司的亮点事件，表现较好。但整体来看，我国企业社会责任报告从内容设置和形式设计上存在趋同化现象，读者无法很好地辨识企业特征，降低了信息传播的有效性。这一现象反映出我国企业社会责任报告实质性议题识别的短板。从数据来看，仅97家（9.6%）企业阐述了关键性议题的筛选方法和过程，其中，中央企业（45.9%）和外资企业表现（27.0%）好于其他国有企业（6.0%）和民营企业（2.3%）。如图0-4所示。

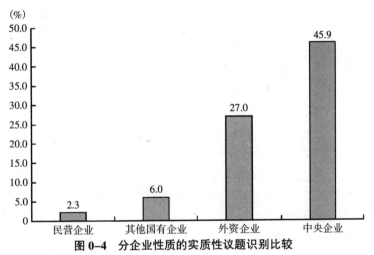

图0-4 分企业性质的实质性议题识别比较

发现五：报告定量数据改善明显，纵向可比性好于横向可比性，国企、外资表现优于民企

企业越来越重视对报告关键定量数据的披露，468份（46.5%）报告披露了连续3年及以上的定量绩效数据，其中107家（10.6%）报告定量数据超过30条，能够较好地满足相关方对数据信息的需求；而在横向可比数据披露方面，仅有197份报告披露了行业绩效对比信息，占比19.6%，纵向可比性好于横向可比性。从企业性质来看，在纵向可比性方面，外资企业（53份，占比59.6%）和国有企业（312份，占比51.3%）好于民营企业（103份，占比33.2%）；在横向对比方面，国有企业报告136份，占比22.4%，外资企业报告18份，占比20.2%，民营

企业报告 43 份，占比 13.9%。整体看来，国有企业和外资企业在可比性数据披露方面好于民营企业。如图 0-5 所示。

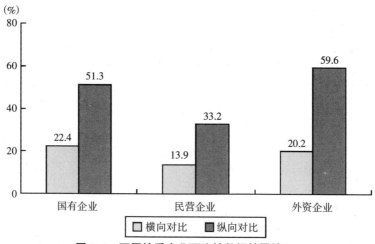

图 0-5　不同性质企业可比性数据披露情况

发现六：报告平衡性表现不足，除部分企业外，整体存在"报喜不报忧"现象

平衡性指标的披露对增强报告的可信度具有重要作用。2014 年，598 家（59.4%）企业进行了负面数据及案例的披露，其中 67 家披露 6 条及以上负面数据信息，占样本企业的 6.7%；97 家（9.6%）企业在对负面数据进行披露的同时，还对报告期内企业发生的一些负面事件的原因、经过、处理及预防措施进行了较详细阐述，这部分企业的平衡性表现较好。从企业性质来看，411 家（67.6%）国有企业对负面数据进行披露，而外资企业（43 家，占比 48.3%）和民营企业（144 家，占比 46.5%）对负面数据的披露比率则不足五成；从 14 个重点行业来看，石油石化行业负面信息披露率达到 92.3%，表现优秀，而房地产行业（38.3%）、汽车行业（21.2%）表现较差，日化行业企业负面信息披露率为 0%，亟须改进。如图 0-6 所示。

发现七：报告发布连续性较好，发布时间集中在上半年，传播方式丰富，显现出企业对社会责任信息沟通的迫切期望

我国企业社会责任报告连续性较好。截至 2014 年，我国企业发布社会责任报

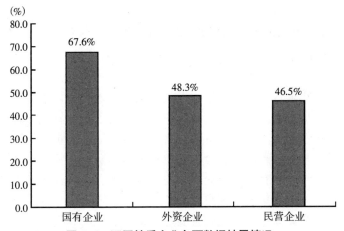

图 0-6　不同性质企业负面数据披露情况

告 6 次及以上的达到 425 家，占比 42.2%，其中，中国平安保险（集团）股份有限公司发布次数最多，高达 11 次。在明确发布时间的 897 份企业社会责任报告中，超九成报告发布时间分布在第一、第二季度，时效性较好。同时，报告传播方式趋向多元化，利用新媒体优势发布报告的企业数增多，如使用二维码扩展报告内容，采用微信、微博等报告推广形式，实现了社会责任信息传递的及时、有效。如图 0-7 所示。

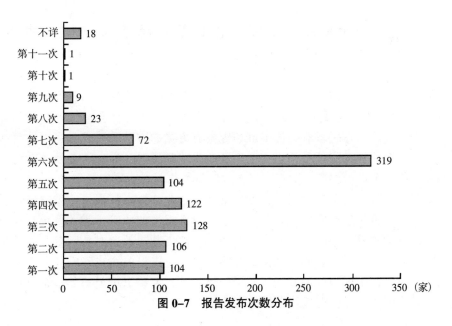

图 0-7　报告发布次数分布

发现八：报告过程性管理可圈可点，利益相关方参与沟通须进一步加强

企业社会责任报告过程性管理表现整体优秀，近九成评级企业的过程性表现为四星级及以上水平，其中南方电网、中国移动的过程性管理表现为五星级，充分发挥了报告在管理提升方面的价值。大多评级企业社会责任报告工作得到了高层领导的重视，并且有自己报告牵头部门和编写团队，能够通过适当的方式对报告进行传播。然而，仍有不少企业在相关方沟通及参与方面表现不佳：从相关方调查的内容来看，主要集中于客户满意度、员工敬业度等单项调查，就企业社会责任工作的全面调查尚欠缺；从调查的形式来看，以问卷调查收集相关方意见的形式居多，深入下属企业调研、召开相关方意见征求会的形式较少；从相关方参与的角度来看，对相关方及重要性的识别较多，但通过适当的渠道和形式让相关方参与进企业社会责任活动及报告中较少，利益相关方参与沟通须进一步加强。

第三节　报告趋势

趋势一：企业社会责任报告数量将稳步上升，上市公司和外资企业将成为新的增长点

随着中共十八届四中全会《中共中央关于全面推进依法治国若干重大问题的决定》"加强企业社会责任立法"的提出，我国企业履行社会责任上升到前所未有的高度，今后，各级政府、资本市场等各方力量的推动和要求必将更加明确和严格，我国企业社会责任工作也将迎来新的挑战和机遇，发布企业社会责任报告势必成为我国企业新的商业潮流，报告数量将继续保持平稳增长态势。

从国际经验和我国实践来看，资本市场对企业社会责任报告的需求将日益显现，这一规律也将迫使我国上市公司在做好财务报告的同时，越发重视对社会责任报告信息的披露。同时，随着我国市场经济的不断成熟，对外资企业的透明经营要求越来越高，外资企业主动接受社会监督，引进母公司成熟的社会责任管理体系，发布针对中国地区的社会责任报告越来越普遍。上市公司外资企业将继续成为今后我国企业社会责任报告新的增长点。

趋势二：企业社会责任报告管理将走向常态化、专业化和信息化，管理能力将进一步得到提升

从 2006 年起，企业社会责任报告大致经历了从"什么是社会责任报告？"、"如何编写社会责任报告？"、"如何发挥社会责任报告价值？"三个阶段，这一过程反映出我国企业社会责任从业人员和组织管理体系等日益成熟和完善。在这一趋势下，2015 年，我国企业社会责任报告全生命周期管理将全面得到提升，主要体现为：企业社会责任部门和制度势必日益完善；企业社会责任报告编写人员议题筛选和资料汇编势必日益专业化；企业社会责任报告工作从启动、编写到发布势必更加流程化；企业社会责任报告资料搜集和发布势必会日益与公司现有信息系统结合，以提高工作效率。总之，社会责任报告工作在我国企业日常运营和管理中将日益作为一种常态化的工作存在，企业社会责任管理能力将得到进一步提升。

趋势三：企业社会责任报告内容将更加实质化、定量化，与公司战略、重大活动、社会热点等结合将成为未来重点

随着国内外企业社会责任报告编写标准、指引的相继出台和完善，以及各利益相关方对企业社会责任报告信息质量的要求不断提高，企业社会责任报告的披露范围将更加规范和广泛，披露的重点除了重视报告指标覆盖外还关注公司实质性议题披露，除了重视报告定性内容外还关注报告定量数据，除了重视报告的结果外还关注报告编写流程和议题筛选过程，这一趋势将促使今后我国企业社会责任报告内容更加实质化和定量化。

同时，为了突出报告亮点，凸显企业可持续发展能力，增加报告的时效性和可读性，今后，我国企业社会责任报告将越来越重视与公司发展战略、重大活动以及社会热点问题进行结合，以增加企业对社会各方期望的回应，体现报告的及时有效和公司对未来的可持续发展承诺。

趋势四：企业社会责任报告发布将更加重视发布平台和新媒体的"杠杆"作用，传播形式趋向"社交化"和"移动化"

作为企业经济、社会和环境信息集中披露的载体和平台，企业社会责任报告第一要义是要把企业的社会/环境信息传递给公司的内外部利益相关方。随着地方政府、行业协会、媒体等组织的社会责任报告集中发布仪式或平台越来越多，企

业也期望借助这种形式，提高报告的传播"声势"和影响力。而微信、微博等新一代信息技术和移动互联网的蓬勃发展，也给企业社会责任报告的发布和传播带来新的元素，例如，今后越来越多的企业将进行社会责任报告的"二次开发"，把社会责任报告作为企业与各受众互动和交流的载体，借助公司微信、微博等媒介，以平等的对话和"互联网式语言"，对外进行社会责任信息传播，以达到"事半功倍"的效果。

趋势五：企业社会责任报告视野将更加国际化：不同语言版本渐多、海外报告和专题渐起、对标国际一流报告渐盛

随着经济全球化的深入发展，我国企业"走出去"步伐不断加快，在海外投资持续增长的同时，中资企业也越发重视在东道国践行企业社会责任，发布地区社会责任报告或海外专题，与当地社区积极沟通，即是最为典型的做法。从报告语言上来看，发布多语种版本报告的企业日渐增多，国家电网、中国建筑股份、中钢集团等80余家企业发布多语种报告；从报告内容上来看，中石化、中国电科、中国五矿等企业发布了海外社会责任报告或设置海外专题，供国内外相关方了解其海外业务；从报告参考标准来看，除了越来越重视参考全球报告倡议组织（GRI）《可持续发展指南》外，国内领先企业也越来越重视与国际一流企业报告对标分析，以促使自身社会责任管理水平和信息披露质量的提升。今后，随着我国企业国际化的步伐加快和当地运营的需要，这一趋势势必将得到加强。

趋势六：社会公众对企业社会责任报告的期望更高，监督更加严格，企业社会责任报告将进入新的阶段和发展水平

近年来，我国企业社会责任报告质量显著提高的同时，投资者、消费者、媒体、社区等社会公众对报告的期望不断提高，监督也更加严格，并且两者出现不同步的现象，即报告质量发展速度落后于报告期望，如信息不完整、定量数据不足、数据真实性有待验证、"报喜不报忧"等。在这一背景下，企业如果要真正发挥社会责任报告的综合价值，势必接受新的挑战，提供更准确的真实数据、更方便的获取渠道、更人性化的阅读体验。因此，今后我国企业社会责任报告将对报告议题筛选、文字严谨性、数据真实性等方面日益给予重视，第三方鉴证也将会更加普及，整合报告有望从"概念"变为"现实"，我国企业社会责任报告进入新的发展阶段和水平。

报告篇

2014 年度中国企业社会责任报告内容研究

报告篇是对 2014 年度企业社会责任报告发布情况及报告内容的整体分析，从信息披露的角度总结本年度社会责任报告的阶段性特征，共分为"中国企业社会责任报告概况"及"中国企业社会责任报告议题分析"两章。第一章概述了企业社会责任报告的基本信息，包括企业的地区分布、行业分布、篇幅大小、发布情况、第三方评价及参考标准等；第二章从信息披露的角度对消费者关注的社会责任议题进行分析，重点探讨企业发布的社会责任报告中是否披露实质性议题的识别过程，并从股东、政府、员工、合作伙伴、社会、环境等利益相关方角度，选取"反腐与合规"、"职业病防治"、"供应商管理"、"企业公益方针与政策"、"大气污染与水污染防治措施"等热点议题进行分析，辨析企业社会责任议题披露水平。

第一章 中国企业社会责任报告概况

一、北上广地区企业报告数量最多

为了解中国企业社会责任报告的地区发展情况，本书将企业所在地区分为中国大陆和境外，其中境外分为中国香港地区、中国台湾地区、日韩、亚洲其他国家或地区、欧洲、北美洲等地区。在对 1007 份报告逐一评价后发现，总部在中国大陆地区的企业共发布 927 份报告，占比 92.1%，构成了研究样本的主体，如图 1-1 所示。

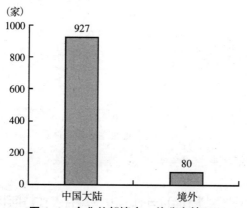

图 1-1 企业总部境内、外分布情况

在中国大陆地区企业中，总部位于东部发达地区的企业报告发布数量居多。首先，北京、广东、上海三地共发布 404 份社会责任报告，占比 40.1%，构成了我国企业社会责任报告发布的主体。其中，总部位于北京地区的最多，达 179 家，占比 17.8%；其次是广东，共 125 家，占比 12.4%；上海地区共发布 100 份报告，占比 9.9%。如图 1-2 所示。

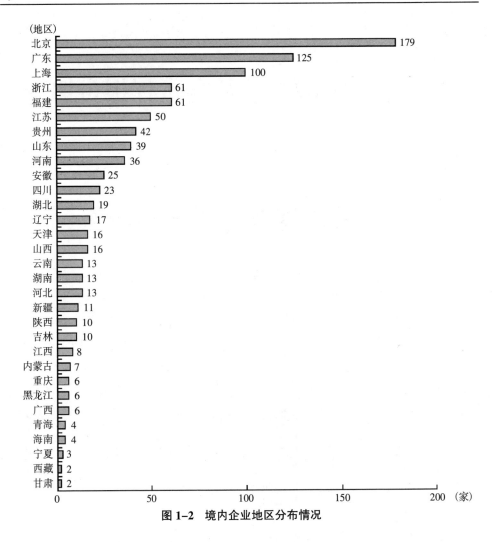

图1-2　境内企业地区分布情况

二、六成报告为国有企业发布，中国香港地区、日韩等企业表现积极

从不同企业性质的发布情况来看，国有企业共发布 608 份社会责任报告，占报告总数的 60.4%，是 2014 年企业社会责任报告发布的主力军；民营企业共发布 310 份报告，占比 30.8%；外资企业最少，仅 89 家，占 8.8%（如图 1-3 所示）。

将国有企业进一步细分为中央企业、国有金融企业和其他国有企业，608 份国有
企业社会责任报告中，有 486 份报告来自其他国有企业，占比 79.9%，如图 1-4
所示。

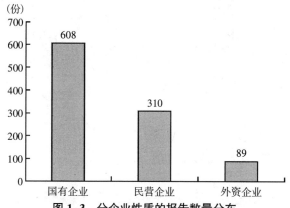

图1-3 分企业性质的报告数量分布

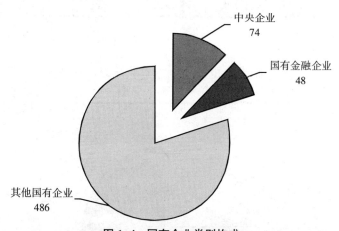

图1-4 国有企业类别构成

在发布社会责任报告的境外企业中，中国香港企业最多，共 33 家；日韩企业
次之，共 19 家；北美洲（11 家）、欧洲（9 家）、中国台湾（6 家）、亚洲其他国
家或地区（2 家），企业数量依次递减。如图 1-5 所示。

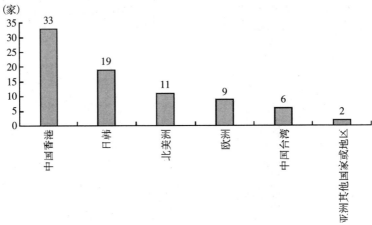

图 1-5　境外企业地区分布

三、近八成企业为上市公司，多为上交所上市

统计发现，851 家企业为上市公司，占企业总数的 77.3%（如图 1-6 所示）。其中 419 家企业于上交所上市、299 家企业于深圳证券交易所（以下简称深交所）上市、102 家企业于香港交易所上市、31 家企业在海外上市，① 如图 1-7 所示。

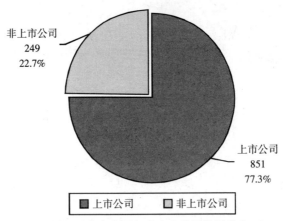

图 1-6　上市公司与非上市公司数量分布

---

① 由于部分企业同时于两所或两所以上交易所上市，故根据上市地区划分时，上市公司总数多于 758 家。

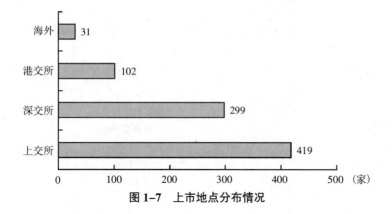

图1-7　上市地点分布情况

四、行业分布广泛，机械设备制造业数量较多

统计发现，发布社会责任报告的企业广泛分布于 47 个行业。[①]其中，跨多个行业经营的企业与机械设备制造业企业数量相对较多，分别为 82 家和 78 家，占报告总数的 8.1% 和 7.7%；工业化学品制造业其次，共 61 家，占比 6.1%；房地产开发业共计 58 家，占比 5.8%；电子产品及电子元件制造业紧随其后，为 51 家，占发布报告企业总数的 5.1%；而木材加工与家具制造业和互联网服务业数量最少，分别只有 2 家。如表 1-1 所示。

表1-1　发布社会责任报告企业行业分布

序号	行　业	企业数量（家）	序号	行　业	企业数量（家）
1	混业	82	6	交通运输服务业	49
2	机械设备制造业	78	7	金属冶炼及压延加工业	46
3	工业化学品制造业	61	8	医药生物制造业	46
4	房地产开发业	58	9	证券基金及其他金融服务业	39
5	电子产品及电子元件制造业	51	10	电力生产业	38

① 为了分析各行业企业社会责任报告发展水平，本书行业分类以国家统计局的"国民经济行业分类"为基础，根据各行业社会责任关键议题的相近程度，进行适当合并和拆分，共划分为 47 个行业，同时将跨多个行业经营的企业以混业计算，以增加研究的科学性和系统性，确保指标体系构建的科学性和指标的实质性。

续表

序号	行 业	企业数量（家）	序号	行 业	企业数量（家）
11	交通运输设备制造业	33	30	家用电器制造业	11
12	食品饮料业	29	31	保险业	11
13	银行业	29	32	服装鞋帽制造业	11
14	非金属矿物制品业	25	33	造纸及纸制品业	9
15	建筑业	22	34	特种设备制造业	9
16	一般服务业	20	35	水的生产和供应业	9
17	一般采矿业	19	36	通信服务业	8
18	煤炭开采与洗选业	18	37	计算机及相关设备制造业	9
19	一般制造业	18	38	房地产服务业	7
20	酒精及饮料酒制造业	16	39	日用化学品制造业	5
21	通信设备制造业	16	40	燃气的生产和供应业	5
22	计算机服务业	15	41	电力供应业	5
23	零售业	14	42	印刷业	3
24	石油和天然气开采业与加工业	12	43	旅游业	4
25	金属制品业	12	44	废弃资源及废旧材料回收加工业	3
26	纺织业	12	45	酒店业	3
27	文化娱乐业	11	46	木材加工与家具制造业	2
28	批发贸易业	11	47	互联网服务业	2
29	农林牧渔业	11			

五、30 页及以下报告数量占比六成

　　适度的社会责任报告篇幅是企业与利益相关方交流和沟通的必要条件和保证。通过对报告篇幅分析发现，30 页及以下的报告数量共计 612 份，占比 60.8%，这部分企业的社会责任信息披露较少。另外，篇幅在 51~70 页、71~90 页、91 页及以上的报告分别为 112 份、97 份、63 份，共占报告总数的 27.0%，这些报告篇幅较大，基本能够全面披露企业在社会责任方面的理念、制度、措施和绩效等信息，如图 1-8 所示。

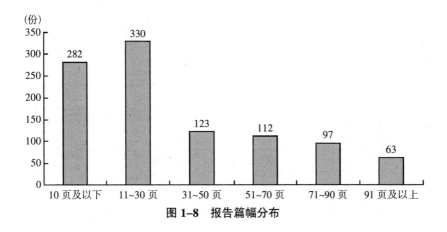

图1-8　报告篇幅分布

六、报告发布连续性较好，选择上半年发布的企业居多

发布报告的企业中，第六次发布的企业数量最多，达到319家，占总数的31.7%，其中中国平安保险（集团）股份有限公司发布次数最多，达11次；东芝集团发布次数达10次；国家电网、台达集团、中海油集团等发布次数达9次。总体而言，大部分企业发布社会责任报告的连续性较好，发布三次及以上的企业共有779家，占77.4%，如图1-9所示。

从报告的发布时间来看，在明确发布时间的897份企业社会责任报告中，超九成企业社会责任报告发布时间分布在第一、第二季度，其中在第一季度发布的有412份，占比45.9%；在第二季度发布的有398份，占比44.4%；在第四季度发布的报告有16份，这部分报告发布时间较晚，信息传播的及时性和有效性将在一定程度上受到影响，有待改进。如图1-10所示。

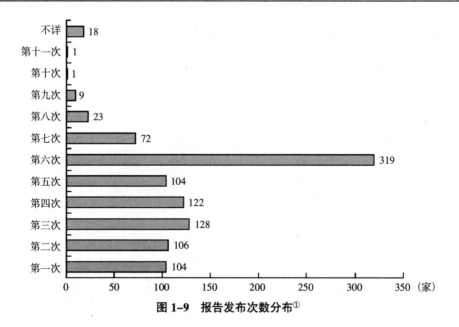

图1-9　报告发布次数分布①

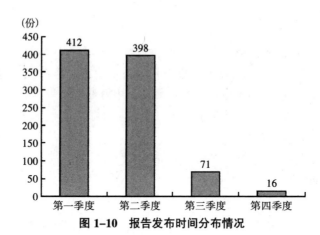

图1-10　报告发布时间分布情况

七、仅 14.2% 的报告引入外部评价，社科院评级企业达 61 家

为增加报告的可信度，企业应对报告数据或报告内容进行第三方评价。第三方评价可分为报告评级、专家点评、质量认证和数据审验四种类型，1007 份样本报告中，有 159 份报告披露了第三方评价信息，披露率为 14.2%。首先，38.4% 的企业报告采用社科院企业社会责任报告评级的方式，占比最大；其次为专家点评，占比 33.9%；最后，采用质量认证方式的报告占比 16.35%，数据审验方式占比相对较少，仅为 11.35%。如表 1–2 所示。

表 1–2　报告第三方评价分布情况

单位：份

类型	数量	组织方	
数据审验	18	普华永道中天会计师事务所	6
		安永华明会计师事务所	4
		德勤华永会计师事务所	3
		毕马威华振会计师事务所	2
		立信会计师事务所	2
		众华会计师事务所	1
质量认证	26	德国莱茵 TÜV 集团	1
		劳氏质量认证（上海）有限公司	1
		汉德技术监督服务（亚太）有限公司	2
		必维国际检验集团	3
		上海质量体系审核中心	3
		DNV 管理服务集团	4
		香港品质保证局	1
		香港生产力促进局	1
		挪威船级社	1
		SGS	7
		广东省社会科学院社会责任评估与研究中心	2
专家点评	54	专家个人	54
报告评级	61	中国社会科学院企业社会责任研究中心	61

案例：中国三星报告评级

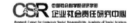

《2013中国三星社会责任报告》评级报告

中国社会科学院经济学部企业社会责任研究中心（以下简称"中心"）受中国三星委托，从中国企业社会责任报告评级专家委员会中抽选专家组成评级小组，对《中国三星2013年社会责任报告》（以下简称《报告》）进行评级。

评级依据

《中国企业社会责任报告编写指南（CASS-CSR 3.0)》暨《中国企业社会责任报告评级标准（2014)》。

评级过程

1. 访谈中国三星社会责任工作负责部门。
2. 现场审查覆盖中国三星总部、官方网站及下属单位的资料。
3. 对中国三星社会责任报告管理过程进行评价。
4. 对《中国三星2013年社会责任报告》的披露内容进行评价。

评级结论

过程性（★★★★☆）

《报告》编写过程较规范，设有专属部门负责，对核心议题识别严谨，编写期间积极听取利益相关方意见，并开展了专门的培训，制定了报告发布会方案及反馈计划，过程性管理较好。

实质性（★★★★★）

《报告》涵盖了"产品质量管理"、"产品技术创新"、"供应链CSR管理"、"职业健康管理"、"环保产品的研发与应用"、"安全生产"等电子产品及电子元器件制造业的关键性议题。叙述详尽充分，实质性表现卓越。

完整性（★★★★☆）

《报告》从"责任治理"、"与员工同享成长快乐"、"与客户共享美好生活"、"与伙伴共担企业责任"、"为地球保护绿色生态"、"与社区分享经营成果"等方面披露了所在行业核心指标的84.3%，具有较好的完整性。

平衡性（★★★★☆）

《报告》披露了"工伤事故数"、"工伤事故率"等负面数据信息，并对手机"字库门"事件的过程及后续处理措施进行了详细披露，具有很好的平衡性。

可比性（★★★★★）

《报告》披露了56个关键绩效指标连续3年的历史数据，可比性表现卓越。

可读性（★★★★★）

《报告》框架清晰，结构合理，语言流畅。案例详尽；数据表、流程图、图片等表达方式丰富，设计风格清晰，并对专业词汇进行了解释，可读性表现卓越。

创新性（★★★★☆）

《报告》披露了企业利益相关方及社会责任实质性议题的识别方法与过程，并就报告沟通进行专项介绍，报告管理方法具有前瞻性，利于发挥报告价值，具有领先的创新性表现。

综合评级（★★★★★）

经评级小组评价，《中国三星2013年社会责任报告》为五星级，是一份卓越的企业社会责任报告。

改进建议

进一步完善报告编写流程，提升利益相关方参与度。

评级小组

组长：中国企业联合会企业创新工作部主任　　　程多生

成员：《WTO经济导刊》副社长　殷格非
北方工业大学经济管理学院副教授　魏秀丽

评级专家委员会主席　　
中心常务副理事长

评级小组组长
中心副理事长

八、参考标准不足五成，GRI、上交所指引、社科院指南最受青睐

经分析，681 份报告披露了报告编写参考标准，占报告总数的 67.6%，其中有 456 份报告参考的标准在两种以上，占总数的 45.3%；有 326 份报告未披露或未参考相关标准，占比 32.4%，该部分企业社会责任报告编写相对随意，规范性有待提高。如图 1-11 所示。

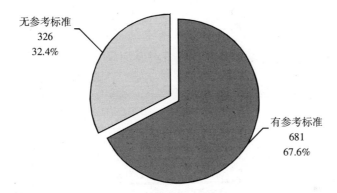

图 1-11　是否参考相关标准分布

其中，参考全球报告倡议组织（GRI）《可持续发展指南》的报告数最多，达 280 份，占比 41.1%；240 份报告参考上交所指引，占比 35.2%；231 份报告参考社科院《中国企业社会责任报告编写指南（CASS-CSR3.0）》，占比达 33.9%，构成我国企业社会责任报告最主要的三种参考标准。如图 1-12 所示。

案例：中国交通建设股份 2013 企业社会责任报告参考标准

中国交通建设股份有限公司在进行报告编写时参考标准如下：

● 国务院国资委《关于中央企业履行社会责任的指导意见》

● 中国社科院企业社会责任研究中心《中国企业社会责任报告编写指南（CASS-CSR3.0）》

● 全球报告倡议组织（GRI）的可持续发展报告指南（G4）

● 国际标准化组织《ISO26000：社会责任指南（2010）》

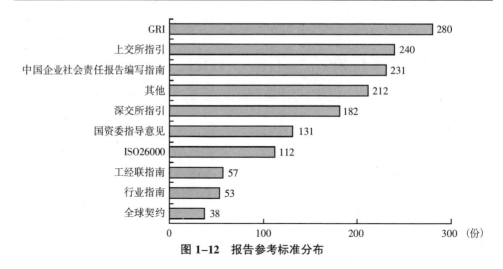

图1-12　报告参考标准分布

九、平衡性指标披露率整体偏低，存在"报喜不报忧"现象

平衡性是为了避免企业在编制报告的过程中对经济、社会、环境消极影响或损害的故意性遗漏，影响利益相关方对企业社会责任实践与绩效的准确判断。平衡性指标包括负面数据信息及相关负面事件的阐述。负面数据披露是指企业主动披露的负面定量数据，如安全生产伤亡人数、员工职业病发生次数等；负面事件披露是指企业详细阐述负面事件发生的原因、经过、处理过程及后续防治措施。

此次评价中，共97家企业进行了负面事件的披露，占比9.6%；598家企业进行了负面数据的披露，占比59.4%。其中，531家企业进行了1~5条负面数据的披露，占比88.8%；披露6~10条负面数据的企业有58家，占比9.7%；进行10条以上信息披露的企业有9家，占比1.5%，这部分企业的平衡性指标披露情况较好。如图1-13所示。

从企业性质来看，608家国有企业中，共计411家披露了负面数据，占比67.6%。民营企业和外资企业对负面数据的披露比率则不足五成，其中46.5%的民营企业进行负面数据披露，48.3%的外资企业进行负面数据披露，如图1-14所示。

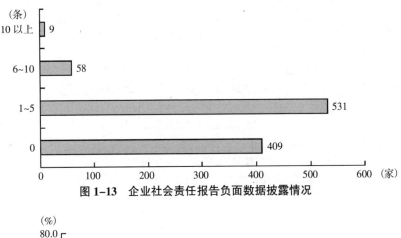

图 1-13 企业社会责任报告负面数据披露情况

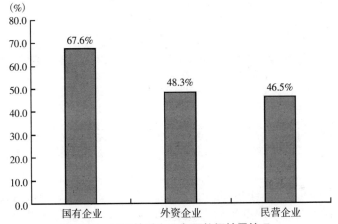

图 1-14 不同性质企业负面数据披露情况

从重点行业来看，石油石化行业负面数据披露比率最高，为 92.3%；其次是医药生物制造业和电力行业，披露比率分别为 78.0% 和 77.8%；披露比率较低的是房地产行业和汽车行业，分别为 38.3% 和 21.2%；日用化学品制造业企业则无负面数据披露，平衡性表现最差。如图 1-15 所示。

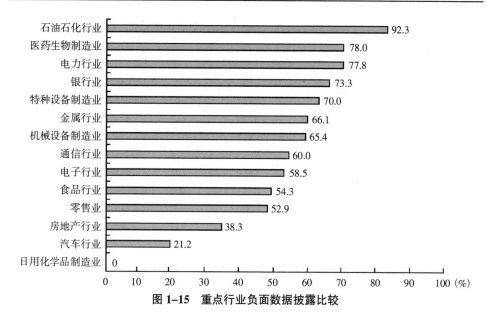

图1-15　重点行业负面数据披露比较

十、纵向可比优于横向可比，民营企业表现较差

可比性是指企业披露的关键定量指标，分为纵向可比和横向可比，纵向可比是指企业将报告期的责任绩效与历史绩效进行比较；横向可比是指企业将报告期

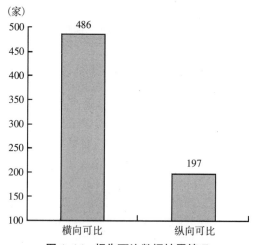

图1-16　报告可比数据披露情况

的责任绩效与同行业比较。企业披露可比数据，有助于利益相关方对企业的责任表现进行准确分析和判断。

据统计，纵向可比数据的披露情况优于横向可比。468 份报告披露了纵向可比数据，占比 46.5%，近八成报告披露历史绩效信息在 30 条以内，宝钢集团、兵器装备等 4 家企业披露在 100 条以上，表现优异（如图 1-17 所示）；仅 19.6% 的企业披露横向可比数据，且大部分企业披露 3 条以下横向可比数据。

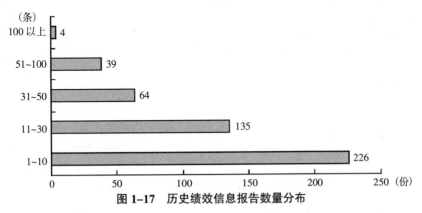

图 1-17　历史绩效信息报告数量分布

从企业性质来看，在披露纵向可比信息方面，51.3% 的国有企业及 59.6% 的外资企业披露了纵向可比数据，而民营企业的披露率仅为 33.2%；在披露横向可比信息时，22.4% 的国有企业及 20.2% 的外资企业均披露横向可比数据，民营企业披露率为 13.9%。整体看来，国有企业和外资企业在可比性数据披露方面好于民营企业，如图 1-18 所示。

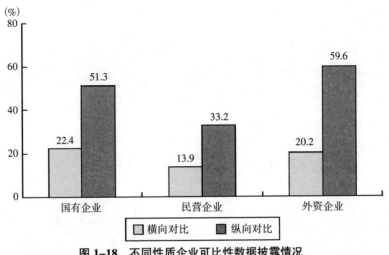

图 1-18　不同性质企业可比性数据披露情况

第二章　中国企业社会责任报告议题分析

一、不足一成企业披露实质性议题的识别过程

　　企业履行社会责任的重点随国家相关政策、企业重大事项等因素的影响而发生改变，企业应披露实质性议题的遴选过程及结果，以针对性地对利益相关方的期望进行反馈，提高信息传递的有效性。通过对样本企业分析发现，仅97家企业披露了实质性议题的筛选过程，占比9.6%，其中外资企业表现相对较好，有27.0%的外资企业披露实质性议题的识别过程；国有企业，占比10.9%；民营企业表现最差，仅2.3%的报告对实质性议题的识别过程进行披露。如图2-1所示。

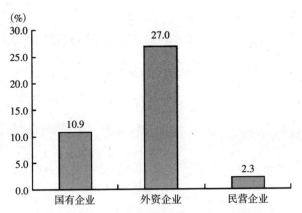

图2-1　分企业性质的实质性议题识别比较

案例：上海大众——实质性议题识别

　　公司依据行业属性和企业实际，积极关注与企业经营管理最为相关，对利益相关方具有重大或潜在影响的实质性议题，并对这些议题进行定期更新

和动态管理，确保公司社会责任工作"有的放矢"、与时俱进。

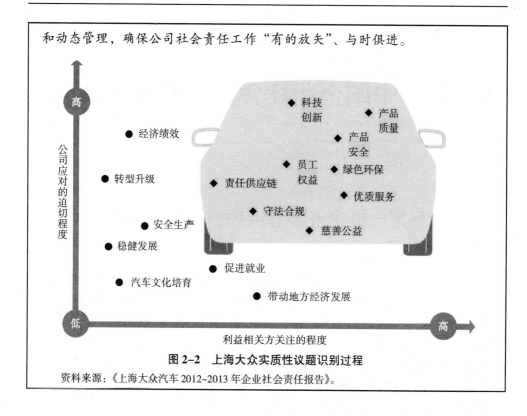

图 2-2　上海大众实质性议题识别过程

资料来源：《上海大众汽车 2012~2013 年企业社会责任报告》。

二、报告更注重公益慈善信息披露，相对"忽视"环境等信息

从责任议题表现来看，企业公益方针与政策议题表现最好，披露率高达77.0%，可见企业更愿意披露慈善捐助相关信息；其次为责任管理，占比 76.7%；反腐与合规（62.7%）、职业病防治（57.1%）、供应商管理（56.9%）议题表现相近；环境方面的披露率相对较低，大气污染及水污染防治措施的披露率均在 34%左右。如图 2-3 所示。

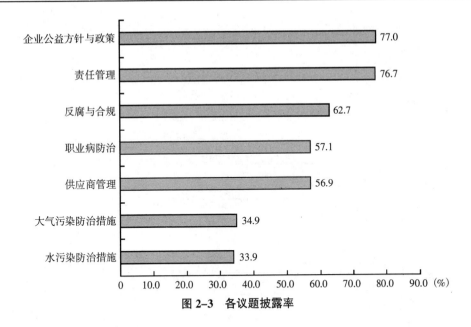

图 2-3 各议题披露率

三、特种设备、石化、通信及银行业在反腐与合规议题中信息披露领先

在反腐与合规方面的信息披露情况整体较好,特种设备制造业、石油石化行业、通信行业与银行业披露率均在 80.0%以上,其中特种设备制造企业均披露有关反腐与合规相关信息占比最高;而零售业(58.8%)、食品行业(56.5%)、机械设备制造业(51.9%)及房地产行业(48.1%)相对较差;日用化学品制造行业披露率最低,仅 20.0%的报告涉及反腐与合规的相关信息。如图 2-4 所示。

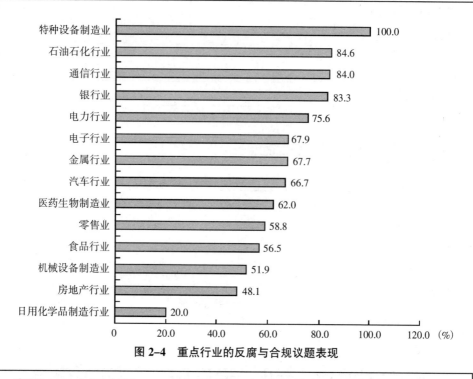

图2-4 重点行业的反腐与合规议题表现

案例一：中国电子——积极开展反腐倡廉教育

中国电子积极开展反腐倡廉主题教育、廉洁从业价值观教育、以案说法警示教育，提高全体从业人员的廉洁自律意识。

2013年全集团开展反腐倡廉宣传教育254场次，参加人员12304人次。加强反腐倡廉信息化建设，以建设中央企业"反腐倡廉信息平台"为契机，对集团总部各部门廉洁风险点进行梳理，新建和修订制度66项，进一步明确关键岗位职责和业务稽核程序，促进集团公司反腐倡廉工作管理制度化、制度流程化、流程信息化。

资料来源：《中国电子信息产业集团有限公司2013年社会责任报告》。

案例二：新兴际华——扎实推进惩防体系建设

集团深入研究中央、国资委关于惩防体系五年规划的要求，着手制定《集团2013~2017年惩防体系建设规划》；集团自上而下签订包括党风廉政建设责任制在内的党建工作责任书，签订率100%；印发《集团总部机关及二级公司职工违纪违规处罚暂行规定》，制定了《集团公司关于进一步加强领导干部作风建设的九项规定》，从制度上严防职务腐败。

资料来源：《新兴际华集团 2013 年企业社会责任报告》。

四、石油石化行业、制造类行业在职业病防治议题披露上表现领先

职业病的有效防治是企业维护员工权益、实施员工关爱的体现。通过对 1007 家企业分析得出，57.1% 的企业披露职业病防治的相关信息，其中石油石化行业以 84.6% 的披露率位居第一；汽车行业（75.8%）、通信行业（72.0%）、金属行业（71.0%）、医药生物制造业（70.0%）、特种设备制造业（70.0%）、电子行业（69.8%）、机械设备制造业（69.1%）表现较好，披露率均高于平均水平；披露情况最差的为银行业，仅为 10.0%。如图 2-5 所示。

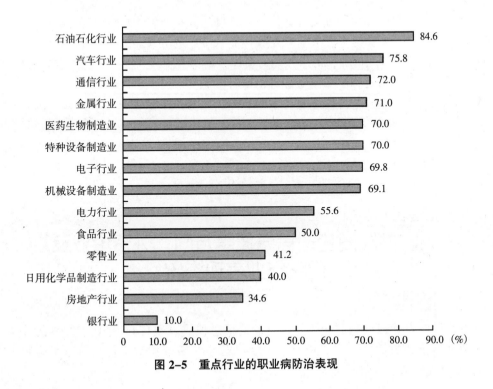

图 2-5 重点行业的职业病防治表现

案例一：国药集团推进职业卫生基础建设，强化集团职业健康管理

按照国家安全监管总局《关于开展职业卫生基础建设活动的通知》要求，2013年，国药集团建立了《中国医药集团职业卫生监督管理暂行办法》制度，下发了《关于开展职业卫生基础建设活动的通知》，明确了集团内2类严重、7类较重和1类一般职业病危害的企业在2013~2015年职业卫生管理工作的目标和指标，督导所属企业在2015年前按照标准全面完成职业卫生基础建设。各公司按照集团要求分别制订方案，明确职业卫生工作主要内容和实施步骤，参照《用人单位职业卫生基础建设活动主要内容及检查方法》规定10项内容，对照标准，积极推进基础建设工作。

资料来源：《中国医药集团2013年企业社会责任报告》。

案例二：现代汽车采取多项措施预防职业病

（1）每年对全体在职员工进行健康体检，同时针对职业危害相关工作人员进行专项职业体检，并建立、健全职业健康监护档案，严格管理。

（2）投入大量资金安装职业危害防护设备，并指定专人管理和维护，使设备合格率达到100%，消除可能对员工身体带来的危害。同时委托职业卫生技术服务机构进行职业病危害因素检测。

（3）对新员工专门进行岗前体检和环保及职业卫生知识培训，让员工了解公司的工作环境及职业危害因素，并能正确佩戴和使用个人劳动防护用品，防止职业病的发生。同时公司各车间和班组也定期组织学习《作业场所职业安全与健康促进指南》。

资料来源：《现代汽车集团（中国）2013年企业社会责任报告》。

五、供应商管理信息披露方面，外资企业及日化行业表现突出

在供应商管理议题方面，外资企业的信息披露表现较为突出，70.8%的外资企业披露了该方面的信息；国有企业及民营企业表现相对不足，披露率分别为53.9%和58.7%。

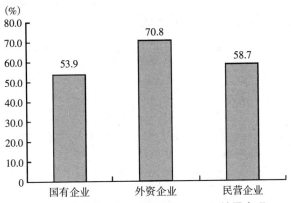

图 2-6 分企业性质的供应商管理议题披露表现

从 14 个重点行业来看，日用化学品制造行业表现最佳，披露率高达 100%；其次为石油石化行业，披露率为 84.6%；房地产行业（40.7%）、特种设备制造业（40.0%）及银行业（36.7%）表现较差。如图 2-7 所示。

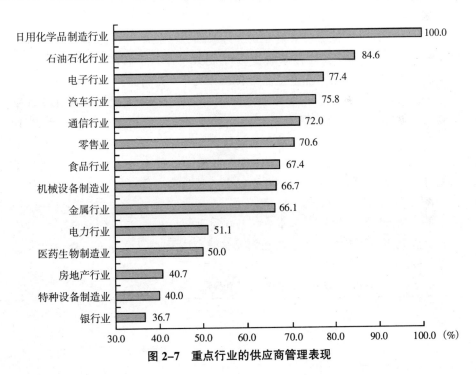

图 2-7 重点行业的供应商管理表现

案例一：中粮集团加强供应商管理

2013 年，我们制订供应商质量安全管理规划方案，明确供应商准入、日常管理与退出机制的管理要求，制定供应商质量安全管理办法和准入评估标准。供应商分级分类管理数据库的建立，初步实现了供应商在线动态管理。通过数据库，可以及时发布不合格供应商名录。

我们进一步完善了 OEM 质量安全管理办法，严格审批条件，控制总体规模，现有合作企业合计 65 家。同时，重点监管工厂的质量安全状况，加大产品抽检力度，组织开展 OEM 系统培训。

资料来源：《中粮集团 2013 年企业社会责任报告》。

案例二：丰田汽车《中国绿色采购指南》

在采购环节，丰田通过推广《中国绿色采购指南》及组织相互点检活动的方式，致力于引领供应商共同打造一条绿色的责任供应链。

●《中国绿色采购指南》

丰田以《TOYOTA 绿色采购指南》为基础，结合中国实际情况，于 2008 年 2 月制作出版了《中国绿色采购指南》，总结并规划了在环境方面对供应商的要求，面向约 400 家零部件、原材料、物流等供应商推广应用。

2013 年，丰田发布了新版绿色采购指南，将对供应商的环境管理要求重点放在了化学品管理上，将批量生产阶段产品中不能使用的物质追加到 10 种。在包装材料中，不能使用的物质还追加了 DMF，共 11 种。

另外，针对材质为树脂、橡胶的零部件，公司也要求供应商明确标示（100 克以上的全树脂零部件、200 克以上的橡胶零部件）。

● 供应商互相检查活动

报告期内，各个丰田在华事业体协同全部一级供应商（共 441 家），开展了相互监督检查活动，以供应商之间的环境相互检查、学习为手段，推进供应商环境管理。

资料来源：《丰田中国 2013 年 CSR 企业社会责任报告》。

六、企业公益慈善信息披露整体较好，电子、特种设备行业表现突出

企业在公益方针与政策方面披露情况较好，行业平均披露率达 77.0%，其中电子行业、特种设备制造业披露率在 90%以上，表现卓越；医药生物制造业（72.0%）、食品行业（71.7%）及石油石化行业（69.2%）在企业公益方针与政策方面的信息披露表现相对较差。如图 2-8 所示。

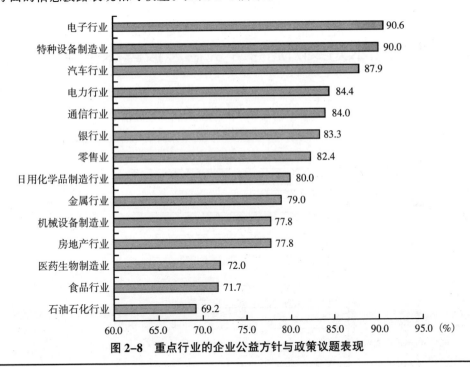

图2-8 重点行业的企业公益方针与政策议题表现

案例一：中航工业贵航坚持近十年的扶贫救济

近 10 年来，中航工业贵航始终不渝地把解决、改善贫困地区的基本生产、生活条件和教育环境，提高贫困人口综合素质，逐步改变贫困地区经济、社会、文化落后状况作为扶贫目标，推进花椒和冰脆李种植、改善饮水和贫困儿童读书环境等专项工程，开展扶贫项目近 300 个，投入扶贫资金近 3000 万元。

资料来源：《中航工业 2013 年企业社会责任报告》。

七、大气和水污染防治等环境信息披露水平有待提高

环境问题日益突出，企业主动披露大气及水污染防治信息有助于利益相关方对企业进行监督管理。大气及水污染防治方面的信息披露情况并不理想，企业平

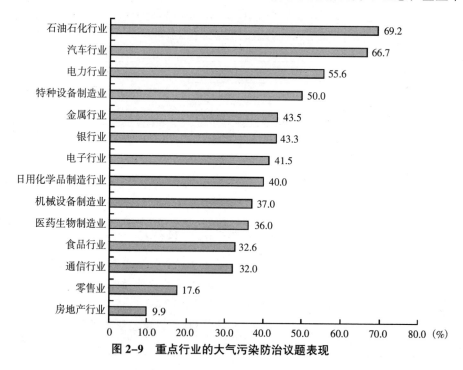

图2-9 重点行业的大气污染防治议题表现

均披露率分别为 34.9% 和 33.9%；由于行业特殊性，石油石化行业及汽车行业在大气及水污染防治方面的信息披露相对领先；而零售业、房地产行业等行业的信息披露情况相对较差。其中大气污染防治中，石油石化行业、汽车行业、电力行业分别以 69.2%、66.7%、55.6% 的披露率位居前三（见图 2-9）；水污染防治中，日用化学品制造业、石油石化行业、汽车行业分别以 80.0%、76.9%、66.7% 的披露率领先于其他行业（见图 2-10）。

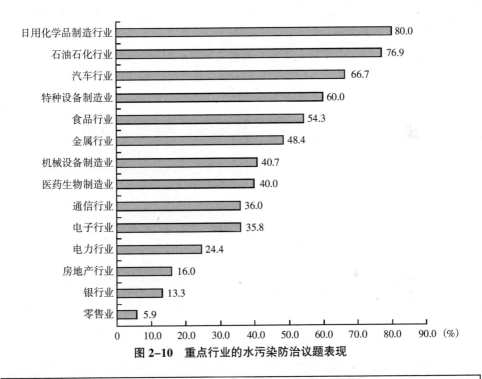

图 2-10　重点行业的水污染防治议题表现

案例一：LG 化学引进 LDAR 技术，防治大气污染

2013 年 2 月，LG 化学（甬兴）与石化开发区管委会合作，在公司内率先开展了针对无组织废气治理的 LDAR 技术应用试点，包括 47977 个试用点的检测，其中跑冒滴漏的试用点占比为 0.32%，目前的修复率达到 98.7%。LDAR 技术在石化开发区的全面应用，将有力减少石化企业对空气的影响，明显改善空气质量，成为多方关注的典范。

资料来源：《LG 化学（中国）2013 年企业社会责任报告》。

案例二：天津生态城——建设新型水环境系统

生态城制订了以节水为核心的"水专项规划"，注重水资源的优化配置和循环利用，根据水资源多样的情况，建立了新型的水环境体系。通过建立广泛的雨水收集和污水回用系统，实施污水集中处理和污水资源化利用工程，多渠道开发利用再生水和淡化海水等非常规水源，提高了生态城非传统水源使用比例。新型水环境系统的构建，为缺水城市用水保障和水系统优化拓展了新思路，同时也为其他城市开发利用水资源提供了示范。

资料来源：《天津生态城投资开发有限公司 2013 年企业社会责任报告》。

管理篇

2014 年度中国企业社会责任报告管理研究

为引导中国企业社会责任报告的发展，发挥中国企业社会责任报告的综合价值，中国社会科学院经济学部企业社会责任研究中心制定《中国企业社会责任报告评级标准（2010/2011/2012/2013）》，先后为国内外 196 家大型企业提供第三方评价服务，提高企业报告管理水平。

2014 年，中心对评级标准进行了升级，发布了《中国企业社会责任报告评级标准（2014）》，加入对企业社会责任报告管理过程（以下简称"过程性"）的评估，以期通过对报告管理过程的评价，加强企业对报告过程性的重视，进而发挥报告的核心价值。截至 11 月底，中心应邀去往 60 家企业①（以下简称"评级企业"）进行过程性评估，通过分析企业社会责任报告的组织、参与、界定、启动、撰写、发布和总结七个过程要素，②研判企业的报告管理优势和改进建议。本篇即是对 60 家国内外优秀企业社会责任报告管理过程整理的结果，通过对样本企业分析，选取社会责任管理过程较优秀的企业实践和典型案例，辨析我国企业社会责任报告管理过程的阶段性特征，为我国企业更有效编制社会责任报告、提高报告质量、发挥报告综合价值提供借鉴和参考。

---

① 其中中国互联网信息中心按《中国企业社会责任评级标准（2013）》执行，未进行过程性评估，故此处研究企业以 60 家统计。

② 社会责任报告全生命周期管理是指企业在社会责任报告编写和使用的全过程中对报告进行全方位的价值管理，充分发挥报告在利益相关方沟通、公司社会责任绩效监控的作用，将报告作为提升公司社会责任管理水平的有效工具。社会责任报告全生命周期管理涉及组织、参与、界定、启动、撰写、发布和总结七个过程要素。其中，组织和参与是社会责任报告编写的保证，贯穿报告编写的全部流程；界定、启动、撰写、发布和总结构成一个闭环的流程体系，通过持续改进报告编制流程提升报告质量和公司社会责任管理水平。

第三章　2014年企业社会责任报告管理亮点

一、组建稳定团队，成立报告编写小组

建立科学有效的社会责任报告工作组是报告编写的保障，在60家评级企业中，均成立社会责任报告编写小组。编写小组成员的构成分为四类：牵头部门；集团职能部门；下属单位协调部门/人员；外部专家。

由于每家企业部门划分和定位不同，报告编写小组的牵头部门存在较大差异。首先以办公厅牵头成立编写组的情况居多，占比达23.2%，如长江三峡集团、中国航天科技集团、中煤集团等，办公厅由于职能的便利，在上下沟通联络方面具有一定优势，因此收集社会责任资料会相对便利；其次为战略部，占比12.5%，

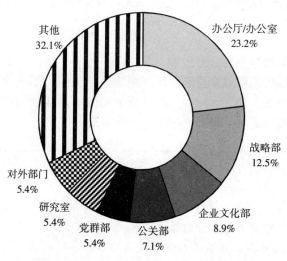

图3-1　社会责任报告编写工作牵头部门分布

如南方电网、中国移动、中国电信、诚通控股等，将社会责任工作提升到战略高度，对于责任意识的融合、社会责任工作常态化的开展具有一定作用；外资企业中，社会责任工作的牵头部门在对外事务部及公关部较多；其他社会责任工作牵头部门包括人事行政部、思政部、企业管理部、改革与管理部等，分布较广。

● 南方电网：战略策划部社会责任处；

● 中石化集团：新闻办品牌处；

● 中国电科：质量安全与社会责任部；

● 中国黄金：运营管理部；

● 海航集团：社会责任部；

● 中国三星：企业社会责任事务局；

● 佳能集团：企业品牌沟通本部企业社会责任推进科；

● ……

为保证编写工作的顺利进行，不同企业结合自身优势和特性，加强编写小组的日常联系，如中国海洋石油总公司成立社会责任报告编写QQ群，以便编写小组内部及时与相关方沟通顺畅；华润电力将编写人员分为素材组和编写组，以提高资料收集、报告编写的效率。

二、高层领导重视程度高，积极邀请专家参与

高层领导的重视与参与，对于激发员工工作热情、协调各方资源、促进社会责任编写工作的顺利开展具有重要作用。据统计，60家评级企业中，社会责任工作均受到领导的重视，其中92.5%的企业由集团领导直接参与，高层领导参与的环节主要包括编写启动会、过程把控、终稿审阅及报告发布。

● 华润集团董事长指导报告的总体编制，并对评级原则进行讲解，副董事长负责决策及推进；

● 中国兵器装备集团董事长担任报告编写小组组长，负责社会责任报告编制、发布等工作的推进，并对报告终稿进行审定；

● 三星集团首席副总裁参与报告编写的各个环节，工作组社会责任报告编写相关的邮件均需抄送首席副总裁；

● 中盐集团高层领导对社会责任报告编写工作极其重视，担任编写组组长以推动报告编写工作有序进行；

● ……

另外，大部分评级企业在报告编写和相关方沟通环节，邀请外部专家对社会责任报告进行指导，外部专家在报告议题筛选、报告框架及版面设计等方面提供专业指导。

● 北京控股集团公司邀请专业机构全程辅导资料梳理及报告编写；

● 太原钢铁邀请山西省委宣传部企业处处长、山西省工经联社会责任报告处处长对报告编写小组内部成员进行培训；

● ……

三、高效利用报告编写启动会

企业启动社会责任报告编制工作的时间不一，主要集中在两个时间段：

● 13.5%的企业选择在上年度的10~12月启动报告编写工作，如中国电信、中储棉等公司，在社会责任报告发布后，召开报告编制工作内部总结会议，同时宣布下一年工作开展情况；

● 51.3%的企业选择在本年度的2~3月启动报告编写，如电子科技、国机集团、中国华电等公司，在部署本年度工作计划时启动社会责任报告工作。

启动会上，来自各业务部及下属企业的员工聚集到一起，不少企业抓住契机对编写组成员进行统一培训，确保企业上下对社会责任报告的重要性、编写工作流程形成统一认识。

● 南方电网于2013年11月召开社会责任报告编写专项启动会，各省市子公司社会责任代表均参加。南方电网邀请外部社会责任专业机构对公司所属各单位社会责任工作人员进行培训，并对社会责任政策、趋势及管理进行讲解。

● 东风汽车公司于2014年3月召开专项启动会，东风总部及二级单位员工代表约300人出席，报告发布会上同步启动"社会责任月"，并对各社会责任工作相关人员进行培训。

四、识别并筛选关键利益相关方

政府、客户、投资者、供应商、雇员、社区、NGO、竞争者、工会、媒体、行业协会等利益相关方众多，企业应根据其对企业的影响程度及关注程度对相关方识别并排序，积极邀请关键利益相关方参与报告编写。

案例一：中国电信

中国电信识别其利益相关方为国资委、地方各级政府部门、客户、通信运营商等18类，同时依据利益相关方对企业的关注程度与影响力对利益相关方进行排序，筛选出对企业高影响、高关注的利益相关方，包括客户、员工、投资者、产业链合作者等。

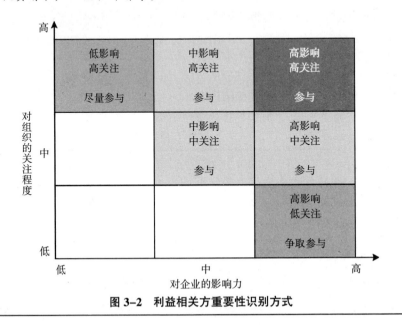

图3-2　利益相关方重要性识别方式

案例二：华能集团

中国华能集团识别与自身业务紧密结合的七大利益相关方，并梳理各利益相关方的关注点，同时做出回应。

利益相关各方	主要关注点	沟通与交流方式
政府和投资者	● 电力能源安全供应 ● 国有资产保值增值 ● 遵纪守法、依法纳税 ● 回报投资者	● 认真执行国家能源政策 ● 参与国家有关部委的调研与研讨 ● 接受监管考核 ● 与地方政府沟通共商发展
员 工	● 就业 ● 职业发展 ● 权益保障 ● 健康与安全 ● 企业文化	● 发挥工会作用 ● 实行厂务公开 ● 完善职工代表大会制度 ● 建立多元沟通渠道
客 户	● 提供充足、可靠、环保、价格合理的电能 ● 提供安全、优质的煤炭资源	● 与客户保持密切联系 ● 执行上网合同和购售电合同 ● 维护电网安全稳定
合作伙伴	● 战略合作、信守承诺 ● 执行国家许可证制度 ● 责任采购、责任影响 ● 产业链共赢	● 战略合作谈判 ● 高层会晤 ● 日常业务交流
社会与公众	● 社区环境 ● 社区和谐稳定 ● 社区公益事业	● 参与社区建设 ● 支持公益事业 ● 开展扶贫济困
同行业伙伴	● 经验共享 ● 技术交流 ● 竞争合作	● 参加行业会议 ● 专业技术比武与交流 ● 日常联络
社会团体组织	● 支持参与社会团体组织 ● 遵守协会章程	● 积极参加有关会议 ● 主动建言献策

图3-3 中国华能集团利益相关方

资料来源：《中国华能集团2013年可持续发展报告》。

评级企业邀请相关方参与的形式多样。89.7%的企业选择以主动询问的方式征求相关方意见，其中以调查问卷的形式居多，实地调研的方式次之，29.3%的企业选用邮件告知等方式邀请相关方反馈意见。

案例三：利益相关方调查

中煤集团为深入了解利益相关方对公司社会责任工作的期望和要求，组织开展了"中国中煤能源集团有限公司2013年利益相关方调查问卷"活动，以经济、安全、环境、创新和社会五大责任领域为基本框架，参照行业标准、同行对标、社会热点及企业实际，共设计议题75项，向政府、投资者、员工、客户等10类利益相关方发放133份有效问卷。通过分析回收的问卷，辨析社会责任实质性议题，明确应对措施的迫切程度，为报告编制框架、信息披露重点提供依据。

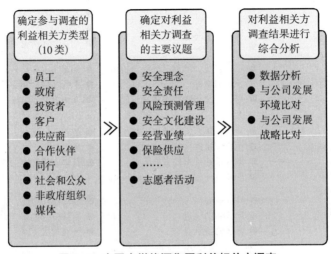

图3-4　中国中煤能源集团利益相关方调查

资料来源：《中煤集团2013年社会责任报告》。

另外，除了收集不同种类利益相关方对社会责任工作的建议外，也有不少评级企业针对某一类利益相关方进行专项调查，以获取更具针对性的建议。

案例四：

中钢集团就海外运营时是否需要推行员工本地化的问题进行调研，邀请海外分公司对是否需要推行员工本地化以及如何解决本地化与不歧视的问题进行意见反馈。

国家核电对客户、媒体、合作伙伴等利益相关方进行满意度调查，并以此为切入点，梳理相关方的期望。

中石化集团于 2013 年 2 月举办媒体座谈会，现场征求媒体关于中石化管理和形象塑造方面的建议，对中石化梳理相关方关注点具有重要意义。

华润置地邀请第三方专业机构对员工敬业度、客户满意度进行调查，真实了解员工、客户期望。

中国移动为全球报告倡议组织（GRI）相关方网络（OS）的首批中国会员，并作为中国内地唯一的企业参与 G4 Pioneer 项目，在报告编制过程中积极与相关方沟通，并与专家共同研讨，为报告编写提供专业指导。

五、科学筛选企业实质性议题

科学筛选企业实质性议题是保证报告针对性披露的关键步骤。实质性议题的界定方式多样，评级企业主要依据公司的重大事项、国家相关政策，也有部分企业通过行业对标分析、利益相关方建议对实质性议题进行识别。

案例一：中国三星

为识别企业社会责任核心议题，中国三星开展了社会责任实质性议题筛选工作，主要通过以下两个步骤。

国际标准与趋势
中国政策要求
利益相关方期望

全球 CSR 先进企业
中国 CSR 先进企业

中国三星发展规划

一般议题
客户服务
员工成长
节能减排与气候变化
供应链管理
守法合规
政府责任
可持续增长
社会责任管理
公益慈善

行业议题
产品质量
数字鸿沟
信息化应用
电子废弃物管理
污染物控制
低碳解决方案
隐私与信息安全
贡献运营地区发展

企业议题
提高创新能力
产品质量与服务
促进员工成长
加强供应商管理
树立负责任形象

图 3-5 中国三星议题识别

第一步：议题识别。通过分析国际和国内社会责任标准、中国政府政策要求、全球 CSR 先进企业实践以及中国三星发展规划，梳理出中国三星履行社会责任一般议题、行业议题和企业议题。

第二步：议题分析。通过建立"对利益相关方的重要性"和"对中国三星业务的影响"二维矩阵，识别出中国三星的实质性社会责任议题。

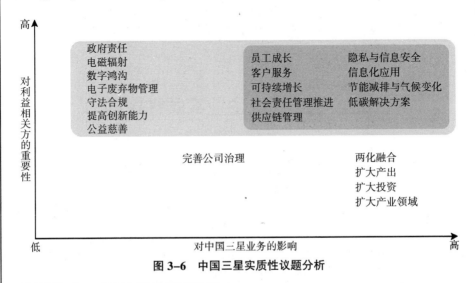

图 3-6　中国三星实质性议题分析

资料来源：《2013 年中国三星社会责任报告》。

案例二：斗山集团

斗山集团通过内外部利益相关方调查，识别出利益相关方关心领域，并对该领域在公司内部进行 CSR 评估，通过重要性排序，梳理出实质性议题。

首先，斗山集团对 CSR 趋势和议题进行分析，通过分析媒体曝光点、政府相关政策、CSR 领域专家意见等，对内外部环境进行判定。梳理出 CSR 议题及其社会关注度，同时开展利益相关方调查，对梳理出的 CSR 议题进行重要性排序。

其次，使用公司内部 CSR 评估模型对筛选出的议题进行判定。评估框架分为客户价值、HR、EHS、公平运营、社区发展和参与 5 个领域。

再次，以 CSR 评估结果及相关方关注度综合判断确定议题的优先顺序。将利益相关方关注度高，且目前应对不足、有很大改进余地的议题作为最优先议题；对利益相关方影响不大，但属于全球关注的议题，可作为中长期战略予以实施。

最后，对已选定的议题如何持续改进、如何应对进行方案讨论。最终确定的实质性议题包括客户沟通、环境管理、伦理经营、社会对话等。

STEP 1	STEP 2	STEP 3	STEP 4
确认利益相关方的议题	对公司内部CSR 进行评估	确定优先顺序	评级及反馈

图 3-7　斗山集团社会责任核心议题识别

资料来源：《2013 年斗山 Infracore（中国）社会责任报告》。

案例三：中石化集团

中石化集团的社会责任议题识别方式主要分为三类。

● **国内外利益相关方调研**

2013 年，中石化集团共进行 180 例国内外利益相关方访谈调研，其中 104 例为国外相关方调研访谈，覆盖政府、非政府组织、金融机构、业内专家、媒体、员工等。利益相关方高度关注公司声誉、新能源、环境保护、沟通与互动、国际化经营、公司透明度和开放度等议题。

● **媒体记者座谈会**

2013 年中国石化举办了年度媒体座谈会。媒体范围涵盖《人民日报》、新华社、《中国日报》、中央电视台等中央媒体，《21 世纪经济报道》、财新传媒等行业媒体，以及《北京晚报》、《京华时报》、《新京报》等都市类媒体。

中国石化现场征求与会记者建议，并同步进行问卷调研。据统计，媒体对低碳绿色发展，理顺上下游业务网络、责任沟通、公司透明度等议题高度关注。

● **社会监督员**

中国石化首开先河，设立了社会监督员机制，于 2011 年 5 月首次聘请了高校学者、研究机构专家、媒体精英、意见领袖、证券分析师、消费者代表等 13 名社会各界人士担任中国石化社会监督员。2013 年公司社会监督员扩充为 30 位。

中石化定期与社会监督员沟通交流，截至 2013 年，共收到关于企业可持续发展和社会责任问题、生产经营管理工作问题、加油站标识及加油工品牌意识、网络舆情问题以及社会监督员队伍建设等各类建议共 56 条。

资料来源：《2013 年中国石油化工集团公司社会责任报告》。

六、多管齐下，提高资料收集效率

充足的素材对信息披露覆盖率及报告质量至关重要。如何积极调动下属企业的积极性，提高资料收集的效率是评级企业报告编写过程的难点。

案例一：优秀案例评选调动积极性

中国铝业在启动会上对上一年度报告编写进行总结表彰，评选出最佳案例奖、最佳图片奖等，有效刺激员工积极提供社会责任相关素材及图片。

华电集团为调动下属企业资料收集整理的积极性，每年会进行优秀案例评选，并奖励优秀案例提供者。

案例二：引入信息化管理，提高资料收集效率

中国建筑材料集团建立信息登录系统，下属企业可以登录系统进行社会责任信息的录入，通过数字化管理，使得数据的导出也非常便捷。

中国电信建立"企业社会责任案例编写及IT沟通"平台，员工或相关部门可通过客户端实时上传案例，中国电信会定期对环境、员工等各板块上传的案例数量进行统计，鼓励员工对案例数量较少的板块上传相关案例。通过信息化平台的应用，社会责任案例收集的工作逐渐常态化，极大地提高了社会责任报告编写效率。

七、报告传播方式多元化

报告的传播推广是企业社会责任报告管理的重要环节，通过发布报告，能让利益相关方更便捷地了解企业经济、环境与社会实践情况，扩大社会责任信息传播的有效性。例如：2013年，南方电网召开社会责任报告专项发布会，并采用三级联动的方式，先后发布子公司社会责任报告；广百集团在召开发布会的当天举办公益环保活动。

案例一：南方电网2014年"社会责任周"发布《2013年企业社会责任报告》

2014年5月15日，南方电网公司发布《2013年企业社会责任报告》，这是公司第七份社会责任报告，也是今年国内第一份"五星级"社会责任报告，并成为国内唯一连续4年社会责任报告获"五星级"的企业。

报告发布后，南方电网公司启动了以"为民服务，责任接力，真情传递"为主题的"社会责任周"和为民服务活动，重点是深化落实服务群众"四项举措"，真心实意地办广大群众看得见、能感知的实事好事。国务院国资委、中国社科院等国内社会责任研究领域的领导、专家以及中央企业代表，将到广东、贵州电网公司和广州供电局调研，对南方电网公司各单位的社会责任管理与实践进行深入了解和现场指导。据了解，从2013年开始，南方电网公司在每年的5月常态化地开展这项活动。

按照每家一天时间的安排，5月15~21日，广东、广西、云南、贵州、海南五省电网公司和广州、深圳供电局将陆续发布该单位2013年社会责任报告，展示各单位在履行社会责任方面的努力和成果，倾听利益相关方意见，不断提升社会责任管理与实践水平。

资料来源：中国电力网。

案例二：广百集团2013年社会责任报告发布暨广爱同行献爱心活动

2014年6月27日（星期五）上午，广百集团联合《广州日报》报业集团以及广爱基金在广百江南新一城店，举办"广百集团2013年社会责任报告发布暨广爱同行献爱心活动"，向社会各界宣传履行社会责任的重要性。

《广州日报》与广百集团共同携手，依次举行了"绿色广州，从纸做起"和"低碳生活"等的公益环保活动，并取得了良好的效果。今年双方是三度加深合作，联合"《广州日报》广爱慈善基金"共同举办"广爱同行献爱心活动"，让"更多的人帮助更多的人"，以实际行动共同履行社会责任，帮助有需要的人，服务市民，希望让广州变得更加和谐美好。

活动现场还将举行广爱同行爱心集市，利润捐赠给《广州日报》广爱慈善基金，广百集团将保底捐赠10000元，扶助有困难的市民。现场购买30元就可扫码捐赠3元给广爱慈善基金，满50元或以上就可捐赠5元，欢迎大家到现场积极参与爱心活动。

资料来源：《广州日报》。

近半数评级企业采用嵌入式的发布形式，即在企业相关活动中嵌入社会责任报告发布环节，也有不少评级企业利用企业自身现有信息发布平台，对报告进行推广，以夸大报告信息传播范围和影响力。

案例三：报告发布方式多样化

● 中国黄金集团计划在下属企业"社会责任示范基地揭牌仪式"中发布报告；

● 朔黄铁路、中煤平朔、神华集团等煤炭企业计划由煤炭协会统一发布社会责任报告；

● 兵器工业集团在内部期刊《兵工报》上开辟社会责任专刊推送报告；

● 航天科技在内部期刊《航天报》上推送社会责任报告；

● 东方汽车利用企业优势，在旗舰店摆放社会责任报告；

● 松下电器在生活馆内展出社会责任报告；

● ……

随着新媒体的发展，报告的发布格式越来越新颖。由传统的发布格式逐渐向新型发布格式转化，越来越多的企业采用微信、微博、APP、二维码、电子书等新型方式展现报告。

案例四：利用新媒体优势推广报告

● 深圳供电局结合自身优势，对社会责任报告进行"两微三厅平台"推广，即微信、微博推广，网上营业厅、掌上营业厅、电视营业厅推广；

● 中石化集团、浦项中国等企业推出简版社会责任报告，呈现企业社会责任重点绩效；

● 中国电子科技集团在报告各篇章设置二维码，供读者分篇章阅读；

● 丰田汽车设计 APP 版社会责任报告阅读动画；

● 国机集团在报告尾页附有手机二维码链接，便于读者获取社会责任报告信息；

● ……

八、对利益相关方期望进行反馈

为推动社会责任工作的持续改善，社会责任报告发布后，需对报告编写过程进行总结并向利益相关方进行反馈。例如，佳能（中国）在进行利益相关方访谈时，有部分供应商建议披露采购流程，佳能（中国）在本年度报告中对其回应，在报告中特设"责任供应链之'公平、透明的采购原则'"板块，披露采购的具体流程。

案例：神华集团——回应绿色发展期望

神华集团在编写《2013 年社会责任报告》中，关注利益相关方的要求，并梳理各利益相关方对神华集团绿色发展的期望，力求与各界携手共建美丽家园。

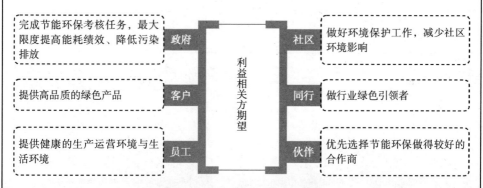

图 3-8　神华集团各相关方期望

寻找更为平衡、可持续、有竞争力的发展方式，关键是要做好节能环保领域的战略定位与路径。神华集团结合相关方的期望开展了三个方面的工作：一是全面实施节能环保监管体系，深化环境风险隐患闭环整改，做到"同时布置、同时检查、同时演练、同时考评"，丰富健全生产、经济、政治三大体系；二是推进重大节能环保专项，提升生产技术和运营水平，降本增效，增强企业发展后劲；三是狠抓重点工程建设，深入挖掘节能减排潜力，打造绿色能源品牌。

资料来源：《神华集团 2013 年社会责任报告》。

第四章 报告管理优秀企业1：
中国华电集团

华电情怀，度度关爱
——中国华电集团CSR报告管理与实践

中国华电集团公司（以下简称"中国华电"）是2002年底国家电力体制改革组建的全国性五家国有独资发电企业集团之一，属于国务院国资委监管的特大型中央企业，主营业务为：电力生产、热力生产和供应；与电力相关的煤炭等一次能源开发以及相关专业技术服务。近年来，公司深入贯彻落实科学发展观，认真践行价值思维理念，加快转方式、调结构、推创新、提效益，由单一发电集团转型为综合能源集团，综合实力不断增强，行业地位明显提升，在世界500强中位列第389位。

截至2013年底，中国华电装机容量11276万千瓦，其中，火电8563万千瓦，水电2084万千瓦，风电等其他能源629万千瓦，清洁能源占总装机容量的30.6%；资产总额6534亿元；2013年完成发电量4612亿千瓦时，煤炭产量3348万吨，销售收入2118亿元。控股规划装机超过1376万千瓦的云南金沙江中游水电开发有限公司和装机近千万千瓦的贵州乌江水电开发有限责任公司；拥有全球首台百万千瓦超超临界空冷机组，国内单机容量最大的分布式能源机组。拥有我国电力企业自主开发建设和管理的第一座千万吨级特大型煤矿——华电内蒙古蒙泰不连沟煤矿，投产和正在建设隆德、肖家洼、小纪汗等一批千万吨级特大型现代化煤矿和曹妃甸、可门、莱州、句容等多个大型煤炭码头。拥有管理总资产超过千亿元的资本控股、财务公司、华鑫信托、川财证券、华信保险（保险经纪、保险公估）5家金融机构。在工程技术领域，拥有国内具有传统优势和重要影响力的华电工程和国电南自公司。目前拥有华电国际、华电福新、华电能源、国电南自、黔源电力、金山股份6家上市公司，员工人数11万人，资产分布在全国

32 个省（区、市）以及俄罗斯、印度尼西亚、柬埔寨等多个国家。

一、报告概况

中国华电集团所理解的企业社会责任报告包含广义和狭义两个不同的层面，广义层面的华电集团企业社会责任报告是一个动词，即向华电集团利益相关方汇报层面的企业社会责任报告；狭义层面的华电集团企业社会责任报告是一个名词，即作为企业与利益相关方沟通载体的企业社会责任报告。

在广义层面的华电集团企业社会责任报告方面，华电集团在公司成立之初通过官方网站向利益相关方汇报日常社会责任信息，通过公司内部总结和报告，向内部利益相关方汇报企业社会责任信息。由于华电集团成立之后不久便控制证券交易所上市公司，比如，2005 年在上海证券交易所挂牌上市的华电国际电力股份有限公司，所以，华电集团系统公司还不同程度地通过年度报告、临时重大报告等途径向特定利益相关方汇报自身社会责任信息。除此之外，从 2011 年开始，华电集团开始连续三年发布专项报告，向利益相关方全面深入介绍公司各项主体业务的社会责任履行情况。华电集团发布的专项报告分别为 2011 年的国内首份水电报告——《华电集团水电可持续报告》，2012 年发布的国内首份城镇供热报告——《中国华电城镇供热报告》以及 2012 年发布的国内首份分布式能源报告——《中国华电分布式能源报告》。

| 2013 年，中国华电发布国内首份分布式能源报告 | 2012 年，中国华电发布国内首份供热报告 | 2011 年，中国华电发布国内首份水电报告 |

图 4-1　中国华电集团连续三年发布专项报告

在狭义层面的华电集团企业社会责任报告方面，从 2011 年开始，中国华电集团在前期社会责任信息披露的基础之上，在吸取其他优秀企业发布社会责任报告成功经验的基础上，结合自身社会责任工作的实际以及华电集团行业特点，逐步建立起社会责任报告编写、发布机制，并于当年发布公司的第一份企业社会责任报告——《中国华电集团公司社会责任报告2007》，向利益相关方披露公司在经济、社会和环境领域履行社会责任的理念、制度、措施、行动和绩效，受到了利益相关方的好评，公司内部也形成履行社会责任的风气，结合自身工作开展社会不同形式的社会责任工作蔚然成风。

2007年社会
责任报告

2008年社会
责任报告

2009年社会
责任报告

2010年社会
责任报告

2011年社会
责任报告

2012年社会
责任报告

2013年社会
责任报告

图4-2　中国华电集团历年企业社会责任报告

二、报告管理

经过七年的探索，中国华电集团的社会责任报告编写和发布已经形成了完整的流程，围绕社会责任报告编写、发布，中国华电集团独具特色的社会责任管理和实践也逐渐形成。华电集团社会责任报告编写流程包括组织建立、报告诊断、环境扫描、议题确定、资料收集、报告写作、修改和定稿、报告评价、设计出版以及报告发布十个步骤，贯穿了社会责任报告管理的组织、参与、界定、启动、编写、发布和使用七个过程。

（一）组织

1. 社会责任组织体系

公司始终把履行社会责任作为一项战略性工作，努力建立企业社会责任管理

的长效机制。2008 年在国内率先成立社会责任工作领导小组和社会责任工作领导
小组办公室，为公司开展社会责任工作提供制度保障。公司所成立的社会责任工
作领导小组，由公司主要领导党组书记、副总经理李庆奎担任领导小组组长，党
组副书记、副总经理辛保安担任领导小组组长，总部各部门领导担任成员，负责
公司社会责任工作的组织领导，制定公司社会责任工作的战略，建设公司社会责
任管理体系，部署公司重大社会责任活动，决定社会责任报告发布等有关事宜。
领导小组下设办公室，办公厅归口管理，办公厅主任兼任办公室主任，各部门有
关人员为成员。主要职责是：接受公司社会责任工作领导小组的领导，负责公司
社会责任工作的日常管理和组织实施，负责社会责任报告的编制和发布工作。总
部各部室设置社会责任联络人，负责具体推进社会责任工作。公司社会责任管理
体系逐渐实现规范化、制度化、系统化。如图 4-3 所示。

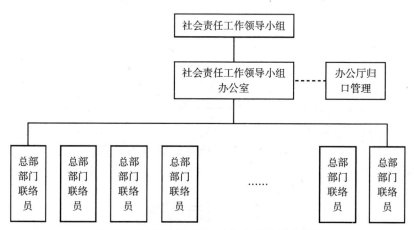

图 4-3   中国华电集团企业社会责任管理体系

具体聚焦到公司社会责任报告工作方面，中国华电集团社会责任工作领导小
组是集团公司社会责任报告编写和发布的最高责任机构，确定年度社会责任报告
的战略导向和重点社会责任信息披露领域。在报告初稿完成之后，对社会责任报
告的内容和形式进行审议，社会责任报告终稿形成之后，最终确定社会责任报告
发布的时间和地点。中国华电集团社会责任工作领导小组办公室具体负责社会责
任报告的编写和发布，具体包括利益相关方筛选、社会责任报告议题选择、社会
责任报告框架确定、社会责任报告初稿撰写和修订、社会责任报告信息汇总、参
与社会责任报告设计和印刷、社会责任报告发布、联系利益相关方并召开利益相
关方座谈会、开展社会责任沟通交流等工作。总部部门社会责任联络员是公司社
会责任信息收集统计的主体，并对提供的数据真实性、准确性负责，社会责任报

告初稿完成之后，对社会责任报告中数据进行再次审核。

2. 社会责任制度建设

2008 年，公司不仅成立了社会责任工作领导小组和办公室，而且还出台了"社会责任工作实施意见"和"指标体系"，为社会责任工作的开展提供了制度保障。2013 年，公司继续推进社会责任制度建设，制定了公司《社会责任实施意见》（修订版）和《社会责任工作指标体系 1.0》，进一步完善了社会责任工作体系和指标体系，明确了社会责任工作目标和工作重点。2013 年，还向公司系统印发了《社会责任工作指南（指引）》，进一步明确相关工作标准、流程和方法，指导下属企业正确理解和履行企业社会责任，编制发布社会责任报告；重新梳理各部门社会责任工作职责，明确各部门联络员工作职责和要求，加强培训交流，定期对各部门相关工作落实情况进行通报。

中国华电集团社会责任制度建设为社会责任发布的标准化、制度化打下了坚实的基础，为具体开展社会责任报告编写提供了详细的要求和指引，有效地促进了社会责任报告质量的稳步提升。

（二）参与

华电集团认为，利益相关方是企业履行社会责任的对象，更是披露企业履行社会责任信息的受众。为了提高企业社会责任报告披露社会责任信息的针对性和有效性，中国华电集团在社会责任报告编制和发布的过程中全程引入了利益相关方参与机制。

在报告诊断阶段，公司一方面通过收集利益相关方对往年报告的反馈意见，将利益相关方期待和需要引入新一年社会责任报告的编写和发布过程中；另一方面，公司在社会责任报告诊断阶段，还听取社会责任专家对往年社会责任报告的意见和建议，从而形成更加完善的社会责任报告框架和内容结构。

在环境扫描阶段，公司的主要社会责任工作包括确定企业的利益相关方、确定关键的企业利益相关方、确定利益相关方关注的社会责任议题等，而这些事项的确定必然要引入利益相关方自身的意见。为此，在该阶段，公司通过召开利益相关方会议的方式，进一步听取利益相关方对公司确定社会责任议题的看法，使得社会责任议题的确定更为明确。

在社会责任报告修订、定稿阶段，公司的社会责任报告需要经过征求部门对于社会责任报告初稿的意见以及征求社会责任专家对于社会责任报告初稿的意见。从某种程度上讲，企业部门是企业的内部利益相关方，而社会责任专家则是专业性利益相关方，社会责任报告的修订和定稿本身是特殊的利益相关方参与的过程。

在社会责任报告的发布阶段，公司要求社会责任领域专家、社会责任研究机构、公司的关键利益相关方、媒体以及同行业企业等利益相关方参与，向他们发布公司的年度社会责任信息，再次邀请利益相关方参与到公司社会责任报告的编写和发布过程中。如表4-1所示。

表4-1　中国华电集团公司主要利益相关方

利益相关方	期待和要求	沟通和回应措施	主要指标
政府	遵纪守法 规范经营 依法纳税 国有资产保值增值 符合国家产业布局 国有企业改革	依法合规管理；积极主动纳税 接受定期考核和监督检查 工作汇报 调整资产布局	纳税总额 新增就业人数 守法合规 响应国家政策 反对商业贿赂和商业腐败等
员工	集体合同和劳动合同 厂务公开和民主管理 职业发展 职业健康和员工关爱	及时足额发放薪酬 培训和能力提升 职业生涯规划 拓展员工参与管理的渠道和方式 帮助困难员工	劳动合同 民主管理 社会报销 职业病防治等
客户	供电供热 优质产品 优质服务	安全稳定供热、供电 开展客户满意度调查 进行客户交流活动	客户信息保护 满意度调查 客户教育等
合作伙伴	诚实守信 合作共赢 长期合作	诚信守法经营 开展战略合作 谈判、交流和沟通 公开采购信息	战略合作 公平竞争 合同履约 责任采购等
环境	节约资源 保护生态环境 应对气候变化	环保技术研发 实施绿色办公 开发清洁能源，供应绿色电力	环保投入 绿色办公 减少"三废" 节约能源等
社区	社区公益 减缓贫困	社区教育与宣传 社区交流 社会公益	移民与补偿 本地化采购 捐赠方针等

作为电力生产企业，华电集团利益相关方众多。为了更好地满足利益相关方需求和期待，发挥公司的优势，最大限度地取得履行社会责任绩效，华电集团根据利益相关方对企业的影响力、利益相关方期待的紧迫性和利益相关方对企业期待的合法性三个维度对利益相关方进行了科学的筛选和评估，最终分为七个利益相关方类别：核心利益相关方；甲类利益相关方；乙类利益相关方；丙类利益相关方；外围利益相关方Ⅰ；外围利益相关方Ⅱ；外围利益相关方Ⅲ。如图4-4所示。

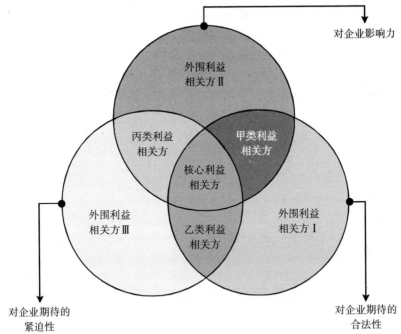

对企业影响力

外围利益
相关方 Ⅱ

丙类利益
相关方

甲类利益
相关方

核心利益
相关方

外围利益
相关方 Ⅲ

乙类利益
相关方

外围利益
相关方 Ⅰ

对企业期待的
紧迫性

对企业期待的
合法性

图 4-4　中国华电集团利益相关方筛选模型

(三) 界定

1. 议题确定流程

经过近年来开展社会责任实践探索，华电集团形成了独具特色的核心社会责任议题选择流程和标准。

第一步：确定利益相关方期待社会责任议题。

利益相关方期待社会责任议题是从利益相关方的角度来确定的，它们反映了利益相关方的需要和期待。通过利益相关方调查、社会责任专家对话、先进企业社会责任工作交流、电力生产行业影响分析，形成华电集团"利益相关方期待议题"。

第二步：确定核心社会责任议题目录。

一方面，利益相关方期待社会责任议题较多，企业完全履行和披露即使有足够的意愿，也可能缺乏足够的能力；另一方面，利益相关方期待社会责任议题可能与企业的战略目标发生冲突。为此，中国华电集团结合自身战略目标，对"利益相关方期待议题"进行战略一致性分析，形成"核心社会责任议题目录"。"核心社会责任议题目录"社会责任议题充分体现了利益相关方需要和期待的一致性及企业战略一致性。

第三步：确定年度核心社会责任议题。

符合利益相关方需求和期待一致性以及企业战略一致性的"核心社会责任议题目录"议题保证了企业在开展社会责任行动的过程中能够带来企业经济效益的提升。不过，"核心社会责任议题目录"社会责任议题不一定是企业能够开展的社会责任议题。中国华电集团通过公司内部社会各部门社会责任调查，进一步聚焦公司开展社会责任议题的范围，从而形成"年度核心社会责任议题"。中国华电"年度核心社会责任议题"是华电集团结合自身能力可以在现阶段履行的"核心社会责任议题目录"议题。如图4-5所示。

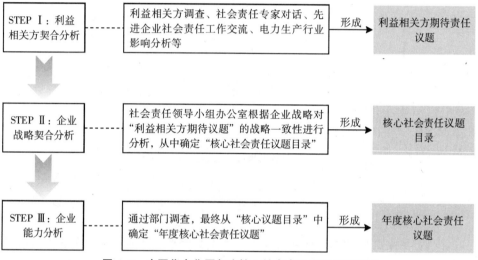

图4-5　中国华电集团年度核心社会责任议题筛选程序

2. 核心社会责任议题

经过华电集团年度核心社会责任议题筛选程序，2013年，最终确定当年的前五项"年度核心社会责任议题"，即生态环境保护、应对气候变化、保护员工职业安全健康、安全生产、绿色电力。如表4-2所示。

表4-2　2013年中国华电集团企业社会责任核心议题选择结果

主要社会责任议题	契合性	契合程度	部门调查	核心社会责任议题	主要社会责任议题	契合性	契合程度	部门调查	核心社会责任议题
生态环境保护	利益相关方契合	高	高	★★★	绿色电力	利益相关方契合	高	高	★★★
	企业战略契合	高		★★		企业战略契合	高		★★
供应链社会责任	利益相关方契合	高	低	★	应对气候变化	利益相关方契合	高	高	★★★
	企业战略契合	低				企业战略契合	高		★★

续表

主要社会责任议题	契合性		契合程度	部门调查	核心社会责任议题	主要社会责任议题	契合性		契合程度	部门调查	核心社会责任议题
员工福利	利益相关方契合	高	中		★★★	绿色办公	利益相关方契合	低	高		★★
	企业战略契合	中					企业战略契合	中			
知识产权保护	利益相关方契合	中	高		★★★★	社区可持续发展	利益相关方契合	中	低		★
	企业战略契合	高					企业战略契合	低			
合规经营	利益相关方契合	中	高		★★★	标准制定	利益相关方契合	低	低		☆
	企业战略契合	中					企业战略契合	低			
员工职业安全健康	利益相关方契合	高	高		★★★ ★★	回馈社会	利益相关方契合	高	中		★★★
	企业战略契合	高					企业战略契合	中			
安全生产	利益相关方契合	高	高		★★★ ★★	利益相关方参与	利益相关方契合	高	低		★★
	企业战略契合	高					企业战略契合	中			

3. 企业社会责任模型

2013 年，中国华电集团结合自身的行业特点以及自身的社会责任特色，形成了自己的企业社会责任理念，即"华电情怀　度度关爱"。围绕华电集团社会责任理念，从里到外分别是华电集团履行社会责任领域，即关爱生态、关爱员工、关爱社会、关爱国家和人民，最外圈是华电集团社会责任针对的利益相关方，四周部分是华电集团履行社会责任领域的具体内容。具体来看，关爱生态情怀包括加强环境管理，发展循环经济，保护生态环境，实施绿色办公；关爱员工情怀包括员工权益、员工发展、工会建设、民主管理、职业健康、员工关爱；关爱社会情怀包括确保安全生产，携手伙伴供应，投身社会公益，员工志愿者，奉献社区；关爱国、民情怀包括提高管理效益，增强盈利能力，推进科技创新，遵守法律法规。这四个领域构成了华电集团 2013 年社会责任报告的基本框架，而它们的内容则构成了华电集团 2013 年社会责任报告的基本内容。如图 4-6 所示。

华电集团社会责任理念"华电情怀　度度关爱"解析

关爱国家，是华电的赤子情怀，每一度电都成为国家运行的能量，华电用心去输送每一度电，创新每一项技术，保障每一份安全。

关爱股东，是华电的盈利情怀，每一度电都谋求股东的最大利益，华电用心保持满意的回报，充分的信息披露，并遵守法律准则。

关爱员工，是华电的人文情怀，每一度电都来自员工的心血，华电用心对待每一份工作，关爱每一名员工，温暖每一个家庭。

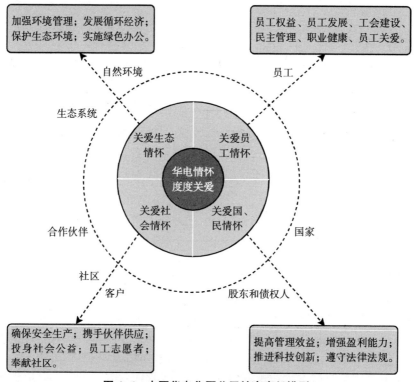

加强环境管理；发展循环经济；保护生态环境；实施绿色办公。

员工权益、员工发展、工会建设、民主管理、职业健康、员工关爱。

自然环境

员工

生态系统

关爱生态情怀　　关爱员工情怀

华电情怀
度度关爱

关爱社会情怀　　关爱国、民情怀

合作伙伴

国家

社区

客户

股东和债权人

确保安全生产；携手伙伴供应；投身社会公益；员工志愿者；奉献社区。

提高管理效益；增强盈利能力；推进科技创新；遵守法律法规。

图4-6　中国华电集团公司社会责任模型

　　关爱客户，是华电的忠诚情怀，每一度电都维护客户的权利，华电用心提供优质的服务，保障用电的安全、稳定的价格水平。

　　关爱伙伴，是华电的诚信情怀，每一度电都终成共赢的结果，华电用心保持融洽的合作关系，共同提高责任意识，实现可持续的发展。

　　关爱环境，是华电的生态情怀，每一度电都取自自然资源，华电用心美化每一片天空，滋养每一块土地，温馨每一份空气。

　　关爱社区，是华电的感恩情怀，每一度电都促进社区的繁荣，华电用心去发展社区的经济，提供更多的就业机会，提高居民的生活水平。

　　这里的度不仅是度数的度，还是年度的度，华电的社会责任是一个持续的过程，代表着华电集团与利益相关方共存共荣，代表着华电集团追求可持续发展的理念。

（四）启动

中国华电集团社会责任报告的编写，随着外部社会责任最新理论的学习、社会责任先进实践经验的交流、自身社会责任工作和社会责任报告编写工作的诊断以及内部社会责任教育培训循序渐进启动。

首先，通过外部社会责任理论学习把握最新理论发展脉络。中国华电集团公司社会责任工作领导小组办公室及各部门社会责任联络人通过学习国内外企业社会责任最新理论进展，比如社会责任报告编写指标体系的最新版本等，紧紧把握国际和国内社会责任理论的最新进展，更好地利用最新理论指导自身的社会责任报告的编写实践。

其次，通过外部社会责任实践交流吸收最新实践。社会责任领导小组办公室以及各部门社会责任联络人通过参与外部的社会责任实践交流，吸收社会责任报告编写优秀企业的好的实践和做法，为己所用，提高社会责任报告编写水平，提高社会责任报告与利益相关方交流沟通的质量和效果。

再次，通过进行社会责任报告诊断促进社会责任报告编写水平上台阶。每年社会责任报告编写工作启动之前，中国华电集团均通过邀请外部专家对往年的社会责任报告编写进行评价，进一步改进意见和建议。除此之外，由于社会责任报告的编写涉及如何更好地向利益相关方传输公司的社会责任实践信息，所以，公司的社会责任报告编写还会与社会责任报告设计组织进行交流，提高社会责任报告的形式可接受性，提高社会责任报告沟通交流社会责任信息的质量。

最后，通过内部社会责任理论和实践宣贯提高自身社会责任工作以及社会责任报告编写工作水平。中国华电集团通过内部社会责任理论知识培训，通过社会责任外部理论学习、社会责任优秀实践经验交流以及社会责任报告诊断经验内部化，使社会责任真正融入公司，融入社会责任工作的方方面面。华电集团集团社会责任工作内部培训的主要课程包括国际社会责任的最新进展、企业社会责任报告基本知识、企业社会责任管理等。

2013年，公司积极参加国务院国资委举办的中央企业社会责任管理提升专题培训班、社会责任专业机构组织的社会责任专题培训，与韩国三星集团、蒙古国企业社会责任考察团以及驻外使馆机构等进行社会责任工作交流探讨，不断提高社会责任管理专业能力和素质。2013年9月21~30日，中国华电参与了"中瑞企业社会责任培训项目"，学习和借鉴国外知名企业在社会责任工作方面的经验和做法。

（五）编写

中国华电集团社会责任报告编写坚持水平循序渐进、质量稳步提升的原则，在收集报告素材方面，力求稳扎稳打；在构建社会责任报告框架方面，力争创新形式；在确定社会责任报告指标体系方面，力创内容突破。

1. 收集报告素材中力求稳扎稳打

中国华电集团社会责任报告素材收集力求稳扎稳打。在每年社会责任报告搜集素材的过程中，中国华电集团社会责任工作领导小组办公室会将往年的社会责任报告各个章节按照收集信息责任部门分类的原则进行分类。之后，将不同的社会责任报告部分通过总部社会责任报告联络员网络，下发到相应的部门。一方面，各个部门社会责任网络联络员会根据报告年度社会责任工作情况，对往年的社会责任报告数据型信息进行更新；另一方面，各个部门社会责任网络联络员还会根据企业实际，增加新增企业履行社会责任行动指标的内容。除此之外，各个部门社会责任网络联络员还根据负责的部分内容为社会责任工作领导小组办公室提供优秀实践案例素材。如此，华电集团社会责任报告编写过程保证了在去年的基础上稳扎稳打，至少不降低同利益相关方沟通的水平和层次。

另外，在社会责任报告形成初稿之后，华电集团社会责任工作领导小组办公室还会针对社会责任报告进行对标分析、召开专家讨论会以及开展社会责任报告评级。在对社会责任报告初稿进行对标分析、召开专家讨论会、开展社会责任报告评级过程中，需要根据当年情况提出一些补充社会责任报告指标信息。这些指标将会再次通过公司的社会责任联络员网络下发到各个部门，再次征求部门的补充意见，继续对社会责任报告披露的信息进行补充，从而进一步完善社会责任报告，完成社会责任报告素材的收集工作。

2. 构建报告框架中力争创新形式

社会责任报告框架代表着企业对公司社会责任工作理解的一般思路，它决定着利益相关方获得企业社会责任管理和实践的一般思路。中国华电集团公司社会责任报告在保证内容充分包括经济、社会和环境责任的基础上，吸收社会责任报告优秀企业的框架经验，并结合自身的行业特点和企业实际，每年都会对自身的社会责任报告框架进行调整，以更好地适应利益相关方日益增长的更容易、更清晰地获得企业社会责任年度管理和实践最新进展的需要，提高社会责任报告沟通、交流社会责任信息的质量。如表4-3所示。

表4-3 2013年中国华电集团企业社会责任报告框架

结构	一级标题	二级标题
报告前言	高管致辞	
	公司概况	
报告主体	华电可持续发展蓝图	①发展战略与责任规划
		②责任管理
		③责任推进
		④责任沟通
		⑤责任能力
	全面提升的中国华电	①电源结构持续优化
		②煤炭产业高效运营
		③金融产业稳健发展
		④工程技术产业创新成长
		⑤海外市场精耕细作
	携手同行的华电伙伴	①贡献生态文明——向生态环境竭诚奉献绿色
		②促进员工成长——与员工一起创造美好生活
		③创造经济效益——为国家人民竭力创造财富
		④致力社会和谐——让社区伙伴同享华电发展
	2013年特色实践	①加快发展清洁高效大火电
		②水电装机突破2000万千瓦
		③管理效益"双提升"完美收官
		④累计放流珍稀特有鱼类841万尾
		⑤完成机组脱硫脱硝101台
		⑥创新水电移民举措惠民生
		⑦投资3亿三年援疆保供电
	2013年履责绩效	①发展绩效
		②经济绩效
		③环境绩效
		④社会绩效
报告后记	报告规范	
	报告流程	
	2013年回顾与2014年展望	
	附录	①主要组织及资质
		②指标索引
		③报告评级
		④术语解释
		⑤意见反馈表

3. 确定指标体系中力创内容突破

2008 年，中国华电集团发布了第一份企业社会责任报告，2009 年，中国华电集团社会责任工作领导小组和社会责任工作领导小组办公室正式成立，与此同时，中国华电集团还出台了社会责任工作实施意见和指标体系，发挥了集团总部统筹推动的核心作用。2013 年，公司继续推进社会责任制度建设，制定了公司《社会责任实施意见》（修订版）和《社会责任工作指标体系 1.0》，进一步完善了社会责任工作体系和指标体系，从而形成了涵盖发展绩效、经济绩效、环境绩效、社会绩效和责任管理五大领域的 196 项社会责任指标，全面覆盖了公司对利益相关方履行的各种责任，对于促进公司社会责任管理提升和社会责任的履行发挥了重要作用。如图 4-7、表 4-4 所示。

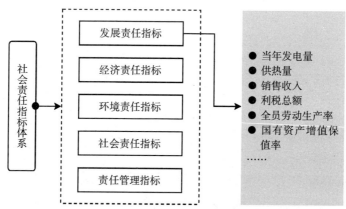

图 4-7 中国华电集团企业社会责任指标体系框架

表 4-4 2013 年中国华电集团社会责任报告披露的关键数据型绩效指标

类别	指标	单位	类别	指标	单位
发展绩效	火电装机容量	万千瓦	经济绩效	发电板块利润	亿元
	水电装机容量	万千瓦		煤炭板块利润	亿元
	风电装机容量	万千瓦		金融板块利润	亿元
	太阳能装机量	万千瓦		工程技术板块利润	亿元
	30 万千瓦及以上煤电机组占煤电装机比例	%		资产总额	亿元
	60 万千瓦及以上煤电机组占煤电装机比例	%		主营业务收入	亿元
	供热量	万吉焦		利润	亿元
	总发电装机容量	万千瓦		EVA	亿元
	发电量	亿千瓦时		净资产收益率	%

续表

类别	指标	单位	类别	指标	单位
发展绩效	煤炭产能	万吨	经济绩效	研究投入	亿元
	控股煤炭产能	万吨/年		发明专利数	项
	金融管理资产规模	亿元		授权专利数	项
	控股海外装机年末建设规模	万千瓦		利税总额	亿元
社会绩效	安全培训覆盖率	次		上缴税金	亿元
	非计划停运率	次/(台·年)		发电设备平均利用小时	小时
	机组非计划停运次数	台次		全员劳动生产率	万元/人·年
	原煤生产百万吨死亡率	%		资产负债率	%
	重大设备事故次数	次		客户投诉解决率	%
	一般设备事故次数	次		责任采购比率	%
	人身伤亡事故次数	次		经济合同履约率	%
	劳动合同签订率	%	环境绩效	环保培训覆盖率	%
	社会保险覆盖率	%		厂用电率	%
	女性员工人数	人		绿色电力装机容量	万千瓦
	男女员工工资比例	—		CDM项目年度碳减排量	万吨
	员工总数	人		单位发电量二氧化硫排放量	克/千瓦时
	员工培训覆盖率	%		经济附加值（EVA）	亿元
	员工培训人次	万人次		灰渣综合利用率	%
	员工入会率	%		供电煤耗	克/千瓦时
	职业病发生次数	次		火电机组脱硫装配率	%
	健康档案覆盖率	%		燃机机组脱硫装备率	%
	员工满意度	%		单位发电量烟尘排放量	克/千瓦时
	员工流失率	%		燃油单耗	吨/亿千瓦时
	困难员工帮扶投入	万元		CDM在联合国注册数	项
	捐赠总额	万元		机组等效可用系数	%
	残疾人雇佣率或雇佣人数	%		环保总投资	亿元
	员工最低公司与当地最低工资比例	—		二氧化硫排放绩效	克/千瓦时
	带薪休假天数	天		氮氧化物排放绩效	克/千瓦时
	少数民族员工比例	%		完成脱硫脱硝改造机组	万千瓦
	集体合同覆盖率	%		"四管"泄漏次数	台次
	本地化雇佣比例	%			
	员工志愿者	人			

（六）发布

自从 2008 年中国华电集团公司发布第一份企业社会责任报告——《中国华电集团企业社会责任报告 2007》至今，已经发布了七份年度企业社会责任报告，基本保持了相似的格式、稳定的对象和创新的发布形式。

从社会责任报告格式来看，中国华电集团发布的企业社会责任报告既有印刷本格式的，也有 PDF 格式的可供下载，还有网页版本的企业社会责任报告，使利益相关方直接登录公司官方网站即可观看。集团每年还制定了宣传片可供读者参考，利益相关方可以根据自身的需要选择不同的社会责任报告格式。

从企业社会责任观看对象来看，由于公司的社会责任报告的编写框架所依据的理论之一就是利益相关方理论，所以，报告涵盖所有的利益相关方群体均是公司社会责任报告的目标群体。除此之外，如果特殊利益相关方群体没有在社会责任报告中找到所需信息，通过报告封底的公司社会责任工作联系方式可以直接向公司咨询。

从发布形式来看，公司社会责任报告发布形式从最初的专项发布形式发展到此后灵活多样的形式，比如，2011 年、2012 年和 2013 年，公司在发布当年企业社会责任报告的同时，在国内率先发布了产品报告，收到了良好的反响。与此同时，公司根据利益相关方的需要，向部分利益相关方邮寄了部分社会责任报告，通过电子邮件的方式发送电子版的企业社会责任报告。

（七）使用

中国华电集团社会责任报告发布格式多种多样，可以满足不同利益相关方需要。从使用角度来看，中国华电集团社会责任报告印刷数量稳步增加，电子版社会责任报告下载次数也直线上升，一方面反映了利益相关方对华电集团社会责任信息的需求不断增加，另一方面也反映了社会责任报告作为华电集团与利益相关方沟通和交流社会责任信息的载体及平台，在公司同利益相关方交流沟通中、在公司自身的社会责任全过程管理中发挥的作用越来越明显。

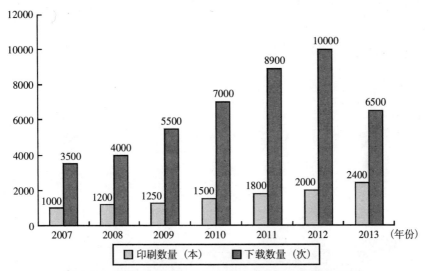

图 4-8　中国华电集团企业社会责任报告印刷数量和下载量

注：由于 2013 年社会责任报告为 2014 年发布，华电集团电子版网络下载数量统计截止时间为 2014 年 5 月。

第五章 报告管理优秀企业 2：
中国移动通信集团

相关方期望引领报告编写
——中国移动通信集团公司CSR报告管理

中国移动通信集团公司（以下简称"中国移动"）于2000年4月20日成立，注册资本3000亿元，资产规模超过万亿元，基站总数超过130万个，客户总数近8亿户，是全球网络规模、客户规模最大的移动通信运营商。

中国移动全资拥有中国移动（香港）集团有限公司，由其控股的中国移动有限公司（以下简称"上市公司"）在国内各个省（自治区、直辖市）和香港特别行政区设立全资子公司，并在中国香港和纽约上市。主要经营移动话音、数据、IP电话和多媒体业务，并具有计算机互联网国际联网单位经营权和国际出入口局经营权。近年来，中国移动通过全面推进战略转型，深入推动改革创新，加快转变方式、调整结构，经营发展整体态势良好，经营业绩保持稳定，并于2013年全新发布了商业主品牌"和"。中国移动多年来一直坚持"质量是通信企业的生命线"和"客户为根，服务为本"的理念，不断提升质量，改善服务，客户满意度保持行业领先，百万客户申诉率连续多年保持全行业最低。

作为国内电信运营企业中首家编制发布企业社会责任报告的企业，同时也是中央企业中最早关注并实施企业社会责任管理的企业之一，中国移动秉承"正德厚生 臻于至善"的核心价值观，真诚践行"以天下之至诚而尽己之性、尽人之性、尽物之性"的企业责任观，努力实现企业经营与企业社会责任的高度统一，追求企业与利益相关方在经济、社会与环境方面共同可持续发展。公司自2007年起成为联合国全球契约（UNGC）正式成员，认可并努力遵守全球契约十项原则。同时，公司作为全球报告倡议组织（GRI）相关方网络（OS）的首批中国会员，积极参与和支持全球可持续发展报告标准研究与制定，并作为中国内地唯一企业参与 G4 Pioneer 项目和 GRI 报告分享计划。公司密切关注和积极支持中国本土社会责任报告编制标准的研发和推广，深度参与并支持中国社会科学院经济学部企业社会责任研究中心《通信服务业企业社会责任报告编写指南 3.0》的制定，为共同推进社会责任报告编写水平提升贡献积极力量。

一、报告概况

中国移动高度重视社会责任履行过程中与利益相关方的主动沟通对话，自2006 年起逐年编制并发布《企业社会责任报告》（2010 年起更名为《可持续发展报告》以进一步突出履行社会责任与企业可持续发展的融合一致性）。可持续发展报告是中国移动向利益相关方全方位披露经济、社会和环境绩效表现的关键载体，也是中国移动企业社会责任管理体系的重要一环，是公司评估年度可持续发展绩效、收集利益相关方反馈，从而针对性提升管理水平的重要管理工具。

根据中国移动自身运营实际情况，企业社会责任报告共分集团公司与上市公司中、英文共四个版本，定期、规范披露企业非财务信息。其中上市公司报告与公司年报每年同步发布，集团公司报告每年举办由公司高层领导主持的发布会并邀请关键相关方参加，同时面向各省（区、市）的重要利益相关方进行发放。报告已成为利益相关方全面了解中国移动可持续发展绩效的重要载体，赢得广泛关注。

《中国移动可持续发展报告》遵循全球报告倡议组织（GRI）可持续发展报告指南、《中国企业社会责任报告编写指南（CASS-CSR3.0)》、全球契约十项原则、《国际标准化组织社会责任指南标准（ISO26000)》、香港交易所《环境、社会及管治报告指引》、《关于中央企业履行社会责任的指导意见》等国内外通行规范，同时突出企业与行业特色。报告还引入独立第三方会计师事务所对关键数据提供独立鉴证，进一步提升客观性与公信力。2013 年报告首次引入中国社会科学院经济学部企业社会责任研究中心社会责任报告评级即获得 5 星级评价。此外，报告曾获得联合国全球契约中国企业社会责任典范报告、全球契约中国社会责任报告最佳实践、"金蜜蜂"优秀企业社会责任报告·领袖型企业奖等多项荣誉。

目前，中国移动黑龙江、上海、浙江、山东、广东、广西、江苏等公司均已发布本省（市）的社会责任分报告，形成以集团公司企业社会责任报告为主体，各省公司企业社会责任分报告为补充的利益相关方报告沟通体系。

二、报告管理

（一）组织

1. 社会责任组织体系

良好的组织体系是报告质量的保障，中国移动自 2008 年起设立 CSR 指导委员会，建立起管理层深度参与、横向协调各专业部门、纵向覆盖各下属单位的 CSR 组织体系。如表 5-1 所示。

表 5-1 中国移动企业社会责任组织体系

CSR 指导委员会（决策层）	公司董事长任主任，总部相关部门共同参与，对公司社会责任战略、目标、规划和相关重大事项进行审议与决策
CSR 办公室（组织层）	CSR 办公室设于总部发展战略部，负责牵头组织、协调横向各专业部门、纵向各下属单位的可持续发展工作，推动可持续发展战略及目标达成
横向各专业部门、纵向各下属单位（实施层）	总部专业部门依据职责分工实施可持续发展关键议题归口管理，完成从策略、执行到评估的闭环管理
	各下属单位战略管理责任部门承担 CSR 管理推进职责，建立跨部门及跨层级虚拟团队，组织落实 CSR 工作

每年中国移动可持续发展报告编制均组建报告编写的专门项目团队，由企业社会责任工作牵头部门专职人员与总部及各省级单位的工作接口人员共同组成报告编制虚拟团队。为广泛征求利益相关方和社会责任专家的意见和建议，每年邀请第三方机构提供报告评估、议题研究和语言支持。

2. 社会责任制度流程

2007 年，《中国移动通信集团公司企业社会责任工作指导意见》下发全集团，初步明确了中国移动企业责任观及企业社会责任策略管理、执行管理、绩效管理和沟通管理四大工作模块。

2009 年，《中国移动通信集团公司企业社会责任管理办法（试行）》正式下发全集团，标志着通过三年的企业社会责任管理与实践探索，中国移动成功确立了企业社会责任管理的体系、制度与流程，建立了企业社会责任管理与实践的长效机制。

2013 年，中国移动修订下发《中国移动企业社会责任管理办法（2013 版）》（以下简称《办法》）。《办法》结合公司多年 CSR 管理实践经验及管理提升活动成果，从提炼和梳理 CSR 理念入手，进一步优化公司 CSR 管理流程，结合可持续发展最新趋势和管理要求，完善和明确了策略管理、执行管理、绩效管理和沟通管理四大管理模块的内涵和要求。《办法》进一步细化了企业社会责任报告编制发布的流程和要求，将报告素材、数据采集及审核职责落实到各相关部门和单位，进一步完善了报告编制发布的规范性和制度化。该《办法》的颁布，标志着中国移动企业社会责任管理体系的进一步成熟与规范，如图 5–1 所示。

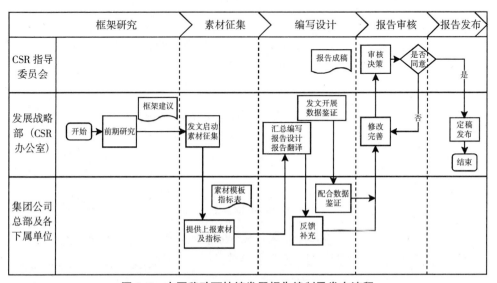

图 5–1　中国移动可持续发展报告编制及发布流程

3. 社会责任能力建设

经过多年的建设和发展，中国移动已建立起一支覆盖全集团各省（区、市）公司的社会责任专责人员队伍，负责组织落实和推动省级社会责任管理与实践活动。公司高度重视企业社会责任专责人员队伍建设，每年定期举办各省（区、市）公司企业社会责任工作骨干专项培训，内容涉及集团社会责任战略、社会责任标准要求、社会责任议题趋势与最佳实践、社会责任实践策划等多方面。同时，中国移动明确要求各省公司每年需至少开展一次覆盖全公司的企业社会责任宣贯培训活动，以此实现企业社会责任理念导入。在实施过程中，中国移动各级公司将企业社会责任理念的宣贯与企业文化建设工作相结合，通过多种形式开展主题文化传播活动，深入推进"责任"意识的传播，强化社会责任的自觉履行。仅 2013年，中国移动年度 CSR 专项宣贯培训覆盖 131350 人次。

（二）参与

利益相关方参与是企业履行社会责任的基石。中国移动的利益相关方由六类群体构成，分别是员工、股东与投资者、政府与监管机构、客户、价值链伙伴、社区与环境。为确保利益相关方沟通的有效性和实质性，中国移动明确了"学习—分享—合作"的利益相关方参与模式，形成了常态化的利益相关方沟通机制。

在日常沟通方面，制定下发《利益相关方沟通工作手册》和集团统一的社会责任标准宣讲文稿，不断丰富相关方沟通渠道，建立起企业社会责任外部信息追踪机制，深入了解相关方诉求并围绕关注的热点开展针对性的沟通活动。例如，2010 年 11 月，公司总裁信箱（CEO@chinamobile.com）正式开通，并在 2011 年 5 月正式向客户、合作伙伴开放。2013 年，总裁信箱共收到来信 2194 件，包括对公司管理、业务发展、网络建设、员工成长、客户权益保护等方面的意见和建议。基于规范流程，上述来信均得到及时、妥善处理和回复。如表 5-2 所示。

表 5-2 利益相关方参与

利益相关方	描述	对公司期望	沟通方式	主要指标
员工	公司组织机构中的全部成员	沟通参与的权利 公平对待 职业健康安全 良好的培训及发展机会 对自身价值的认可与尊重	职工代表大会 定期培训 绩效沟通机制 彩信刊物《移周刊》 员工评优机制	劳动合同签订率，员工流失率，员工培训投入，员工体检率等
股东与投资者	公司及下属企业股票和债券的持有人	良好的信息披露 完善的风险管理 廉洁的商业环境 持续创造价值的能力	企业年报和公告 国资委工作汇报 路演与反向路演	营业收入、利润、客户数等
政府与监管机构	中国政府及业务所在地政府 代表国家履行监管职责的政府机构	守法合规经营 落实监管政策 助力社会和谐 发挥带动作用	日常汇报沟通 专题调研与现场会 相关论坛交流活动	纳税总额、员工人数、带动就业数等
客户	购买使用公司产品或服务的用户	高速畅通的网络 便捷周到的服务 透明合理的资费 可靠的隐私保护 对侵权行为的有效防范与治理	客户接待日 10086 热线 网络及手机营业厅 客户满意度调查	客户满意度、百万客户申诉率等
价值链伙伴	公司生产或提供服务的环节或链条中相关组织或个人	规范高效的采购流程 前景良好的发展机会 互利共生的合作关系 可持续发展的绿色产业	采购活动 日常沟通 培训与评估 论坛及大会	集中采购供应商数量、集中采购供应商本地化比例、供应商核查次数及比例等

续表

利益相关方	描述	对公司期望	沟通方式	主要指标
社区与环境	企业业务及运营所在地社区及其环境	电磁辐射安全 偏远地区发展 弱势群体的扶助 生态环境和谐	社区沟通活动 大众传播媒体 微博、微信等新媒体 公益项目平台	社区建设投入总额、公益捐赠总额、志愿服务总时长等

在专项沟通方面，与国际知名学术机构、社会责任国际组织进行了广泛的交流与对话，建立社会责任全球对话沟通机制和学习分享渠道。中国移动与剑桥大学联合开展了"移动医疗"课题研究，参与新一代可持续发展报告指南——G4标准草案的制定讨论，深度参与并支持中国社会科学院经济学部企业社会责任研究中心《通信服务业企业社会责任报告编写指南3.0》的制定。

此外，为确保年度可持续发展报告更具参与性和实质性，中国移动在每年报告前期研究中固化相关方感知分析模块，引入关键相关方参与实质性分析过程，通过媒体检索分析、关键相关方座谈会、电话访谈、网络问卷调查等多种方式收集、了解相关方对于中国移动社会责任实践的评价反馈以及对关键可持续发展议题及信息披露的期望要求。例如，公司逐年开展可持续发展能力评估，通过第三方问卷调查，了解评估公司内部员工对企业社会责任工作的认可度与践行度，近两年第三方调查共覆盖内部员工超过10万人次。

（三）界定

1. 议题确定流程

为提升报告针对性与回应性，中国移动通过建立并完善实质性分析模型，并开展相关方专项调研，识别筛选出最具实质性的年度关键议题。

第一步：议题识别。

基于内外部文献研究及第三方调查，识别出对于中国移动意义重大的可持续发展议题。2013年可持续发展报告中共识别22项可持续发展议题。如图5-2所示。

第二步：议题评估。

开展关键相关方专项调查，通过座谈会、电话访谈及在线问卷等方式，邀请不同类别相关方代表参与实质性评估，并针对性听取意见建议。如图5-3所示。

第三步：议题筛选。

基于实质性评估打分结果对议题进行排序，筛选出具有较强实质性的议题，作为报告重点披露内容。如图5-4所示。

宏观政策导向

深入解读国家宏观政策及 2013 年信息通信产业相关政策法规，领会中国可持续发展的宏观政策导向与趋势

相关标准要求

梳理 G4、DJSI 等相关标准，了解全球可持续发展议题管理及信息披露的最新要求

自身战略与能力评估

结合中国移动发展战略规划及 2012 年度可持续发展能力评估结果，识别对公司实现战略目标意义重大的关键议题

行业最佳实践

对 6 家同业企业的可持续发展战略及管理、关键议题（199 个）、定量指标（1472 个）进行全面对标，研究确定行业热点议题、最佳实践及差距

媒体舆论关注

从新华网抽取与中国移动相关的前 1000 条热点新闻，分析媒体关注的重点议题；依托 2012 年可持续发展能力评估公众专项调查（12000 个样本），发现公众关心的重点议题

图 5-2 中国移动 2013 年可持续发展报告议题识别研究框架

在线问卷调查

回收有效问卷 167 份，内外部相关方代表占比约为 1:1。内部相关方（员工）根据议题对中国移动的重要程度评分，外部相关方根据议题对自身的重要程度评分

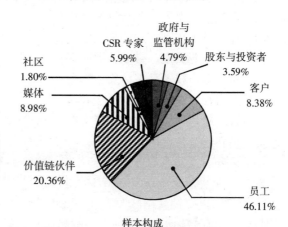

图 5-3 中国移动 2013 年可持续发展报告专项问卷调查样本构成

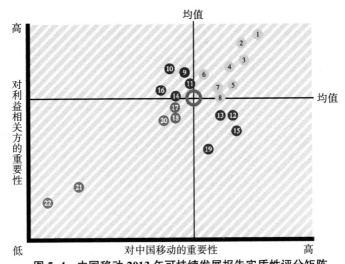

图 5-4　中国移动 2013 年可持续发展报告实质性评分矩阵

注：数字序号由低到高代表此项议题的实质性得分（加权平均）由高到低。

2. 可持续发展核心议题

通过实质性分析，中国移动确定的可持续发展核心议题包括：

（1）全力转型发展，坚持反腐合规；

（2）尊重员工权利，支持员工发展；

（3）追求产业共赢，带动共同履责；

（4）保护客户权益，保障安心消费；

（5）助力社区建设，促进社会和谐；

（6）践行绿色运营，共建生态文明；

（7）创新改变生活的丰富应用；

（8）拓展遍及城乡的普遍服务。

3. 可持续发展战略视图

中国移动以"铸就国际领先、实现可持续发展"为目标，全力实施"可持续发展战略"，以"移动改变生活"的战略愿景为指引，着眼于满足利益相关方的不同期望。公司确定可持续发展的三大战略重点是更稳健的中国移动、更满意的相关方、更美好的信息化未来，以此创造和分享可持续发展的美好未来，形成了中国移动可持续发展战略视图。如图 5-5 所示。

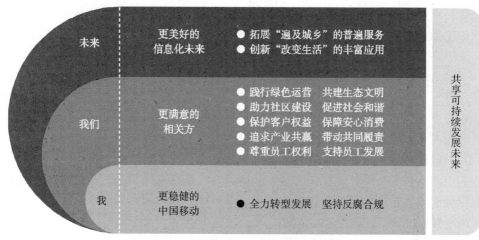

图5-5 中国移动可持续发展战略视图

（四）启动

中国移动可持续发展报告启动阶段主要包括前期研究、相关方参与、启动培训三个模块。

一是系统开展前期研究。结合国家政策导向与外部舆论环境，对标国际最佳

1. 2012 年报告评估	2. 相关标准分析
● 可持续发展相关方专题调研：通过在线问卷、利益相关方研讨会和电话访谈等方式对 167 个利益相关方代表进行调研 ● G3.1 指南指标披露分析	● GRI 最新发布的 G4 指南的主要内容与披露要求，重点关注基于 G3.1 指南改变以及强化的因素 ● 《中国企业社会责任报告指南（CASS-CSR3.0）》披露要求与变化因素
3. 同业企业对标	4. 政策舆情分析
● 对标六家入选 2013 年 DJSI 全球指数的国际电信企业，包括韩国电信、SKT、西班牙电信、挪威电信、英国电信、中华电信（中国台湾） ● 对标内容覆盖可持续发展理念、战略、议题、定量指标、相关方沟通与传播形式等	● 国家宏观政策及信息产业相关政策解读 ● 媒体报道分析，样本为 1000 条外部新闻 ● 采用 2012 年可持续发展能力评估中的公众感知调查结果进行分析，样本量为 12000 个

图5-6 中国移动可持续发展报告编制前期研究

实践，识别利益相关方重点关注的责任议题，基于对上年度报告的客观评估和新一年度公司战略发展和企业社会责任履行的最新动向，最终研究确定报告的主题和关键议题。

二是广泛征求利益相关方意见和建议。通过电话、问卷、召开利益相关方座谈会等形式，邀请利益相关方对中国移动上一年度报告进行评估，第一手了解利益相关方对报告的反馈，系统分析报告中存在的优点与不足，并针对性地提出新报告的提升方向。

三是召开启动培训会。公司每年组织召开企业社会责任报告启动会，对总部各部门以及各省级单位的报告编制工作接口人员进行系统培训，详细讲解报告前期研究成果、年度关键议题和报告框架，明确报告素材和数据要求，为下一步报告编写做好准备。

（五）编写

企业社会责任报告要求企业全面回应利益相关方期望与诉求，对过往一定时段内的企业社会责任履行情况进行全面、系统的披露。企业社会责任报告既需言之有物，有针对性地对利益相关方的关注进行回应，同时又需体现宏观环境与企业自身运营发展的特点。

1. 信息收集

经过多年的实践，中国移动已经建立较为完善的企业社会责任信息收集体系。每年报告中的数据与案例主要通过以下渠道进行收集。

（1）中国移动内部相关统计报表：主要收集与业务领域相重合的企业社会责任数据，如主要经营指标等。

（2）中国移动企业社会责任信息采集系统：公司逐月从下属单位进行相关数据和案例的收集，筛选出优秀案例并通过公司 CSR 官方网站进行对外传播。

（3）中国移动年度优秀企业社会责任实践评选：从 2008 年起，每年在全集团范围内发掘和选拔 CSR 优秀实践，邀请来自政府主管部门、非政府组织、权威媒体的专家代表与公司内部专家共同评审，优秀案例入选中国移动年度可持续发展报告。

2. 报告编写

在完成框架搭建和信息收集任务后，报告编写工作的关键在于如何按照相关方感兴趣的方式进行报告内容的组织和呈现。中国移动在 2013 年可持续发展报告中针对股东、合作伙伴、客户、员工、社区、环境等不同类别相关方的关键诉求，系统展现相关议题管理方法、取得的成效和未来的计划。如图 5-7 所示。

相关方期望	我们的行动	我们做到了（2013年）	我们将努力（2014年）
● 保持良好的网络质量和关键时刻的网络畅通 ● 保护客户消费安全，加强隐私保护和不良信息治理，防范第三方恶意侵权行为 ● 保障资费透明，维护客户知情权与选择权 ● 提供便捷服务，及时听取和响应客户诉求	● 深化"四网协同"战略，保持网络质量整体领先 ● 完善应急通信保障制度，实施应急演练，在重大灾害或重要事件中保障网络通畅 ● 从技术、管理、平台等多维度保护客户信息安全 ● 加强恶意软件防控、不良信息治理和电信欺诈防范，并严格约束合作伙伴，防范侵权行为 ● 简化资费套餐，创新国际漫游定价模式，为客户提供全流程透明消费服务 ● 开通线上和线下多元化平台，深化客户日常沟通	● GSM网全程呼叫成功率达到99.12%，3G网全程呼叫成功率达到98.53% ● 年度完成应急通信保障4005次，出动保障人员465443人次 ● 推广应用"金库模式"和客户信息模糊化操作等关键举措保护客户信息安全 ● 年度开展39万余人次客户信息安全和隐私保护培训 ● 全面启动社会渠道违规治理，对八类涉嫌侵害客户权益的违规行为进行治理 ● 国际及港澳台漫游通话资费平均降幅46%，最高降幅超过90% ● 百万客户申诉率仅为32.3件，连续四年保持行业最低值	● 大力推进4G网络建设，强化网络资源精细预测和调配能力，实现从面向网络分流到面向客户感知和网络价值最优的转变，加大监督检查力度，确保"金库模式"和客户信息模糊化操作模式100%实施到位 ● 着重改善存量客户、流量客户、集团客户等重点客户群在关键环节的感知，为客户提供更满意的服务 ● 百万客户申诉率继续保持行业最低

图 5-7　中国移动 2013 年可持续发展报告"和客户共享安心服务"

3. 报告审核

作为规范的非财务信息披露载体，除了富于新意和针对性的内容编制外，报告的质量还取决于包括集团总部各相关部门与省公司相关人员的全集团不同层级、不同专业条线的共同参与，包括多轮对报告框架、内容、数据、文字的沟通、反馈和把关。经过几年的实践，中国移动的报告编制工作已经实现了报告编写信息层层收集、数据层层审核、内容各方参与的全方位、常态化管理。

中国移动将可持续发展报告编制发布列入公司"三重一大"事项，每年通过公司司务会议（CSR 指导委员会会议）对可持续发展报告内容框架、关键指标数据进行审核。其中，上市公司可持续发展报告还将提交上市公司董事会审核，进一步确保了报告编制、披露的规范性。

4. 报告鉴证

从 2012 年起，中国移动引入国际知名会计师事务所按照全球通行的 ISAE3000 标准，对报告关键数据的管理流程和收集方法进行检验审查，并出具独立鉴证报告，进一步加强了报告的规范性和透明度。如表 5-3 所示。

表 5-3　中国移动 2013 年可持续发展报告鉴证概要

鉴证对象	数据：环境数据、职业健康和安全数据、社会数据等 33 个主要非财务定量信息	
	对象：总部部门及三个选定省公司（江苏、黑龙江、新疆）	
鉴证标准	ISAE3000	
鉴证类型	有限性保证	
鉴证产出	独立鉴证报告 管理建议书	
新增鉴证指标	一级供应商数量 二级供应商数量 一级集采中本地供应商所占比例 二级集采中本地供应商所占比例 年度开展的对供应商核查次数	召开视频会议次数 年度新入职员工总数 年度主动离职员工数 年度解雇员工数

5. 报告设计印刷

中国移动企业社会责任报告的设计印刷聘请专业机构进行，报告设计延续一以贯之的"中国风"风格，每年通过设计元素上突破来凸显新意。在报告印刷上坚持采用环保纸，近年来逐步压缩纸质报告印刷数量，大力推广电子版报告，并推出了手机阅读版报告，在节约纸张的同时，取得了良好的传播效果。

（六）发布

中国移动已连续八年举办由公司主要领导参加的报告发布会，邀请关键利益相关方代表及媒体出席报告发布活动，以报告发布为载体，向各界全面汇报中国移动可持续发展的战略思考、举措、成效和不足。出席现场发布会的利益相关方代表累计超过 2000 人，媒体报告累计超过 1200 篇（次）。同时，自 2012 年起，报告发布会以视频会议形式面向全集团各省市公司进行直播，成为全员共同见证的年度盛事。

（七）使用

可持续发展报告已成为利益相关方全面了解中国移动可持续发展绩效的重要载体，也是公司评估年度可持续发展绩效、收集利益相关方反馈，从而针对性提升管理水平的重要管理工具。中国移动每年都组织各省级公司面向当地关键利益相关方群体进行针对性的报告送达与反馈收集。为进一步强化与客户的沟通，2014 年在标准完整版可持续发展报告基础上，中国移动又针对客户关注的客户权益保护、社会公益支持等专题，以生动活泼的文字和设计风格对报告进行二次加工，创新发布《中国移动企业社会责任客户沟通专册》，以问答形式对客户关心的问题进行一一回应，使得报告作为相关方沟通平台的作用进一步凸显。

表 5-4 中国移动 2013 年可持续发展报告概览

1. 报告主题	触手可及的新未来 和你在一起
2. 定位及框架	沟通型报告 重在回应相关方关切，突出"期望—行动—绩效—展望"的闭环管理
3. 内容亮点	时效性：4G 发展专题、呼应新品牌形象 回应性：集中回应客户关切、正面披露敏感信息、引入关键相关方参与实质性分析 完整性：强化供应链、劳工、环境相关内容描述和指标披露，对应最新相关标准要求更完整披露关键绩效
4. 案例展示	披露案例 40 个，涉及 27 个省公司及香港公司
5. 关键绩效指标	178 项 重点新增供应链、劳工、环境及反腐相关指标
6. 国际标准	GRIG4，覆盖率 82.7%
7. 第三方鉴证	33 项指标 8 个部门（中心）及江苏、新疆、黑龙江公司
8. 报告篇幅	53000 余字，66 页 扩充内容、精简文字、增加图示，增强易读性
9. 设计风格	现代感、亲和、活力
10. 传播载体	纸质全版＋网络 PDF 版＋手机 客户沟通专册

第六章　报告管理优秀企业 3：
中国建筑股份有限公司

全员参与，多方联动，重在实效
——中国建筑股份有限公司 CSR 报告管理

　　中国建筑股份有限公司（股票简称：中国建筑，股票代码：601668）是全球最大的建筑地产综合企业集团。公司是国有控股重要骨干企业，由中国建筑工程总公司、中国石油天然气集团公司、宝钢集团有限公司、中国中化集团公司 4 家世界 500 强企业共同发起，于 2007 年 12 月 10 日正式创立，并于 2009 年 7 月 29 日在上海证券交易所成功上市，总部设在北京。公司现拥有 37 家全资公司和 15 家控股公司。

　　中国建筑股份有限公司传承了中国建筑工程总公司的全部资产和企业文化，拥有产品技术研发、勘察设计、工程承包、地产开发、设备制造、物业管理等完整的产业链条，是国内唯一一家同时拥有"三特"资质（房建、市政、公路三类特级总承包资质）和建筑行业工程设计甲级资质的建筑企业。公司主营业务涉及房屋建筑工程、国际工程承包、房地产开发与投资、基础设施建设与投资以及设计勘察五大领域，经营区域分布全球 40 多个国家和地区。

　　2013 年，公司在《财富》全球 500 强排名中位列第 80 位（2014 年度最新排名为 52 位），列全球建筑地产企业首位；在 ENR 全球 150 家顶尖设计公司排名中位列第 53 位，居中国建筑设计企业首位；荣获"联合国千禧发展目标——绿色办公室奖励计划"、联合国"环球爱心企业"及世界绿色组织"绿色办公室奖励计划"称号。

一、报告概况

表6-1 中国建筑可持续发展报告发布情况

年份	报告页数	报告语言	报告版本	参考标准
2013	108	中英双语	电子版/纸质版	全球报告倡议组织《可持续发展报告指南》（GRI G4） 国际标准化组织《ISO26000：社会责任指南（2010）》 《中国企业社会责任报告编写指南（CASS-CSR3.0）》
2012	109	中英双语	电子版/纸质版	全球报告倡议组织《可持续发展报告指南》（GRI G3.1） 国际标准化组织《ISO26000：社会责任指南（2010）》 《中国企业社会责任报告编写指南（CASS-CSR2.0）》
2011	112	中英双语	电子版/纸质版	全球报告倡议组织《可持续发展报告指南》（GRI G3.1） 国际标准化组织《ISO26000：社会责任指南（2010）》 《中国企业社会责任报告编写指南（CASS-CSR2.0）》
2010	92	中英双语	电子版/纸质版	全球报告倡议组织《可持续发展报告指南》（GRI G3.1） 国际标准化组织《ISO26000：社会责任指南（2010）》 《中国企业社会责任报告编写指南（CASS-CSR2.0）》
2009	59	中英双语	电子版/纸质版	全球报告倡议组织《可持续发展报告指南》（GRI G3）

二、报告管理

（一）组织

1.社会责任工作组织体系

中国建筑建立涵盖公司总部和成员单位的社会责任工作体系。公司成立社会责任委员会，负责领导公司整体社会责任工作，审批公司社会责任工作规划及管理制度，审议公司社会责任管理重大事项。社会责任委员会在董事会领导下，由公司高级管理层和职能部门负责人组成。

社会责任委员会下设社会责任工作办公室，由总部相关部门工作人员组成，主要负责编制社会责任工作规划、管理制度，组织实施社会责任实践、对外开展社会责任交流，编制和发布社会责任报告。如图6-1所示。

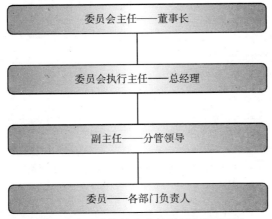

图 6-1　中国建筑社会责任委员会组织架构

2. 社会责任工作制度

2013 年，中国建筑制定了《中国建筑社会责任指标管理手册》（以下简称《手册》），《手册》明确了公司社会责任指标体系所涉及的 8 个领域、38 个议题、188 个指标，有助于公司实时掌握社会责任各方面指标的履行情况，及时诊断公司运营中面临的风险和不足，进一步提升公司的管理水平，增强公司抵御风险与持续发展能力，也为同行推进社会责任管理提供借鉴。

3. 社会责任组织队伍

中国建筑建立覆盖总部、二级单位、三级单位及项目部的社会责任组织队伍。在公司总部成立公司社会责任委员会，委员会下设社会责任工作办公室，工作机构设在企业文化部。在二级单位成立本单位社会责任委员会，下设社会责任工作办公室，确定与职能部门、事业部接口的责任部门及相关负责人；在三级单位明确与二级单位接口的部门及相关负责人；在项目部明确与三级单位接口的部门及相关负责人。如表 6-2 所示。

表 6-2　中国建筑社会责任培训与沟通

项目 ＼ 时间	2013 年	2012 年
社会责任培训	● 积极参加国务院国资委、专业机构等举办的社会责任工作会议、论坛、研讨会等交流活动，学习先进经验，提升社会责任能力，持续改进社会责任绩效 ● 组织社会责任管理专项培训，提升社会责任专兼职人员的认知水平和能力	● 组织开展中国建筑 2011 年可持续发展报告编制启动培训会 ● 参加中央企业社会责任管理提升专题培训班

续表

时间 项目	2013 年	2012 年
社会责任沟通	● 参加"第九届中国企业社会责任国际论坛"并论坛对话 ● 参加"第六届中国企业社会责任报告国际研讨会"，并作为发言单位参与论坛对话	● 参加"第八届中国企业社会责任国际论坛暨 2012 最具责任感企业颁奖典礼"，并作为获奖企业代表参加论坛对话 ● 参加"第五届中国企业社会责任报告国际研讨会"，并作主题发言 ● 参加"中国企业社会责任报告评级年度总结会暨《中国企业社会责任报告编写指南（CASS-CSR3.0）》研讨会"，并作主题发言 ● 参加"第四届上市公司社会责任报告高峰论坛" ● 参加"第七届中欧企业社会责任圆桌论坛"，并作主题发言 ● 参加中国社科院《中国企业社会责任蓝皮书》发布仪式

（二）参与

表 6-3　中国建筑利益相关方期望

利益相关方	描述	对公司期望	沟通方式	主要指标
股东与投资者	股东与投资者是公司重要利益相关方，中国建筑关注股东长期、持续的收益和回报，不断提升盈利能力，强化风险防控，以良好的经营业绩保障股东持续的投资收益	收益回报 满意市值 权益保护 了解公司经营情况	股东大会 业绩路演 反路演 投资者策略会 年报 投资者专题报告	提高盈利能力 加强市场管理 及时披露信息
客户	满足客户不断变化的需求是中国建筑存在的根本价值，中国建筑尊重并坚定履行对客户的每一份承诺，持续满足客户要求，为客户提供最佳解决方案和最优服务	诚信履约 信息透明 高质量产品 高品质服务	客服热线 日常电话 邮件沟通	合同执行 需求调查 日常沟通 建议与反馈
环境	研究显示当前社会总能耗约 40%来自建筑能耗。转变建筑行业发展模式，推广绿色建筑，是中国建筑对环境保护做出的庄严承诺	节能减排 应对气候变化 节约资源 生态保护	开展环境影响评价 与环保组织沟通	绿色设计 绿色施工 保护生态 绿色办公
员工	员工是企业得以生存和发展的基石。中国建筑营造以人为本、充满关爱的组织氛围，依据员工发展的不同需求搭建组织平台	共同成长 工资与福利保障 健康与安全 人文关怀	员工大会 总经理信箱 工会民主座谈会	权益保护 民主沟通 教育培训 劳动保护

续表

利益相关方	描述	对公司期望	沟通方式	主要指标
战略合作伙伴与供应链	中国建筑始终秉承"感知责任、优质回报、合作共赢"的理念，携手合作伙伴，建立长期的战略合作关系	共同发展 合作共赢 资源共享 公开公正	高层互访 定期会议 多渠道合作与研究	协议合同执行 建议与支持公开采购信息 谈判与交流
行业	作为中国最大的建筑地产综合企业集团，中国建筑肩负建筑地产行业发展使命，承担服务行业职能。我们以创新实力支撑公司和行业持续、健康、科学、卓越发展，带动行业进步	公平竞争 推动行业技术进步 提升行业管理水平	各类行业会议	提升研发能力 参与行业发展论坛 管理提升
政府、社区与公众	公司运营离不开所处的环境，特别是公司所在社区及其公众和政府的支持。中国建筑积极履行社会公民职责，热心公益事业，营造绿色空间，为社会的和谐稳定、科学发展奉献力量	遵纪守法 依法纳税 促进就业、教育培训 公益慈善、社区参与 带动当地产业发展 推动社区公共事业发展	高层领导互访 社区宣传栏 社交媒体 社区论坛	合规管理 主动纳税 支持与引导 培训与宣传 沟通活动 公益行动

（三）界定

1. 议题确定流程

中国建筑基于公司发展的社会背景、公司战略和经营重点、社会责任报告相关指南和标准以及利益相关方需求分析，结合中国建筑社会责任管理指标体系，确定本次报告社会责任议题清单。根据利益相关方问卷调查，从"对企业可持续发展的影响"和"对利益相关方的重要性"两个维度对社会责任议题进行分析，确定实质性议题。

2. 社会责任核心议题

中国建筑全面梳理公司的核心业务，结合利益相关方调查所获取的利益相关方诉求，按照利益相关方分类总结出中国建筑社会责任的核心议题。

表 6-4　中国建筑核心议题

利益相关方	核心议题
股东	优化公司治理 坚持诚信经营 保障股东价值回报
客户	提供综合解决方案 保证产品质量 提升客户体验 保护客户隐私

续表

利益相关方	核心议题
环境	开发全生命周期绿色产品 实施绿色建造 建设宜居社区
员工	保护员工基本权益 工作生活平衡 帮助员工实现人生价值
伙伴	打造责任供应链 推进战略合作
行业	维护行业秩序 加强科技创新投入 带动行业进步
社区	实现安全生产 促进社区发展 积极参与公益事业

3. 社会责任模型

中国建筑结合行业和企业特点，围绕"拓展幸福空间"核心理念，以构建责任文化为主体，以文化建设路径为支撑，全面推进社会责任理念融入公司战略、日常运营和员工日常工作，实现企业资源的系统规划和整合使用，打造文化引领型社会责任管理模式。如图 6-2 所示。

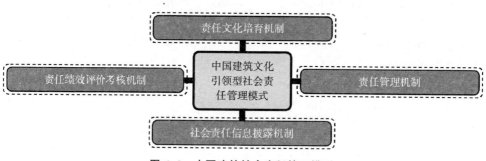

图 6-2 中国建筑社会责任管理模型

（四）启动

中国建筑于 2014 年 2 月 13 日召开 2013 年可持续发展报告编制启动会，总部各部门社会责任工作负责人员参与会议。会议明确了 2013 年可持续发展报告编写的整体安排、时间节点、注意事项等，并为报告资料收集工作在系统内部做了预热。同时，聘请外部讲师为相关人员做培训，涉及社会责任最新理念和报告编制办法等。

（五）编写

1. 前期准备阶段

（1）组建报告编制小组。中国建筑建立了由公司社会责任委员会牵头组织、社会责任工作办公室主要负责、其他职能部门和单位共同参与的可持续发展报告编制小组。

（2）利益相关方参与。中国建筑邀请内外部利益相关方参与本报告编写过程，日常通过公司网站、报纸、期刊、业务报告、广播、电视和微博等媒体以及参与各种形式的利益相关方沟通会等形式与利益相关方广泛沟通，收集利益相关方关注的议题和期望。

2014 年 2 月，中国建筑开展利益相关方问卷调查，针对性收集公司内部员工及各利益相关方对报告的意见和建议，共收集 132 份有效问卷，为 2013 年可持续发展报告实质性议题识别和编制工作提供了大量一手资料和数据。

（3）实质性议题识别。中国建筑基于公司发展的社会背景、公司战略和经营重点、社会责任报告相关指南和标准以及利益相关方需求分析，结合中国建筑社会责任管理指标体系，确定本次报告社会责任议题清单。根据利益相关方问卷调查，从"对企业可持续发展的影响"和"对利益相关方的重要性"两个维度对社会责任议题进行分析，确定实质性议题。

2. 报告编写阶段

（1）确立大纲。编制小组根据从各个职能部门收集的可持续发展报告文字、图片和数据资料，公司 2013 年的各类出版物（包括公司年报、各类公告、内部报刊等）以及利益相关方问卷调查分析结果，结合中国建筑履责特色及时代背景，确定了 2013 年的报告大纲和主体框架。

（2）撰写报告正文。编制小组参考《ISO26000：社会责任指南（2010）》、全球报告倡议组织《可持续发展报告指南》（GRI G3.1）和《中国企业社会责任报告编写指南（CASS-CSR2.0）》确定各项核心议题和绩效指标，撰写报告正文。在翻阅了近 30 万字的内外部资料，与利益相关方进行广泛沟通，筛选大量表现力较强的图片之后，历时一个半月完成了正文的撰写工作。

（3）召开专家研讨会。公司邀请外部 CSR 专家对公司 2013 年可持续发展报告初稿进行研讨并提出相关专业建议。专家们就报告完整性、实质性和系统性等方面提出了有益建议，并由编制小组进行后续的意见落实工作。

3. 评级与总结阶段

（1）报告评级。公司委托中国社会科学院经济学部企业社会责任研究中心开展 2013 年可持续发展报告的评级工作。编制小组及时提供了利益相关方清单、利益相关方参与报告编写过程记录、企业社会责任实质性议题界定与确认资料、报告撰写过程资料（资料收集、访谈及调研分析等），积极协助评级委员会完成评级工作。

（2）项目总结会。报告编写完成后，编制小组召开了项目总结会，回顾了报告编写的过程，分析总结报告编写的创新之处、不足之处，并且对明年的报告作了一定的设想。

（六）发布

中国建筑在公司官网发布了《2013 年可持续发展报告》的网络版，通过形式灵活生动、可读性强的电子版形式，面向关心中国建筑的各利益相关方介绍了公司 2013 年的履责实践和成效，与公司自 2009 年以来所发布的可持续发展报告一起构成了中国建筑可持续发展报告群。同时加强在自有员工及利益相关方中的传播力度，让广大投资者及自有员工充分了解、理解中国建筑的社会责任工作，更好地发挥社会责任报告的影响力。

（七）使用

企业社会责任报告是对自身社会责任工作的绩效和不足的总结，也是对外传播中国建筑的社会责任理念、实践和绩效，树立公司负责任形象的重要载体。中国建筑通过编制并发布《2013 年可持续发展报告》，及时公布企业履行社会责任的现状、规划和措施，完善社会责任沟通方式和对话机制，了解和回应利益相关方的意见建议，主动接受利益相关方和全社会的监督。在保持报告高质量的同时，努力提升报告的国际国内影响力。

同时，注意发挥报告管理价值，在报告的编制过程中更加注重各子企业、总部部门、事业部的参与，通过过程性报告编制，梳理企业运营管理中存在的问题，吸收利益相关方的意见和反馈，不断进行改进。

第七章　报告管理优秀企业 4：中国黄金集团

责任始于实践，汇于报告
—— 中国黄金集团 CSR 报告管理

中国黄金集团公司（以下简称"中国黄金"）是国务院国资委管理的黄金行业唯一一家中央企业，是中国黄金协会会长单位，是世界黄金协会在中国的唯一会员单位，主要从事金、银、铜、钼等有色金属以及铁的勘察设计、资源开发、产品生产和贸易以及工程总承包等业务，是集地质勘探、矿山开采、选矿冶炼、产品精炼、加工销售、科研开发和工程设计与建设于一体的综合性大型矿业公司。

中国黄金总部位于北京，下设中金黄金、中金国际、中金珠宝、中金建设、中金资源、中金辐照、中金贸易七大板块；拥有二级子公司 57 家，分布于国内 26 个省区以及部分海外地区，其中上市公司 2 家（境内 A 股上市公司"中金黄金"以及加拿大多伦多交易所和香港联合交易所两地上市的"中金国际"）；遍布全国 1700 多家"中国黄金"品牌营销网点；在我国重要成矿区带，规划了 20 个黄金生产基地和 3 个有色生产基地。截至目前，公司员工总数近 5 万人。

中国黄金拥有我国黄金行业唯一的国家级黄金研究院、黄金设计院，并成立有国家认定的企业技术中心，拥有我国黄金行业仅有的两个高新技术产业示范基地，在黄金矿的开发利用上拥有世界先进水平的独立的自主知识产权。其具有完全独立自主知识产权的生物氧化提金技术和原矿焙烧技术，以及国内独创的具有自主知识产权的"99.999 极品黄金"精炼技术，代表了我国同行业最高水平，并达到世界领先水平。

目前，中国黄金的黄金资源储量、矿产金产量、冶炼金产量、黄金投资产品市场占有率、黄金选冶技术水平五项指标均居国内行业第一。其中，资源储量黄金 1758 吨，铜 1097 万吨，钼 207 万吨，总资产 653 亿元，销售收入 1007 亿元，利润总额 45 亿元。与 2006 年相比，中国黄金的资产总额、营业收入、利润总额分别增长了 6 倍、9 倍和 8 倍。在 2010 年、2011 年国资委对中央企业业绩考核中连续两年被评为 A 级企业，企业综合信用等级为 AAA 级，是黄金行业首家获得国内最高信用等级的企业。

一、报告概况

企业社会责任报告是企业就社会责任信息与利益相关方进行沟通的主要平台。中国黄金很早就开始撰写社会责任工作报告内部版，但由于缺乏对社会责任的正确理解，报告还停留在每年内部总结上。自 2011 年开始，中国黄金在充分调研学习的基础上，系统开展社会责任工作，首先建立了社会责任报告发布机制，成功组织编写并对外发布了中国黄金集团公司第一份社会责任报告——《中国黄金集团公司 2010 年社会责任报告》，并确定了该报告为年度报告，每年都进行编制、发布，积极向社会发布履行社会责任工作情况。如表 7-1 所示。

表 7-1　中国黄金集团报告概况

	报告页数	报告语言	报告版本	参考标准
2012 年	91	中文	印刷版/电子版	中国社科院 CASS-CSR2.0；联合国全球契约十项原则；GRI 可持续发展报告指南
2011 年	73	中文	印刷版/电子版	《关于中央企业履行社会责任的指导意见》和中国社科院 CASS-CSR2.0
2010 年	79	中文	印刷版/电子版	《关于中央企业履行社会责任的指导意见》和中国社科院 CASS-CSR2.0

二、报告管理

（一）组织

良好的组织体系是报告质量的保障。中国黄金自 2010 年开始建立了三层次社会责任组织体系，并建立社会责任管理制度，培训并形成社会责任队伍。

1. 社会责任组织体系

中国黄金在总部建立了社会责任工作委员会，由集团总经理担任委员会主任，主分管副总经理担任副主任，公司总部各部门经理、重点子公司负责人任委员。委员会办公室设在集团总部运营管理部，负责横向协调公司各职能部门，纵向对各级子公司开展企业社会责任相关工作进行指导；各部门设立社会责任联系人，协调本部门社会责任管理相关工作的开展。在下属企业相应成立社会责任工作领导小组，由企业一把手担任组长，并明确一名班子成员担任副组长，分管社会责任工作；领导小组下设办公室，办公室原则上与集团公司对应，设在企业管理部，负责社会责任工作的组织开展。

中国黄金建立的社会责任组织体系既是集团公司社会责任工作的保障，也是集团公司社会责任报告编写的保障。社会责任工作委员会是集团公司社会责任报告的最高负责机构，为集团公司社会责任报告编写工作指明方向和重点，并负责对年度社会责任报告进行审议；社会责任办公室是集团公司社会责任报告的责任部门，负责报告中社会责任议题确定、报告框架确定、报告编写与修改、报告的设计与印刷、报告的发布等工作；社会责任联络专员是集团公司社会责任报告的支撑人员，负责公司社会责任工作要求的上传下达，同时负责收集、整理本部门相关材料，对材料的真实性、准确性负责，并协助办公室完成报告审核工作。如图 7-1 所示。

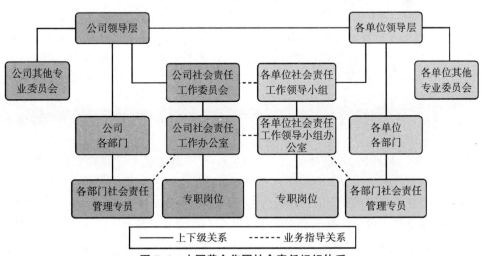

图 7-1 中国黄金集团社会责任组织体系

2. 社会责任制度

2010年，《中国黄金集团社会责任工作管理制度》正式下发全集团，初步确立了企业社会责任管理的体系、制度与流程，建立了企业社会责任管理与实践的长效机制；下发《关于做好社会责任工作的通知》，全面阐述了履行社会责任工作的重要意义、社会责任工作机构设置及工作思路、社会责任工作具体要求等，有力地推动了权属公司社会责任工作的普遍开展。2013年初，中国黄金下发《中国黄金集团公司社会责任工作指导意见》，进一步细化了对社会责任工作的要求。

在中国黄金发布的社会责任专项制度中，对社会责任报告编写的组织体系、责任部门、编写流程、统计方式、报告质量保障等方面均提出了详细的要求，这是报告编写组织体系顺利运行、报告质量稳步提升的基础。

3. 社会责任工作队伍

社会责任工作人员的素质提升是社会责任报告质量的重要保障。为了持续提升社会责任工作能力，推进社会责任管理，中国黄金十分重视队伍建设，以提高社会责任工作人员能力素质为切入点，不断加强学习、沟通和交流。持续加强员工安全培训、法律和人权培训、环境管理培训等，为公司专项社会责任管理工作奠定了坚实基础。先后在集团内部开展了社会责任专题培训班，积极组织参加国资委、社科院、全球契约等机构举办的培训和交流活动，并在集团内部组织多次社会责任工作人员交流活动。

（二）参与

利益相关方参与是报告质量的保证。中国黄金将利益相关方参与贯穿社会责任工作与社会责任报告编写全流程。通过利益相关方的参与，明确利益相关方对中国黄金的期望，并进行针对性回应。利益相关方参与中国黄金集团社会责任工作的形式主要有：

（1）组织利益相关方会议，要求相关方走进中国黄金，通过研讨会的形式了解相关方的期望；

（2）组织召开社会责任初稿意见征求会，征求利益相关方对社会责任报告的意见与建议；

（3）定向访问与调研，征求特定利益相关方的意见；

（4）参加外部社会责任交流会，了解社会责任最新趋势。

（三）界定

1. 议题确定流程

社会议题的确定必须建立在充分了解利益相关方需求的基础上，中国黄金通

表7-2 中国黄金集团利益相关方期望

	利益相关方描述	对集团的期望	沟通方式	主要指标
政府	中国政府和业务所在地政府	积极落实国家宏观调控，按照国家产业振兴规划推进行业整合，加强安全生产监管，保护环境	制定法律法规、政策文件，参加会议，专题汇报，上报统计报表	纳税总额，员工人数
国资委	代表国家行使出资人职责	实现国有资产保值增值，完善公司治理结构，聚焦主业，提升企业的竞争力，积极执行国家节能减排政策，实现绿色运营	制定规章制度，提出工作目标，制定考核标准，工作汇报，上报统计报表	主营业务收入，利润总额，净资产收益率，国有资产保值增值率
员工	公司组织机构中的全部成员	保护员工权益，提供稳定的就业机会与公平合理的薪酬保障，完善员工职业发展的渠道，提供安全健康的工作环境	成立各级工会组织，定期召开职工代表大会，建立畅通的内部沟通渠道	劳动合同签订率，社保参与率，员工流失率，员工培训投入，职工代表大会议案数
客户	购买集团产品或服务的用户	信守承诺，提供质优价廉的产品和服务质量，实现平等互利合作	与客户密切沟通，严格履行合同，提供丰富的产品服务信息	客户信用评级，客户满意度
业务合作伙伴	供应商、承包商、金融机构、科研机构、咨询机构等	遵守商业道德和法律法规，建立长期合作关系，实现互利共赢	战略合作谈判，高层会晤，招投标，日常业务交流，定期走访	协议执行情况
投资者与债权人	公司及下属企业股票和债券的持有人	持续提高公司价值，降低风险，持续经营，按期还本付息，支付股利	准确及时的信息披露，定期走访，年度报告，股东大会	集团信用评级，少数股东权益
社区与公众	企业业务及运营所在地	促进社区经济可持续发展的能力，支持社会公益事业，保护社区环境，实现共同发展	签订共建协议，参与社区项目建设，定期沟通，开展联欢活动	社区建设投入，社区公益捐赠总额
非政府组织	国际组织、行业协会和地方团体等	支持社会团体组织，履行组织章程，加强运营信息披露，支持环保等公益事业	积极参加有关会议，持续改进，主动建言献策	参加的协会、行业组织的机构数，社会公益投入

过收集、分析各利益相关方对公司的需求和期望，明确与各利益相关方的沟通方式，确定指标，最终形成中国黄金社会核心责任议题。

第一步：确定社会责任目标，即借鉴CSR标准和最佳责任实践确立社会责任目标；

第二步：了解利益相关方的期望，即积极与利益相关方进行沟通了解对方关切的重大议题；

第三步：进行重大议题筛选，即根据利益相关方的关切程度与相关议题对公司发展的影响来筛选并排序；

第四步：制订工作计划并付诸实践，即拟定行动规划，确定参与的范围，提供行动资源；

第五步：利益相关方的反馈，即通过内部交流与外部沟通评估规划的实施效果；

第六步：总结与改进，即总结经验，持续改进。

2. 社会责任核心议题

围绕集团公司社会责任理念，中国黄金分析确定了利益相关方，充分了解利益相关方需求，确定社会责任核心议题。如表7-3所示。

表7-3　中国黄金集团社会责任核心议题

价值黄金	中国黄金以国家利益为先决，增加国家黄金资源储备，带头铸牢国家金融"防波堤"
	中国黄金以科技领先为依托，高效开发、综合利用黄金资源
	中国黄金践行藏金于民，满足社会大众对黄金及其饰品的需求
	中国黄金注重提高管理水平，确保实现国有资产的保值增值
环保节能	中国黄金承诺绝不在任何地方以牺牲生态环境为代价从事黄金生产
	中国黄金致力于创建资源节约、环境友好型社会
	中国黄金积极实现矿产资源开发与地区环境保护协调发展，打造绿色矿山
	中国黄金在高效开发利用矿产资源的同时，力求消耗自然资源最少、对环境的影响最低
安全健康	中国黄金致力于创建安全健康的生产经营环境
	中国黄金加强体系和制度建设，将安全健康理念贯穿于生产经营的每一个环节
	中国黄金强化职业健康，建立健全安全健康长效机制
和谐共赢	中国黄金主动加强与利益相关方的沟通交流，致力于创建和谐社会
	中国黄金积极履行对利益相关方的责任，努力实现互利共赢
	中国黄金将促进社区发展作为公司的重要责任和义务，努力实现企业、地方、个人三方和谐发展

3. 社会责任模型

中国黄金通过守法合规、道德经营、风险防范、责任管理，实现价值黄金、环保节能、安全健康、和谐共赢四大社会责任核心议题，形成了中国黄金社会责任模型。如图7-2所示。

（四）启动

集团公司社会责任委员会办公室及各部门工作人员参加国资委、社科院及其他机构举办的培训班，在进一步掌握国内外社会责任最新动态、知识的同时，把握社会责任报告的最新标准、要求，以便更好地把握社会责任工作。同时，中国黄金每年在集团范围内举办培训班。一方面聘请专家从理论方面对社会责任进行讲解，另一方面就集团公司往年社会责任报告编写过程中存在的问题、如何改进，以及集团公司下一年社会责任报告编写的安排等进行详细讲解，明确工作

图7-2　中国黄金集团社会责任模型

要求。

2011年10月22日，集团公司在河南省洛阳市嵩县举办社会责任培训班，邀请国资委、社科院有关领导和专家，就社会责任基本理论、理念进行了讲解，总部各有关部门和近50家权属企业社会责任工作负责人参加了培训。

2012年10月25日，中国黄金在北京举办社会责任培训班，集团下属50家主要生产企业社会责任专职工作人员参加了培训，培训期间邀请国资委研究局、中国社科院社会责任研究中心的领导和专家就国内外社会责任发展情况、社会责任理论等方面进行了讲解，集团公司社会责任主管部门负责人介绍了集团公司的社会责任工作情况，并对集团下一步社会责任工作提出了要求，确定了奋斗目标。培训收到了预期的效果，为集团全面推进社会责任工作奠定了坚实基础。本次培训会的培训课程主要有：

（1）中央企业社会责任最新进展；

（2）企业社会责任概论；

（3）企业社会责任报告理论与实务；

（4）企业社会责任报告视觉形象；

（5）集团社会责任战略规划及工作要求。

（五）编写

1. 收集报告素材

中国黄金在收集报告素材的过程中坚持"三个结合"。

（1）平时收集与年终总结相结合。

平时收集就是要求各企业社会责任工作人员需要及时掌握公司社会责任实践动态，把握第一手资料，记录台账，并及时上报集团公司社会责任工作部门。

年终总结是每年年终需将收集的资料进行汇总整理后，由集团公司统一进行审核。

（2）集团总部各部门横向收集和自上而下按企业收集相结合。

中国黄金根据部门职责划分，将社会责任报告指标体系进行分解，然后各部门根据指标分解任务，搜集整理职责范围内的相关材料，并对具体案例选择提出建议。

社会责任工作委员会办公室汇总各部门意见，并到各企业进行调研，审核、收集各企业提供社会责任报告材料。

（3）数据资料和实践案例相结合。

对能量化的材料，要求各部门、各企业尽可能进行量化统计，对不能进行量化统计的，按要求提供实践案例，社会责任工作委员会办公室汇总相关材料后，根据集团实际及报告编制要求，统一协调。

社会责任工作委员会办公室对收集的材料进行统一汇总，整理完成后，根据确定好的报告编写框架编写社会责任报告，并根据材料整理情况对报告结构进行优化调整，形成初稿。

2. 形成报告基本框架

根据集团公司确定的四个社会责任议题，结合集团公司年度战略规划及发展的实际要求，对核心议题进行细化，明确集团公司年度社会责任议题，根据议题形成报告的基本框架。如表7-4所示。

3. 确定报告指标体系

结合确定的社会责任议题，中国黄金根据矿业行业特点，参考中国社会科学院社会责任报告编写指南中一般采矿业企业指标体系，全球报告倡议组织 GRI G3指标协议以及 ISO26000 标准，结合建立了包涵 223 个指标的社会责任指标体系。该指标体系是衡量权属企业工作实施进展的指标全集。通过对指标的归口管理、定期采集、分析和反馈，可以及时了解企业在履行社会责任工作方面的具体表现。如表7-5所示。

表 7-4 中国黄金集团 2012 年社会责任报告框架

结构	一级标题	二级标题
报告前言	总经理致辞	
	关于我们	公司简介 公司领导 公司治理 组织结构 综合优势 多项第一 黄金之最 主要子公司介绍 主要业务及产品
	责任管理	社会责任模型 责任治理 责任沟通 利益相关方 责任推进 责任荣誉 社会责任工作绩效对比表
报告主体	价值黄金	经济绩效 合规经营 品牌建设 科技创新
	环保节能	环境保护 节能减排 清洁生产 绿化美化
	安全健康	安全生产 职业健康 六大系统 安全健康绩效
	和谐共赢	员工关爱 合作共赢 黄金为民 慈善公益
报告后记	附录	关键绩效表 展望 指标索引 全球契约十项原则索引 评级报告 报告意见反馈表 报告说明

表 7–5　中国黄金集团 2012 年社会责任报告披露的关键绩效指标

	指标	单位
市场	总资产	万元
	销售收入	万元
	净利润	万元
	资产负债率	%
	产品合格率	%
	研发投入	万元
	新增专利数	个
社会	纳税总额	万元
	员工人数	人
	报告期内吸纳就业人数	人
	劳动合同签订率/集体合同覆盖率	%
	社会保险覆盖率	%
	女性管理者	人
	残疾人雇佣人数	人
	每年人均带薪休假天数	天
	体检及健康档案覆盖率	%
	员工培训力度	人次
	员工满意度	%
	员工流失率	%
	安全培训覆盖率	%
	安全生产投入	万元
	员工伤亡人数	人
	责任采购比率	%
	本地化采购比率	%
环境	环保总投资	万元
	环保培训覆盖率	%
	单位产值能耗	吨标煤/万元
	单位产值水耗	立方米/万元
	矿区生产电耗	万千瓦·时
	矿区回采率	%
	可再生资源使用量	吨标煤
	露天矿排土场复垦率	%
	水资源再利用率	%
	残矿回收量	万吨
	含硫气体排放量	吨
	COD 排放量	吨

4. 报告的设计、印刷

中国黄金社会责任报告设计及印刷聘请专业机构进行，社会责任工作委员会办公室根据设计情况对报告进行微调。

（六）发布

到目前为止，中国黄金集团公司连续 3 年发布了社会责任报告，每年发布的形式都不同。

（1）单独举办发布会。《中国黄金集团公司 2010 年社会责任报告》发布采取的是这种形式。

（2）发布会与其他活动相结合。《中国黄金集团公司 2011 年社会责任报告》发布采取的是这种形式。

（3）网络发布。《中国黄金集团公司 2012 年社会责任报告》发布采取的是这种形式。

2012 年 8 月 6 日，《中国黄金集团公司 2011 年社会责任报告》（以下简称《报告》）在内蒙古自治区满洲里发布，这是中国黄金集团公司发布的第二份社会责任报告。国有重点大型企业监事会主席刘学良，全国人大常委、中国社科院经济学部主任陈佳贵，国务院国有资产监督管理委员会研究局局长彭华岗，国有企业监事会 11 办主任鲍洪湘，国务院国有资产监督管理委员会综合局副局长赵世堂、新闻中心副主任胡钰，中国有色金属工业协会副会长王健，以及财政部、工信部、国土部等有关部门的领导，中国社科院经济学部企业社会责任研究中心主任钟宏武等出席了发布仪式。在《报告》发布仪式上，国务院国资委研究局局长彭华岗高度评价了集团公司近几年在履行社会责任方面取得的积极成效。他说："中国黄金集团公司全面落实科学发展观，实现了跨越式发展；主动担当社会责任，努力追求企业、社会和环境的综合价值最大化，发挥了表率作用，引领了行业健康发展；而且，社会责任理念先进，社会责任管理和实践活动卓有成效，一批企业成为行业安全环保、绿化美化、和谐矿区建设的示范单位。"中国黄金集团公司总经理、党委书记孙兆学在《报告》发布仪式上表示，积极履行社会责任是现代经济社会对企业的客观要求，作为国内黄金行业唯一的中央企业，要想成为世界一流的矿业公司，要想赢得未来矿业开发的主动权，集团公司就必须担当起履行社会责任的引领者角色。

中国黄金集团公司副总经理张廷军、宋鑫，副总经理、总会计师刘冰，副总经理刘丛生、杜海青，副总经理、党委副书记、纪委书记宋权礼，副总经理魏山峰、王晋定、孙连忠，以及集团公司总部各部门负责人，各权属企业领导参加了《报告》发布仪式。

（七）使用

社会责任报告综合体现企业履行社会责任的实际情况，对以往业绩和未来预测的业绩进行衡量和报告，从更高的层次上帮助组织传递与经济、环境和社会机遇及挑战相关的信息，有助于加强公司与外部各利益相关方（消费者、投资者、社区）的关系，建立信任，可以作为建设、维持和不断完善利益相关方参与的重要工具。中国黄金鼓励在与利益相关方进行沟通时使用社会责任报告。

表7-6　中国黄金集团社会责任报告印刷量

单位：份

2010 年报告	2011 年报告	2012 年报告
1200	1600	1800

第八章 报告管理优秀企业 5：神华集团

报告提升管理，沟通创造价值

——神华集团有限责任公司 CSR 报告管理

神华集团有限责任公司（以下简称神华集团）是于 1995 年 10 月经国务院批准设立的国有独资公司，是中央直管国有重要骨干企业，是以煤为基础，电力、铁路、港口、航运、煤制油与煤化工为一体，产运销一条龙经营的特大型能源企业，是我国规模最大、现代化程度最高的煤炭企业和世界上最大的煤炭经销商。主要经营国务院授权范围内的国有资产，开发煤炭等资源性产品，进行电力、热力、港口、铁路、航运、煤制油、煤化工等行业领域的投资、管理；规划、组织、协调、管理神华集团所属企业在上述行业领域内的生产经营活动。神华集团总部设在北京。由神华集团独家发起成立的中国神华能源股份有限公司分别在香港、上海上市。神华集团在 2013 年度《财富》全球 500 强企业中排名第 178 位。

截至 2013 年底，神华集团共有全资和控股子公司 21 家，生产矿井 70 个，投运电厂总装机容量 6566 万千瓦，拥有 1765 公里的自营铁路、设计吞吐能力 2.63 亿吨的港口码头和现有船舶 30 艘的航运公司，在册员工 21.4 万。2013 年，神华集团原煤产量 4.96 亿吨，原煤生产百万吨死亡率 0.004，商品煤销售 6.54 亿吨，自营铁路运量完成 3.98 亿吨，发电 3354.89 亿度，港口吞吐量完成 1.79 亿吨。神华集团国有资本保值增值率处于行业优秀水平，企业经济贡献率连续多年居全国煤炭行业第一，年利润总额在中央直管企业中名列前茅，安全生产多年来保持世界先进水平。

一、报告概况

神华集团一直将社会责任报告作为与利益相关方沟通的重要平台，在行业内较早发布了企业社会责任报告。自 2008 年开始，神华集团在充分调研的基础上，明确专门机构和人员开展社会责任工作，并建立了规范、系统的社会责任报告编制发布机制，截至目前，已编制发布了 5 份社会责任报告，神华集团的社会责任报告为年度报告，每年 10 月正式启动报告的编制工作，并于次年的 5 月之前正式对外发布，积极通过报告向社会发布一年来履行社会责任的工作进展情况。如表 8-1 所示。

表 8-1　神华集团社会责任报告历年的编制发布情况

年份	报告页数	报告语言	报告版本	参考标准
2013 年	101	中文	印刷版/电子版	国务院国有资产监督管理委员会《关于中央企业履行社会责任的指导意见》 中国社会科学院经济学部 CSR 中心《中国企业社会责任报告编写指南（CASS–CSR3.0）》 全球报告倡议组织《可持续发展报告指南》（GRI G3.1） 国际标准化组织《ISO26000 社会责任指南（2010）》
2012 年	84	中文	印刷版/电子版	国务院国有资产监督管理委员会《关于中央企业履行社会责任的指导意见》 中国社会科学院经济学部 CSR 中心《中国企业社会责任报告编写指南(CASS–CSR2.0)》 全球报告倡议组织《可持续发展报告指南》(GRI G3.1) 国际标准化组织《ISO26000 社会责任指南（2010）》
2011 年	75	中文	印刷版/电子版	国务院国有资产监督管理委员会《关于中央企业履行社会责任的指导意见》 中国社会科学院经济学部 CSR 中心《中国企业社会责任报告编写指南(CASS–CSR2.0)》 全球报告倡议组织《可持续发展报告指南》（GRI G3.1） 国际标准化组织《ISO26000 社会责任指南（2010）》
2010 年	91	中文	印刷版/电子版	国务院国有资产监督管理委员会《关于中央企业履行社会责任的指导意见》 全球报告倡议组织《可持续发展报告指南》（GRI G3.1） 国际标准化组织《ISO26000 社会责任指南（2010）》
2008 年	65	中文	印刷版/电子版	全球报告倡议组织（GRI）的 G3 可持续发展报告指引

二、报告管理

（一）组织

社会责任报告的编制是一项系统性很强的工作，必须有规范、科学的组织体系保障。神华集团自 2008 年开始逐步建立起了一套系统的组织体系，并通过强化社会责任管理、加强社会责任队伍建设，使社会责任工作更加科学、规范和富有实效。

1. 社会责任组织体系

神华集团在总部建立了社会责任工作领导小组，由分管副总经理担任组长，办公厅主任担任副组长，成员包括公司总部 21 个相关部门主要负责人。领导小组办公室设在办公厅，负责横向协调总部各职能部门，纵向为下属各级单位开展社会责任相关工作提供指导；总部各部门和所有子分公司均设有信息披露员，负责协调本单位开展信息收集工作。在所有二级单位均明确了社会责任工作分管领导、主责部门和负责社会责任工作的人员。

神华集团所建立的社会责任组织体系为集团公司社会责任报告的编制提供了重要的支撑。社会责任工作领导小组是集团公司社会责任工作的最高领导机构，负责审议批准每一年度的社会责任工作计划和开展的重大项目，并审议集团公司年度社会责任报告；领导小组办公室是执行机构，也是编写集团公司社会责任报告的主责机构，负责确定报告的年度主题和重点议题、报告的框架、报告的编写和修改，报告涉及的与印刷、报告相关的发布等工作，根据不同部门的业务重点编制信息收集指南并下发到各单位。总部各部门和所有子分公司的信息披露员是社会责任报告编制团队的重要支撑人员，负责根据信息收集指南收集、整理本单位相关材料，对材料的真实性、准确性负责，并协助办公室完成报告审核工作。如图 8-1 所示。

2. 社会责任管理保障

为持续提升公司社会责任管理水平，根据国务院国资委《关于中央企业开展管理提升活动的指导意见》（国资发改革〔2012〕23 号），神华集团自 2012 年起全面启动为期两年的社会责任管理提升活动。2013 年，管理提升活动进入提升和总结阶段，先后完成与先进标杆企业社会责任优秀实践对标及问题改进，初步形成了向社会责任管理要效益、要质量、要发展的工作思路和长效机制，社会责任

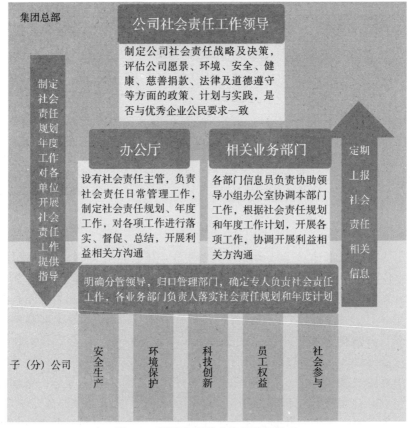

图 8-1　神华集团社会责任组织体系

管理水平迈上新的台阶。

　　在神华集团公司开展的社会责任管理提升活动中，提升社会责任报告编制质量是重点内容。如图 8-2 所示。

3. 社会责任工作队伍建设

　　强化社会责任工作人员队伍建设是提升社会责任报告质量的重要保障。为持续提升社会责任工作人员的业务素质，推进社会责任管理工作，神华集团高度重视队伍建设，通过社会责任专题培训和业务培训等多种手段，不断加强学习、沟通和交流。集团公司主要领导对社会责任工作队伍建设高度关注，在 2014 年初召开的神华集团公司社会责任工作会议上，集团公司董事长张玉卓明确指示要针对高级经理人和具体业务人员分别开展社会责任管理专题培训班。目前，已成功举办两期培训班，对提升总部各部门、所有二级公司的主要领导的履责意识和业务人员的专业水平发挥了重要作用。同时，公司高度重视加强员工安全培训、法律

01/	动员阶段 2012 年 5 月至 2012 年 6 月
	● 组织召开社会责任管理提升活动动员会 ● 学习《神华集团公司开展管理提升活动总体方案》 ● 发布《社会责任工作组开展管理提升活动实施方案》

03/	提升阶段 2012 年 7 月至2013 年 8 月
	● 各相关部门按照《神华集团公司社会责任管理问题诊断报告》提出的问题，逐条解决 ● 充分吸收借鉴兄弟单位好的做法和管理经验，抓好整改落实

02/	自查阶段 2012 年 6 月至2012 年 7 月
	● 结合实际工作情况，采取自我检查方式，找出集团社会责任管理工作中存在的突出问题 ● 充分讨论，报主管领导审核，形成《神化集团公司社会责任管理问题诊断报告》

04/	总结阶段 2013 年 9 月至2014 年 2 月
	● 组织相关部门完成对整改落实情况的自我评价，形成《神华集团公司社会责任管理提升活动自我评估报告》，由分管领导对报告情况进行验收评价 ● 对于经实践检验有成效的做法及时归纳提炼，形成管理长效机制

图 8-2　神华集团社会责任管理提升活动步骤

和人力资源培训、环保培训等，为公司转向社会责任管理工作打下了坚实的理论基础。

（二）参与

重视利益相关方参与是神华集团强化社会责任管理、提升社会责任报告价值的一种重要方式。神华集团建立了利益相关方清单，通过形式多样的利益相关方参与方式，及时准确了解利益相关方对公司的期望，并有针对性地进行回应（见表 8-2）。利益相关方参与神华集团社会责任工作的形式主要有：

表 8-2　神华集团利益相关方参与

利益相关方	期望和要求	主要沟通方式	公司的回应
国务院 国资委	遵纪守法，稳健经营	参与制定法律法规	建设创新型安全高效矿井和煤炭生产体系
	能源安全，保障供应	定期工作汇报	加快转变经济发展方式
	科技创新，引领行业	参加相关会议	经济贡献率名列中国煤炭行业第一
	国有资产，保值增值	信息报送	促进社会就业，带动地方经济发展
	绿色环保，节能减排	公司网站	构建"资源节约型"、"环境友好型"企业
	带动就业，和谐发展	公司手册	

续表

利益相关方	期望和要求	主要沟通方式	公司的回应
其他政府部门	遵纪守法	工作汇报	遵守法律法规
	依法纳税	相关会议	积极参与各级政府部门沟通
	环境保护	函件往来	
客户	优质产品和服务	公司网站	提供优质、高效、安全、绿色能源
	认真履行合同	合同协议	定制开发产品和服务
	合作共赢	客户满意度调查	开通销售电子商务平台
		公司手册	
员工	基本权益保障	厂务公开制度	建立完善薪酬体系
	职业素质提升	与管理层对话机制	加大健康安全保障
	广阔职业发展空间	职工代表大会	建设十大人才工程
	归属感和认同感	员工满意度调查	员工幸福工程
		探访慰问	
商业伙伴	公平透明采购	合同协议	执行公平透明的商业原则和流程
	合作共赢	合作研发	共享经验
	绿色采购	联合活动	责任采购
		日常沟通	
同业者	公平竞争	行业会议	引领行业发展
	产业发展	协会	提升产业链价值
		研讨会	共享最新科技成果
社区	参与社区发展	合作共建	借助神华公益基金，持续开展慈善捐赠活动
	支持公益事业	公益活动	带动社会就业和地方经济发展
	提供就业保障	社区参与	治理沉陷区、改造棚户区
		志愿者活动	扶贫、援藏、援青
			鼓励员工志愿者行动

（1）开展"走进神华"活动，邀请利益相关方走进神华，通过召开研讨会形式了解利益相关方的期望。

（2）参加国内外社会责任组织交流活动。

（3）开展外部利益相关方调查活动。

（4）开展内部员工满意度调查等活动。

（三）界定

1. 实质性事项识别

神华集团高度重视可持续发展重大议题的识别和管理，根据利益相关方参与、实质性和完整性的原则，通过"可持续发展背景分析、识别相关事项、确定优先级别、批准报告内容和回顾"五个步骤，将可持续发展与公司长期发展战略、运营管理的现状紧密相连，进行实质性议题的动态识别，为实现公司可持续发展提供依据。如图 8-3 所示。

第一步　可持续发展背景分析

经济	环境	社会
煤炭经济运行形势严峻；国家能源结构的调整，带来行业政策、项目核准、区域经济政策等变化	全球气候变暖趋势日益严峻，社会要求企业节能减排，限制高碳产业发展；公众更加重视矿产业企业开采过程中的生态保护	社会要求企业在发展自身业务的同时，履行社会责任；海外业务的发展使企业需了解不同的经营环境

第二步　识别相关事项

主要依据

利益相关方
- 客户调查
- 社会沟通
- 企业责任/可持续发展会议
- 与政府官员进行会晤
- 外部标准审核
- 参与行业工作组
- 分析行业发展趋势

政策和自愿性标准
- 国务院国资委监督管理委员会《关于中央企业履行社会责任的指导意见》
- 中国社会科学院经济学部CSR 中心《中国企业社会责任报告编写指南（CASS-CSR3.0)》
- 全球报告倡议组织《可持续发展报告指南第三版 G3.1》
- 国际标准化组织《ISO26000社会指南（2010)》

相关议题

业绩增长	稳定电力供应
煤炭质量	水资源
气候变化	排放物
科技创新	生态建设
责任采购	煤炭高效开采
安全生产	资源可持续利用
职业健康	社会沟通
培训发展	社区投资
	公益行动

第三步　确定优先级别

影响因素
- 对当前和未来的财务影响
- 对机构战略、政策、流程、关系和承诺的影响
- 对竞争优势和管理卓越性的影响
- 对该地区的影响

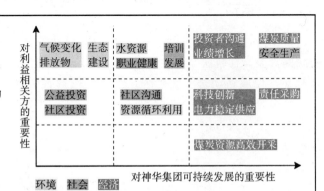

图 8-3　神华集团实质性事项识别流程

第四步 批准报告内容

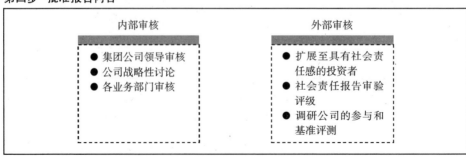

内部审核

- 集团公司领导审核
- 公司战略性讨论
- 各业务部门审核

外部审核

- 扩展至具有社会责任感的投资者
- 社会责任报告审验评级
- 调研公司的参与和基准评测

第五步 回顾

- 设立新的绩效目标
- 启动新项目或制定新政策
- 与利益相关方沟通
- 召开社会责任工作会

图8-3 神华集团实质性事项识别流程（续）

2. 社会责任模型

神华集团以建设"世界一流企业"和"五型企业"为目标，以经济、社会和环境综合价值创造为核心，塑造责任使命和责任理念，并围绕五型企业推进社会责任管理实施，构建社会责任模型。如图8-4所示。

（四）启动

集团公司社会责任工作领导小组办公室及各业务部门的工作人员积极参加国务院国资委、社科院及其他中介机构举办的专题培训班或研讨会，及时掌握国内外社会责任最新动态和基础理论知识，把握社会责任报告编制的最新标准和要求。公司每年召开专门的社会责任报告编制工作启动会，针对不同业务部门编制下发社会责任报告信息收集指南，并在启动会上针对信息收集、实践进度安排和任务分工进行详细讲解和培训，明确工作要求。

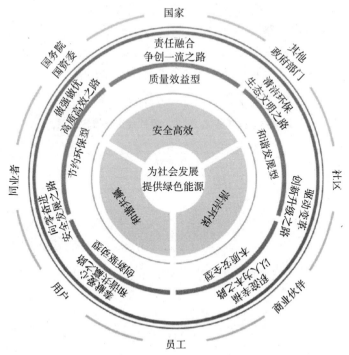

图 8-4　神华集团社会责任模型

（五）编写

1. 资料收集工具

采取平时收集和专题收集相结合的方式，一方面，要求具体负责社会责任工作的人员通过公司内部网站、参与调研、会议等多种渠道及时掌握公司的实践责任、实践动态；另一方面，根据平时掌握的各类资料及社会责任报告编制标准的变化，确定本年报告的提升方向和重点，并组织人员针对不同部门和公司编制信息收集指南，在信息收集指南中会对社会责任报告指标体系进行分解；各单位根据信息收集指南搜集整理职责范围内的相关文字资料和图片信息，并提供年度优秀案例。

2. 开展调研、访谈

社会责任工作领导小组办公室会根据年度社会责任报告编制计划，以组织座谈会、现场调研等多种形式开展利益相关方调研，并对公司主要部门进行访谈，确定利益相关方关注的主要议题。

3. 确定报告框架

根据确定的实质性议题，结合神华集团年度新闻、内部刊物及各部门提供的资料和年终总结等资料，对议题进行细化，形成报告框架。近年来，公司总结提出了七条"责任实践之路"，并以此为基础形成了相对稳定的报告基本框架，以便于利益相关方了解相关信息，在具体内容的安排上会重点体现不同年度的特色，体现差异化。同时每年会明确一个年度重点主题作为开篇，重点展示一年中履责实践的亮点。如表 8-3 所示。

表 8-3 神华集团 2013 年度社会责任报告框架

结构	一级标题	二级标题
报告前言	总经理致辞	
	开篇：护卫紫花盛开的草原	
	今日神华	公司概况 发展历程 组织架构 公司治理
责任管理	责任融合，争创一流之路	社会责任管理 利益相关方沟通 实质性事项识别 社会责任综合绩效 责任荣誉
报告主体	做强做优，高质高效之路	对话经营管理部 一体化运营 上下游管理 高效管理
	向零奋进，安全发展之路	对话安监局 树立先进安全理念 构建风险预控体系 提升科技兴安能力 打造素质过硬队伍 培育特色安全文化
	保护自然，生态文明之路	对话环保部 环境管理 能源、资源可持续利用 生态保护 降污减排
	驱动变革，创新升级之路	对话科技发展部 创新能力 创新成果 创新发展
	积淀幸福，以人为本之路	对话人力资源部 基本权益 平等雇佣 职业健康 员工发展 员工关爱

续表

结构	一级标题	二级标题
	奉献爱心，和谐共赢之路	对话公益基金会 真诚回馈社会 神华公益项目 海外责任公民
报告后记	展望	
	2013 履责大事记	
	第三方评价	
	指标索引	
	读者反馈表	

4. 撰写报告，收集并确认年度绩效

根据确定的实质性议题，神华集团参考《中国企业社会责任报告编写指南 (CASS-CSR3.0)》中一般采矿业指标体系和 GRI G3.1，从"责任融合"、"高质高效"、"安全发展"、"生态文明"、"创新升级"、"以人为本"、"和谐共赢"等角度披露了煤炭开采与洗选业 83.5% 的核心指标。如表 8-4 所示。

表 8-4　神华集团 2013 年社会责任报告披露的部分关键绩效指标

市场绩效	总资产
	营业收入
	利润总额
	煤炭销售
	发电量
	港口吞吐量
	铁路货运量
	回采率
	科技或研发投入
	科技工作人员数量及比例
	新增专利数
	重大创新奖项
社会绩效	纳税总额
	报告期内吸纳就业人数
	劳动合同签订率
	社会保险覆盖率
	职业安全健康培训
	年度新增职业病和企业累计职业病
	体检及健康档案覆盖率

续表

	员工职业发展通道
	员工培训绩效
	困难员工帮扶投入
	安全培训绩效
	安全生产投入
	员工伤亡人数
	捐赠总额
	员工志愿者活动绩效
环境绩效	环保总投资
	环保培训与宣教
	环保培训绩效
	全年能源消耗总量
	矿区生产电耗
	企业单位产值综合能耗
	含硫气体排放量及减排量
	化学需氧量排放量及减排量
	减少温室气体排放的计划及成效
	露天矿排土场复垦率

5. 报告设计、审验、印刷

神华集团公司社会责任报告设计印刷主要聘请专业机构进行，社会责任工作领导小组办公室负责确定设计方案，并根据设计情况对报告进行调整。在报告设计完成后会请中国社科院企业社会责任研究中心对报告进行评级。

（六）发布

自 2008 年起，公司连续发布 5 年社会责任报告，逐步建立起常态化的报告编制和发布机制。发布形式采取嵌入式发布，每年在中国煤炭工业协会组织的中国煤炭行业企业社会责任报告发布会上发布社会责任报告，同时也通过网络、直接递送等形式发布。

（七）使用

公司高度重视发挥社会责任报告的价值，使社会责任报告的价值不仅止于"发布"，而是通过报告编制过程中的沟通、发布后的传播、意见的采集与反馈来提高利益相关方的关注度和参与度，促进社会责任管理的改进和企业形象的提升，真正实现"报告提升管理，沟通创造价值"的目标。

第九章　报告管理优秀企业6：中国中煤能源

融入责任产业链　融通利益相关方　融合可持续发展
——中国中煤能源集团有限公司

中国中煤能源集团有限公司（以下简称中煤集团）是国务院国资委管理的国有重点骨干企业，是中国第二大煤炭生产企业，中国最大的煤矿建设、煤机制造企业。截至2013年底，中煤集团共有全资公司、控股和均股子公司52户，境外机构4户，资产总额2815亿元，职工10万人。近年来，中煤集团坚持以科学发展观为指导，不断优化布局，加快建设平朔、蒙陕两大亿吨级能源化工基地，形成山西、蒙陕、江苏、黑龙江、新疆五大基地区域布局。集团调整产业结构，打造规模化、集约化、园区化循环经济模式，形成以煤炭生产、煤化工、坑口发电、煤矿建设、煤机制造五大产业为支柱的产业格局。

中煤集团从2008年发布第一份社会责任报告起，至今已连续6年发布社会责任报告。两次获得"金蜜蜂优秀企业社会责任报告·领袖型企业"荣誉，社会责任发展指数综合得分在国有企业100强中处于领先地位。

一、报告概况

中煤集团通过社会责任报告向利益相关方和公众积极传播自身履行社会责任的理念、实践和成效，增强利益相关方和公众对企业的认知、认同和支持。截至2014年，中煤集团已连续6年、中煤能源连续5年发布社会责任报告，报告质量逐步提高，得到了社会各界的好评。如表9-1所示。

表 9–1　中煤集团发布社会责任报告情况

年份	发布单位	报告页数	报告语言	发布版本	印刷数量（册）	评级
2008	中煤集团	80	中文		2000	
2009	中煤集团	76	中文		2000	
	中煤能源	44	中文		300	
2010	中煤集团	76	中文		2000	
	中煤能源	116	中文、英文	印刷版/电子版	300	
2011	中煤集团	80	中文		2000	四星
	中煤能源	100	中文、英文		300	
2012	中煤集团	92	中文		2000	四星半
	中煤能源	124	中文、英文		300	
2013	中煤集团	88	中文		2000	四星半
	中煤能源	116	中文、英文		300	

二、报告管理

社会责任报告全生命周期管理涉及组织、参与、界定、启动、撰写、发布和使用七个过程要素。

（一）组织

组织是社会责任报告编写的保证，贯穿报告编写的全部流程。中煤集团经过多年探索实战，建立了社会责任报告编制组织体系和队伍，为提高报告质量奠定了基础。

1. 做好顶层设计

在编制集团公司"十二五"发展规划、2013~2015 年三年滚动发展规划时，将社会责任工作同步规划、同步实施，将社会责任理念融入企业发展战略，形成中煤集团社会责任管理的顶层设计，指导公司有计划、有步骤、系统推进和提升社会责任管理工作。

2. 建立健全制度

2009 年，中煤集团贯彻落实国务院国资委《关于中央企业履行社会责任的指导意见》，制定并下发了《中煤集团企业社会责任工作指导意见》，明确了社会责任的目标、思路、措施，建立了社会责任管理体系。2013 年，集团建立社会责任实践优秀案例评选机制，定期由所属企业上报社会责任管理与实践的最新进展，对优秀案例进行表彰，并通过公司网站、刊物等渠道进行广泛传播。

3. 构建组织体系

中煤集团在总部建立起较为完善的社会责任工作机构，成立了由公司总经理任组长，各职能部门和业务单位主要负责人为成员的社会责任工作领导小组，负责社会责任工作的领导和决策，领导小组下设社会责任工作办公室，负责社会责任具体工作，各个二级企业均建立了相应的工作机构，负责实施和完成社会责任工作。如图 9-1 所示。

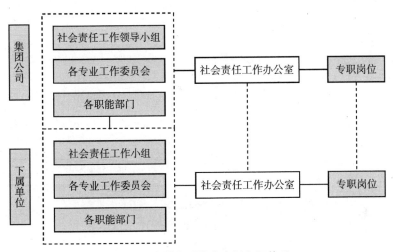

图 9-1　中煤集团社会责任组织体系

4. 加强队伍建设

高素质的队伍是编制高质量的社会责任报告的基础。中煤集团高度重视人才队伍建设，以提高社会责任工作人员能力素质为切入点，构筑社会责任学习交流平台，对内通过创办社会责任内部网站、召开会议、邀请专家、开辟社会责任学习专栏等多种形式，有计划、分层次地开展社会责任培训；对外积极参加国务院国资委、商务部、社科院举办的企业社会责任培训班和交流活动，学习先进理论和经验。

（二）参与

中煤集团将利益相关方参与作为编制社会责任报告的重要环节，重视在日常运营中运用报告与利益相关方沟通。通过利益相关方参与，明确利益相关方的期望和要求，并进行针对性回应。

1. 识别利益相关方

中煤集团根据利益相关方本身对可持续发展的风险大小以及对中煤集团的影响程度进行识别和选择，系统识别企业给利益相关方和公众带来的正面影响和负面影响，并作为社会责任报告披露的内容。如表9-2所示。

表 9-2　中煤集团利益相关方

利益相关方	沟通参与方式与渠道	实质性议题	回应
政府	日常工作会议、信息报送、专题会议	贡献税收、提供就业、促进社会发展	守法经营、依法纳税、促进经济发展
投资者	报告与通报、日常接待、路演与反向路演	经营状况、经营风险、公司治理、持久经营、信息沟通	国有资产保值增值、投资者权益维护、资本增值
供应商	公开招标程序、工作会议	商业道德、公平合作、共同发展	公平采购、依法履行合同，制定《物资采购管理办法》、《合格供应商名录》、《重点供应商名录》
客户	服务热线、售后服务、座谈、定期走访	产品质量、服务质量、商业道德、满足个性化需求	提供优质、个性化的产品及服务，建立便捷的销售网络
员工	职代会、满意度调查、座谈会、来信来访、网络学院	基本权益、职业健康、薪酬福利、工作环境、职业发展、民主管理、生活关爱	员工培训、提供良好的工作条件、提供良好的工作环境、提供长远的职业发展机会
同行	合作、专题研讨	行业标准、公平竞争、促进行业发展	开展合作、分享经验、推动行业的可持续发展
金融机构	专题会议、信息报送、按时还本付息	经营状况、经营风险、合规治理、信贷业务往来	按时还本付息
媒体	信息透明	发布报告、多渠道披露信息	定期披露社会责任信息、公众关心的重大事件
社区和公众	公益活动、保护环境	慈善捐助、志愿者服务、社区发展	赈灾救危、扶贫济困、环境保护

2. 开展利益相关方调查

报告编制前，对政府、投资者、员工、客户、供应商/承包商、合作伙伴、同行、社区和公众、非政府组织、媒体10类利益相关方展开问卷调查，共收回133份有效问卷调查，增强报告议题的实质性和完整性，展现公司报告从"我想说"向"利益相关方想了解"深入转变，提升报告的沟通作用。

3. 回应利益相关方关切

《中煤集团2013年社会责任报告》在每个责任议题前增加开篇，介绍每个议题的管理经验，突出展示利益相关方关注的责任实践重点、亮点，并辅以对应的利益相关方证言，以增强报告的可信性。

（三）界定

1. 确定核心议题

中煤集团以社会责任理念"融入企业发展战略和日常运营"为核心，加强利益相关方沟通和社会责任研究，回应利益相关方的期望，确定了包括安全责任、经济责任、环境责任、创新责任、社会责任五个方面的社会责任核心议题。如表9-3所示。

表 9-3 中煤集团社会责任核心议题

安全责任	①中煤集团视安全生产高于一切、重于一切，全力打造全产业链生产领域的安全环境 ②中煤集团积极营造安全文化氛围，努力提高全员安全意识，打造与产业快速发展相匹配的高素质团队 ③中煤集团建立健全安全管理体系，严格落实安全责任，保障企业安全发展
经济责任	①中煤集团科学高效组织生产、抓好煤质管理，奉献优质能源 ②中煤集团坚持以市场为导向，以效益为中心的发展理念，不断提升服务客户水平 ③中煤集团大力推进实施转型升级战略，调整优化产业布局，提升核心竞争力
环境责任	①中煤集团坚持"绿色中煤，厚德自然"的环境理念，推动绿色中煤建设 ②中煤集团倡导资源节约、清洁生产，保护生态环境 ③中煤集团发展循环经济，实现矿产资源开发与地区环境保护协调发展 ④中煤集团遵循"合理布局、分类治理、因势利导、地企和谐"的原则，打造具有中煤特色的生态矿区治理模式
创新责任	①中煤集团以科技领先为依托，致力于解决企业和行业共同发展技术难题，引领行业发展 ②中煤集团加强创新体系建设，搭建创新平台，提升科研能力
社会责任	①中煤集团秉承"以人为本"的核心理念，促进员工发展，打造一支共创良好业绩、共享发展成果的员工队伍 ②中煤集团重视与相关利益方加强沟通，努力实现互惠互利 ③中煤集团履行"优秀企业公民"责任，支持地方经济发展

2. 创建社会责任模型

中煤集团通过社会责任管理，改变长期以来煤炭行业给公众带来的高污染、高风险、劳动密集、管理粗放的印象，充分挖掘并升华公司价值，实现经济、环境、社会的综合价值最大化，形成了中煤集团社会责任"钻石"模型。如图9-2所示。

钻石与煤炭是由同样元素构成的两种物质，仅因为碳元素排列方式的不同，就造就了截然不同的品质和价值。钻石与煤炭之间的本质联系映射着中煤集团"创造美好生活"的责任使命。

（四）启动

中煤集团每年底组织召开社会责任工作会，听取所属各单位社会责任工作总结及下一年度工作部署，并邀请社会责任领域专家进行集中培训。同时，该会议

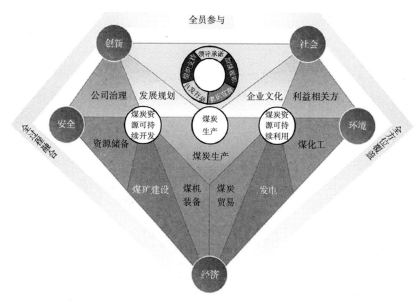

图 9-2 中煤集团社会责任管理模型

也是第二年社会责任报告编制工作的启动会，会上确立编写小组的主要成员及分工，同时根据中煤集团社会责任管理的工作现状，以及领导层对报告的建议要求，明确报告的编制思路、指标标准、重点内容、创新工作及总体风格，制定报告的编制计划和具体安排。如图 9-3 所示。

图 9-3 《中煤集团 2013 年社会责任报告》编制流程

（五）编写

1. 收集素材

为确保社会责任材料收集质量，中煤集团采用多种渠道收集资料，一是以下发公司公文的方式收集素材，2013年下发了《关于各单位报送社会责任报告的通知》以及《关于报送优秀社会责任案例的通知》两份通知，收集所属企业社会责任报告和优秀社会责任案例；二是在集团公司网站开辟社会责任专栏，集团公司总部及所属单位可以以信息报送的方式发表日常履行社会责任活动情况；三是按照核心议题细化分解内容，有针对性地向集团公司总部部门约稿；四是到各企业进行调研，收集社会责任报告素材。

2. 形成报告框架

根据中煤集团"十二五"发展规划和社会责任规划，结合对历年社会责任工作的总结，对确定的核心议题进行细化分解，形成社会责任报告的基本框架。如表9-4所示。

表 9-4　中煤集团 2013 年社会责任报告框架

结构	一级标题	二级标题
报告前言	关于我们	1. 报告编制说明 2. 致辞 3. 公司概况 4. 企业文化 5. 公司治理 6. 社会责任管理 7. 利益相关方 8. 荣誉 2013 9. 核心指标
报告主体	安全责任 安全第一，敬畏生命	【开篇】煤炭生产可以"零死亡" 1. 打造安全环境 2. 提升安全素质 3. 落实安全责任 4. 安全责任绩效
	经济责任 做强做优，高效发展	【开篇】优化产业布局结构，增强企业可持续发展能力 1. 强化煤炭主业，提高产销能力 2. 推进煤炭转化，发展电力化工 3. 服务行业发展，做强矿建煤机 4. 经济责任绩效

续表

结构	一级标题	二级标题
报告主体	环境责任 绿色中煤，厚德自然	【开篇】全面打造生态矿区 1. 环境管理护航绿色发展 2. 推进节能降耗和"三废"治理 3. 发展循环经济 4. 建设生态矿区 5. 环境责任绩效
	创新责任 创新驱动，引领行业	【开篇】薄煤层自动化开采填补行业空白 1. 优化创新平台提高科研能力 2. 开展技术攻关引领行业发展 3. 创新责任绩效
	员工责任 以人为本，共享成果	【开篇】矿工生产、生活环境大变样 1. 保障员工权益 2. 助力员工成长 3. 关爱员工生活 4. 员工责任绩效
	社区责任 惠泽民生，回馈社会	【开篇】一家企业一座城 1. 支持当地经济惠泽地方民生 2. 开展定点扶贫热心公益事业 3. 社区责任绩效
报告后记	附录	1. 展望2014 2. 评级报告 3. 第三方评价 4. 参加社团组织一览表 5. 指标索引 6. 读者意见反馈表

3. 确定报告指标体系

中煤集团依据核心议题，结合行业和自身发展的特点，参考《煤炭开采与洗选业社会责任报告编写指南 3.0》的指标体系、GRI 可持续发展报告指南 3.1、国际标准化组织《ISO26000：社会责任指南》、《中国工业企业及工业协会社会责任指南》，建立起涵盖中煤集团发展主要指标的指标体系。如表 9-5 所示。

表 9-5　中煤集团 2013 年社会责任报告披露的核心指标

指标类别	指标名称	单位
安全	安全投入	亿元
	原煤生产百万吨死亡率	
	矿建施工万米进尺死亡率	

续表

指标类别	指标名称	单位
经济	营业收入	亿元
	利润总额	亿元
	总资产	亿元
	原煤产量	万吨
	商品煤销量	万吨
环境	节能减排资金投入	亿元
	万元产值综合能耗	吨标煤
	煤矿采区回采率	%
	煤矸石利用率	%
	矿井水利用率	%
	二氧化硫排放	吨
	化学需氧量排放	吨
创新	科技创新资金投入	亿元
	专利授权数	项
	获得行业以上科技进步奖	项
员工	在岗员工数量	人
	劳动合同签订率	%
	社会保险覆盖率	%
	工会入会率	%
	员工流失率	%
社区	缴纳税费	亿元
	捐赠额	万元
	社会贡献总额	亿元

4. 修改完善

社会责任工作办公室根据社会责任报告框架对社会责任报告进行分工，并由社会责任工作办公室统稿形成初稿，再将初稿下发到有关部门和二级单位进行完善和审核，反馈后再由社会责任工作办公室进行把关，修改完善后形成印刷稿。实行上下联动，多次校对核稿，保证各指标数据和语言表达真实准确。中煤集团在保证报告真实性的基础上高度重视社会责任报告的可读性，对专业术语和缩略词都采用了平实通俗的语言进行表达，同时大量运用图、表，使表达方式更加直观。

（六）发布

1. 发布形式

中煤集团编制和发布企业社会责任工作一直走在中央企业前列，到目前为止，已经连续 6 年发布年度社会责任报告，主要发布形式：一是参加中国煤炭工业协会主办的煤炭企业社会责任报告发布会，中煤集团近两年的社会责任报告发布均采用这种形式；二是召开专题发布会，邀请利益相关方代表参加；三是同年度业绩发布会同步发布，中煤集团子公司中煤能源股份公司社会责任报告就采用这种形式；四是网络发布。

2. 发布范围

中煤集团社会责任报告主要向政府、投资者、员工、客户、供应商/承包商、合作伙伴、同行、社区和公众、非政府组织、媒体以及所属各二级企业发布，利益相关方与公众可以登录中国中煤能源集团有限公司网站下载相关报告的电子文档，网址为：www.chinacoal.com。

（七）使用

信息反馈是提高社会责任报告质量的有效手段之一。中煤集团高度重视两方面的信息反馈：一是集团公司向内外部利益相关方反馈有关期望和未来行动计划，加强对外信息披露；二是接受读者对中煤集团社会责任报告的内容、信息披露、报告设计等反馈意见。中煤集团认真倾听各方意见，持续提高社会责任报告质量。

第十章 报告管理优秀企业7：东风汽车公司

东风汽车公司 CSR 报告管理

东风汽车公司（原第二汽车制造厂）（以下简称"东风"）始建于1969年，是中国特大型国有骨干企业，总部设在"九省通衢"的武汉，主要基地分布在十堰、襄阳、武汉、广州等地，主营业务涵盖全系列商用车、乘用车、零部件、汽车装备。

东风汽车公司肩负共和国的重托，日益发展壮大，逐步成为集科研、开发、生产、销售于一体的特大型国有骨干企业，是国有经济的重要支柱企业。2004年，东风将旗下的东风汽车有限公司、神龙汽车有限公司、东风本田汽车有限公司、东风电动车辆股份有限公司、东风越野车有限公司等主要业务进行整合，成立了东风汽车集团股份有限公司，已于2005年12月在香港联交所上市。截至2013年底，东风汽车公司总资产达1437.19亿元，员工16万人。2012年销售汽车307.85万辆，营业收入3904亿元。东风汽车公司位居2012年《财富》世界500强第142位，2012年中国企业500强第16位，中国制造业企业500强第3位。

2011年12月10日，东风汽车公司正式发布东风自主品牌"乾"D300计划，该计划总体目标是，到2016年东风总体自主品牌销量达到300万辆，其中，东风品牌商用车100万辆，东风品牌乘用车100万辆，其他自主品牌100万辆。同时，希望东风自主品牌商用车做到国内第一、世界前三；东风自主品牌乘用车稳居国内自主品牌乘用车第一阵营。2012年，东风自主品牌汽车实现销售112.1万辆，位居行业前三。东风自主品牌商用车实现销售60.6万辆，继续保持国内领先水平，中、重卡销量连续9年行业第一；东风自主品牌乘用车实现销售51.52万辆，同比增长27.29%，高于行业21.94个百分点。

2013年，东风公司坚持稳中求进，各项事业迈上新的台阶，事业根基更加牢固。全年公司销售汽车 353.49 万辆，居行业第二，实现销售收入 4534 亿元，经营质量也得到进一步提升，国务院国资委考核指标全面高质量完成。公司自主发展步伐进一步加快，自主创新能力进一步提升。全年，公司自主品牌汽车共销售 127 万辆，由行业第三跃升至第二；自主品牌乘用车销售 65.5 万辆，从行业第四跃居行业前三。公司积极推进重大战略项目，与沃尔沃建立商用车战略联盟，与法国雷诺、德国格特拉克、德国史密斯建立合资合作关系，东风的事业布局不断优化。

多年来，东风汽车公司秉承"关怀每一个人，关爱每一部车"的经营理念，积极致力于企业自主发展、绿色发展、和谐发展的科学发展之路，努力打造更具责任感、备受社会信赖的汽车企业。面向未来，东风汽车公司以"把东风打造成为国内最强、国际一流的汽车制造商；创造同业中国际居前、中国领先的盈利率；实现可持续成长，为股东、员工和社会长期创造价值"为事业梦想，以"建设永续发展的百年东风，面向世界的国际化东风，在开放中自主发展的东风"为企业愿景，以"做强做优"为中心，以"创新驱动、自主发展"和"改革开放、提升合作"为要务，致力于把自主开放、可持续发展、具有国际竞争力的东风推向世界。

一、报告概况

企业社会责任报告是企业与利益相关方进行信息沟通的主要平台。自 2008 年起，东风汽车公司开始发布年度企业社会责任报告，对公司社会责任履行情况进行系统化的披露。从 2011 年开始，东风汽车公司开始发布中英对照版社会责任报告，逐步向国际化水平迈进。如表 10-1 所示。

表 10-1 东风汽车公司社会责任报告发布情况

年份	报告页数	报告语言	报告版本	参考标准
2013	98	中英对照	印刷版/电子版	国资委《关于中央企业履行社会责任的指导意见》 GRI 可持续发展报告指南 3.0 《中国企业社会责任报告编写指南（CASS-CSR2.0）》
2012	86	中英对照	印刷版/电子版	国资委《关于中央企业履行社会责任的指导意见》 GRI 可持续发展报告指南 3.1 《中国企业社会责任报告编写指南（CASS-CSR2.0）》
2011	79	中英对照	印刷版/电子版	国资委《关于中央企业履行社会责任的指导意见》 GRI 可持续发展报告指南 3.0 《中国企业社会责任报告编写指南（CASS-CSR1.0）》

续表

年份	报告页数	报告语言	报告版本	参考标准
2010	71	中文	印刷版/电子版	GRI 可持续发展报告指南 3.0
2009	71	中文	印刷版/电子版	GRI 可持续发展报告指南 3.0
2008	55	中文	印刷版/电子版	GRI 可持续发展报告指南 3.0

二、报告管理

（一）组织

良好的组织体系是报告质量的保障。从 2008 年起，东风便建立了社会责任管理组织机构，建立起社会责任管理制度，培训并形成社会责任队伍。

1. 社会责任组织体系

公司高度重视社会责任管理工作，设立东风公司社会责任工作委员会，并由公司董事长、总经理任委员会主任，办公室作为牵头部门，归口管理全系统社会责任工作。同时，公司下属各单位也设置了相应部门和人员负责社会责任日常工作的对接和推进。如图 10-1 所示。

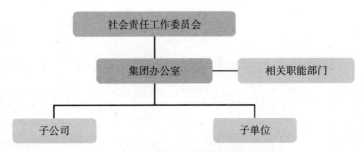

图 10-1　东风汽车社会责任组织体系

2. 社会责任制度

公司按照《东风汽车公司社会责任管理办法》，明确企业社会责任规划管理、执行管理和运营评价管理等方面的内容，严格执行对外捐赠流程和信息报送制度等，逐步实现社会责任工作规范化、制度化、体系化。

3. 社会责任组织队伍

公司一方面组织旗下部分单位社会责任负责人，参加国资委、社科院、中国工经联等单位组织的各类 CSR 培训活动，另一方面聘请社科院优势师资力量走进东风，面向全公司社会责任系统人员开展系统、全面的社会责任理论与实践培训。通过内外结合的形式，努力提升公司社会责任工作总体水平。

（二）参与

利益相关方参与是报告质量的保证。东风汽车公司将利益相关方摆在重要位置，积极与利益相关方沟通交流，鼓励利益相关方参与，认真听取其诉求并采取有效的回应措施。

在实际中，东风汽车公司通过以下几个方面保证利益相关方的参与（见表10-2）。

表 10-2 东风汽车利益相关方沟通

利益相关方	诉求	沟通渠道和方式
政府	响应国家政策 诚信守法经营 依法纳税 带动就业	参与政策、规划调研与制定 足额纳税 创造就业岗位
出资人	国有资产保值增值 规范公司治理防范经营风险	投资者交流汇报会 报表信息披露 接受国资委的监督考核
客户	提供高品质产品 确保产品安全 提供优质服务	客户满意度调查 客户关系管理 客户座谈与走访 积极应对客户投诉
员工	员工权益保障 员工职业发展 员工关爱	职工代表大会 工会组织 员工参与企业管理渠道 意见和合理化建议征集
行业伙伴	经验共享 技术交流	参加行业会议 专业技术比武与交流
合作伙伴	遵守商业道德 公开、公平、公正采购 互利共赢、共同发展	公开采购信息 谈判与交流
社区与环境	社区公共事业发展 环境保护	社区公益活动 社区共建活动 与环保部门和团体保持沟通、学习

（1）定期召开利益相关方交流会，了解利益相关方期望。

（2）定向访问和调研，征求特定利益相关方的意见。

（3）公司通过媒体平台，在平面、电视、网络媒体发布履责信息，与公众及利益相关者进行积极沟通。同时，开通东风公益基金会"新浪官方微博"，与公众实现在线沟通与互动。

（三）界定

1. 议题确定流程

东风汽车公司的社会责任议题遵循以下程序进行选择：

（1）议题收集。公司社会责任议题选择以国际、国内的社会责任标准为主，同时兼顾国家政策要求、社会舆论关注点、国内外汽车企业议题趋势以及公司发展规划，并根据议题的性质将议题分为经济议题、环境议题、社会议题和行业议题。

（2）审核确定报告议题。根据"对东风汽车公司业务的影响"和"对利益相关方的重要性"两个维度建立议题筛选矩阵，对议题池中的议题进行优先等级排序，并最终确定公司社会责任议题。

2. 社会责任核心议题

东风汽车公司在"润计划"的基础上，围绕自身核心理念，以及与利益相关方的沟通，确立社会责任核心议题。如表 10-3 所示。

表 10-3　东风汽车社会责任议题

经济责任：润色国计民生与国家共繁荣	全面实现公司"十二五"发展目标 ①D300 自主品牌中期发展计划 ②DH310 海外事业中期发展计划 ③诚信经营，依法纳税
利益相关者责任：润泽利益相关者　与之共成长	全面照顾到相关者的利益，共赢、和谐，聚焦员工关爱、客户关怀 ①股东 ②员工 ③客户 ④供应商 ⑤经销商 ⑥行业协会
环境责任：润丽自然　与环境共和谐	继续保持在节能减排、新能源汽车与绿色造林方面的环保努力 ①致力于新能源汽车发展 ②致力于持续开展节能减排工作 ③致力于打造东风"碳平衡"生态林

续表

社会公益责任：润美公益事业 与社会共进步	开展"和润东风"系列公益活动 ①"东风润苗行动"爱心助学 ②对口帮扶援建 ③关注弱势群体 ④国际公益活动
文化责任：润浸文化　与文明 共发展	以高度的文化自觉和责任意识启动有价值的人文项目 ①"和畅东风"汽车公民文化活动 ②环保汽车创意设计大赛 ③"东风帮扶大学生村官专项基金"项目

3. 社会责任模型

东风汽车公司从管理内容、责任主体、管理职能和核心议题四个角度出发，建立起社会责任管理模型。如图 10-2 所示。

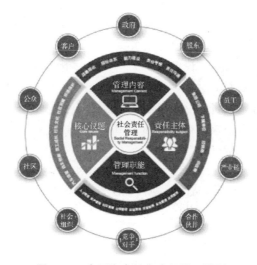

图 10-2　东风汽车社会责任管理模型

（四）启动

2013 年 12 月 20 日，"2013 年公司社会责任系统培训班暨《2013 东风汽车公司社会责任报告》编制工作启动会"召开。公司总部各职能部门参与公司社会责任报告编制的人员，以及十堰管理部、襄阳管理部、东风商用车、东风有限（东风日产、东风股份、东风零部件、东风装备）神龙公司、东风本田、东风公司技术中心、东风乘用车、东风鸿泰、东风实业、东风特商、东风小康、东风柳汽、东风云汽、东风本田零部件、东风本田发动机、东风南充、电动车公司、东风裕

隆、东风悦达起亚、郑州日产、东风南方社会责任业务部门领导及工作人员各 1
人参加了会议。

会上，中国社科院社会责任研究中心钟宏武主任为大家讲述社会责任管理，
中国社科院社会责任研究中心副主任孙孝文对汽车行业社会责任管理与报告进行
了分析，中国社科院社会责任研究中心项目负责人王娅俪对东风公司 2013 年度社
会责任报告内容规划作了介绍，东风总公司综合处业务主任叶云对东风公司 2013
年度社会责任报告编写任务作了说明。

（五）编写

1. 前期准备阶段

（1）系统培训。根据编写工作有计划地对参与人员进行系统的培训。

（2）访谈与调研。对下属企业调研以及利益相关方进行访谈，了解社会责任
实践的开展情况以及利益相关方的诉求。

2. 报告编写阶段

（1）资料收集。收集与报告写作相关的定量和定性资料，包括文字材料和
图片等。

（2）报告撰写。根据访谈和调研情况，确定报告框架，基于所获资料进行报
告写作。

3. 评级与总结阶段

（1）报告评级。报告送交中国社科院企业社会责任研究中心评价部进行评级。

（2）项目总结。总结项目过程中出现的问题和不足，以在后期进行改进和
完善。

（六）发布

到目前为止，东风汽车公司连续六年发布社会责任报告。主要通过以下方式
发布：

● 现场发布。2014 年 6 月 5 日世界环境日当天，东风公司举行《2013 社会责
任报告》发布仪式暨 2014 年"社会责任月"启动会。会上，东风公司发布了
《2013 社会责任报告》。

● 网络发布。

● 嵌入式发布。东风公司参加中国工经联组织的发布会，并在会上发布责任
报告。

（七）使用

企业社会责任报告是对自身社会责任工作的绩效和不足的总结，也是在公司内部传播社会责任文化、增进社会责任实践的重要媒介。东风汽车公司将社会责任报告在内部广泛传播，让员工通过报告了解社会责任的进展，建立责任文化。

此外，社会责任报告也是东风汽车公司与外部利益相关方沟通的重要媒介。利益相关方可以通过报告了解具体的自身诉求是否得到重视和解决，成为建立两者之间关系的有效渠道。

东风汽车公司希望通过社会责任报告展现自身承担社会责任的决心，并成为企业履行社会责任的标杆型企业。

第十一章 报告管理优秀企业 8：
松下中国

践诺履责，真诚沟通
——中国松下企业社会责任报告管理

　　松下电器创立于 1918 年，产品遍布多个领域，是集个人消费电子、电化住宅设备、美容健康、通信科技、环境方案、汽车电子、能源设备等于一体的综合性世界著名企业。近百年的发展历史中，松下电器始终秉承着创业者松下幸之助先生"贯彻产业人的本分，谋求社会生活的改善和提高，以期为世界文化的发展做贡献"的基本经营理念，在全世界从事各种产品的生产、销售服务等事业活动。目前，松下集团在全球拥有 505 家企业，27 万余名员工。2013 年，全球营业额达 7 兆 7365 亿日元。面向未来，松下电器将凭借在家电领域培育积累的优势，借助各个领域与地域的事业合作伙伴的支持，为每一位顾客创造更美好的生活及前所未有的全新价值。

　　1978 年，中国国家领导人参观了松下集团日本电视机工厂。在双方会谈中，创业者松下幸之助表达了为中国做贡献的决心。随后，松下电器进入了中国事业的起始阶段，并于 1987 年设立了第一家合资工厂。如今，松下电器在华事业活动涉及研发、制造、销售、物流等多个领域。截至 2014 年 3 月 31 日，拥有在华企业 100 家，其中统括公司 1 家，制造公司 71 家，销售公司 10 家，研发公司 6 家，财务、广告等其他公司 12 家，营业额达到 9949 亿日元，员工人数 6 万余人。

　　松下电器（中国）有限公司（以下简称松下中国）1994 年成立于北京，2002 年实现了独资，主要负责开展家电、系统、环境、元器件、医疗设备等商品的销售和售后服务活动。作为中国地区投资性公司，松下电器（中国）有限公司还负责开展人才培养、财务、法务、环境保护、知识产权等统括和支援活动，以及开展家电和系统商品的批发和售后服务活动。2012 年 1 月，松下电器（中国）有限公司吸收合并了松下电工（中国）有限公司，经营范围进一步扩大。

面向 2018 创业 100 周年，松下电器将在"百年传承，智美未来"这一品牌标识的共同号令下，齐心协力，日日创新，为全世界的发展和环境革新做出贡献。今后，扎根在中国大地上的松下电器，将继续脚踏实地地履行企业的社会责任（CSR），为实现和谐社会，实现可持续发展贡献力量。

一、报告概况

企业社会责任报告是企业就社会责任议题与利益相关方进行沟通的重要平台。对于松下电器而言，CSR 活动可以追溯到很早以前。1969 年，创业者松下幸之助先生在公司内部成立了社会业务本部，并专任一名董事担任主管。这一为了保障企业纲领的实施而设立的具体组织，就是松下电器企业社会责任专职部门的雏形，当时世界上还并没有 CSR 这一概念。松下幸之助先生说：所谓企业的社会责任，其内容随着不同时期的社会情况的变化虽有不同，但是，不管是哪个年代，基本的社会责任多是企业通过事业活动为提高人们的共同生活做出应有的贡献。以这样的使命观作为基础，进行一切经营活动是非常重要的。

以这样的社会责任理念作为开篇，2013 年 6 月，松下中国制作并发布了首份《中国松下企业社会责任报告 2012》，向政府、客户、消费者、经销商等利益相关方披露松下在华 CSR 履行情况的同时，也将分析成果反馈给公司管理层和在华企业总经理，希望作为一份可以强化内部管理，进行针对性的监控、改进的系统数据材料。2014 年 1 月，中国松下首届 CSR 集团会议成功举办，同时成立了大泽英俊董事长挂帅的中国松下企业社会责任委员会，并于 6 月发布了第二份《中国松下企业社会责任报告 2013》。利用每年度发行的企业社会责任报告书，将松下集团企业社会责任方面的成果向社会做了积极的展示，在公司主页刊登电子版，并提供分章节下载和阅读，为各相关机构背对背评价方式提供便利。同时，积极联络重量级评价沟通，主动提交报告成果，参与外部评价，以推动松下电器的品牌建设。2014 年 6 月 11 日，在 2013 年度报告书发布之前，召开了 2013 年中国松下企业社会责任报告书意见征求会，经过专家重量级评价与意见建议，将报告书进行了改善及提高。

二、报告管理

（一）组织

中国松下不断完善企业社会责任推进机制。以企业愿景为指引，以企业社会责任规划为策略，以科学的管理体系为保障，扎实推进企业社会责任实践。

1. 社会责任组织体系

中国松下集团设立企业社会责任委员会，大泽英俊董事长挂帅，各部门和各法人负责人任委员。松下电器（中国）有限公司公共关系部担任事务局，负责社会责任工作的统筹、协调和日常管理，包括制定社会责任规划和年度发展计划，建立和完善社会责任工作的组织和制度，开展社会责任研究、培训和交流，编制和发布公司年度社会责任报告等。如图 11-1 所示。

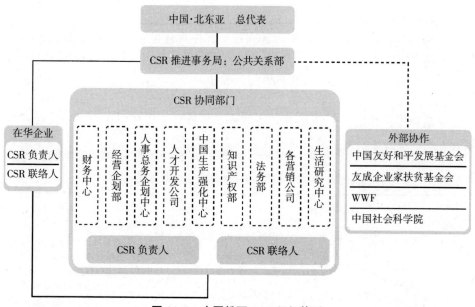

图 11-1　中国松下 CSR 组织体系

2. 社会责任制度

2013 年，中国松下建立了《中国松下企业社会责任指标手册》（以下简称《指标手册》），从社会责任、市场责任和环境责任三方面明确管理指标和体系。《指标手册》将作为中国松下社会责任信息搜集、社会责任报告编制和社会责任考核评价的重要依据。各部门和各法人将社会责任核心指标纳入年度统计范围，以保证企业社会责任工作的落实，不断推动公司社会责任工作的科学化和系统化。

3. 社会责任组织队伍

中国松下设置了专职企业社会责任推进团队来管理和推进松下集团在华的企业社会责任管理工作，并在中国松下在华的下属企业设置了 CSR 专任/兼任的责任者与联络窗口，以保证企业社会责任在中国松下集团可以通畅、直接地进行推进和管理。同时，加强团队人员的素质建设也是很重要的工作，中国松下定期举办专题培训活动，为公司专项社会责任管理工作奠定了坚实的基础。积极参加行业内外、社科院等机构组织的 CSR 培训及交流活动。同时，每年在集团内部举办 CSR 大会，加强社会责任工作人员的交流与沟通。

（二）参与

中国松下把加强与利益相关方的沟通作为履行社会责任、实现可持续发展的重要途径，不断建立、健全集团内外部社会责任沟通机制，主动发现并积极回应利益相关方的期望。

积极参加政府、行业协会和科研院所举办的企业社会责任会议、论坛和活动。同时，不断加强企业内部社会责任沟通，每年召开集团社会责任大会，发布 CSR 年度战略和指标体系，下发 CSR 调查问卷，并就社会责任报告书广泛征集意见，培育并不断加强集团浓厚的责任文化。如表 11-1 所示。

表 11-1　中国松下利益相关方参与方式

利益相关方	描述	对公司的期望	沟通方式	主要指标
政府	中国政府和业务所在地政府	在提供合格的产品的同时遵守法律法规；坚持诚信经营；合规管理、依法足额纳税；带动社会就业，对社会负责任	积极开展诚信建设理念宣贯、制度执行和文化倡导；通过贸易遵纪守法和公正交易开展遵纪守法活动；宣贯和执行《Panasonic 行为准则》，通过 E-learning、遵纪守法月、制定《遵纪守法手册》以及开展多种形式的守法合规培训增强员工遵纪守法意识；建立风险管理制度并不断完善体系	建立企业守法合规体系；进行守法合规培训；禁止商业贿赂和商业腐败；纳税总额；员工人数；确保就业及带动结业的政策或措施

续表

利益相关方	描述	对公司的期望	沟通方式	主要指标
合作伙伴	供应商、经销商、咨询机构	遵守商业道德和法律法规，与合作伙伴搭建战略合作机制；带动供应链合作伙伴履行社会责任；开展公平贸易，推动产业链持续健康发展；培育更多专业人才，加强经验分享，促进长期合作和共同发展	参与政府投融资平台建设及生态科技城创建，主力重大项目和民生工程；培育行业专业人才；通过经销商大会、代理店大会等形式加强与经销商的沟通交流，实现共存共荣；与供应商建立战略合作伙伴关系，坚持集团采购方针，要求供应商严守集团对其CSR采购的要求，开展绿色采购活动并与供应商协作实现成果共享	响应国家政策；战略共享机制及平台建设；推动供应链合作伙伴履行社会责任
客户	已购买或潜在购买公司产品和服务的所有用户	提供优质产品和服务；开展客户满意度调查，听取客户意见和建议；保护客户信息安全；跨越固有框架，与相关行业合作伙伴一起创造更大价值	在住宅、社会、商务、旅行、汽车等空间和领域提供以顾客需求为导向的解决方案，遵循以创新价值为导向的研发战略并遵循以一流品质为导向的生产准则，坚持以优质服务为导向的客户方针	企业运营地域；按产业、顾客类型和地域划分的服务市场；年度责任荣誉；客户关系管理体系；产品知识普及或客户培训；止损和赔偿；产品质量管理体系；支持产品服务创新的制度；客户满意度调查及客户满意度；积极应对客户投诉及客户投诉解决率科研或研发投入；科研人员数量及比例
员工	公司组织机构中的全部成员	保障法律赋予员工的基本权益，争取员工最大福利；注重员工健康安全，提供活泼开放的沟通渠道；给予员工清晰的职业规划和创造挑战的可能性；培养员工长远发展，保障员工工作生活平衡	遵守国家相关法律法规，确保员工权益实现；创建健康、安全、舒适的职场环境，实施员工满意度调查；坚持平等雇佣，促进残疾人就业；重视员工和本地人才的培养，搭建分地区培训平台；响应全球干部开发体系，培养全球性人才；制定人才战略，实施新的人才开发机制和职业发展规划；遵循集团安全卫生方针，通过OHSAS认证，保护职业健康；设立应急管理体制和应急管理预案，定期举办集团安全卫生大会、风险评估研修、地区安全对策小组活动及安全督导师资格培训等；完善民主沟通机制，通过工会、恳谈会、厂务公开等尊重、鼓励并引导员工参与公司经营管理；关怀女职工，开展特殊人群和困难员工帮扶；举办丰富活动，增强归属感与积极性	劳动合同覆盖率；社保覆盖率；参加工会员工比例；年人均带薪休假天数；员工流失率；工伤事故率；员工培训投入；职业病防治制度；职业安全健康培训；员工心理健康制度/措施；安全生产管理体系；安全应急管理机制；安全教育与培训；员工伤亡人数；民主管理；参加工会的员工比例；困难员工帮扶投入；为特殊人群提供特殊保护；尊重员工家庭责任和业余生活，确保工作生活平衡

利益相关方	描述	对公司的期望	沟通方式	主要指标
环境	企业业务、运营所在地及整个地球的自然环境	遵守国家环境法律法规和相关产品的环保标准；将环境管理和环境保护贯穿于研发、生产、销售全过程；推进环保理念在企业内外的宣贯和落实，提升全社会环保意识	遵纪守法，建立垂直管理和地域管理并行的在华工厂环境管理体制；建立环境绩效系统体制；生产绿色产品和建立绿色工厂，坚持产品环境评价，通过技术开发，推进产品环境标志的取得；以 PDCA 模式推进 CO_2 削减、资源循环、风险应对等项目；举办一般环境培训和专业环境培训；通过技术降低"三废"，同时保护水资源，循环利用生产废水；坚持使用绿色包装和实施绿色物流；践行绿色办公并积极发展循环经济，推进在中国废弃电器电子产品的再生利用	建立环境管理组织体系和制度体系；企业环境影响评价；环保培训与宣教；环保培训绩效；绿色办公措施；节约能源政策措施；减少温室气体排放的计划及行动；温室气体排放量及减排量；支持绿色低碳产品的研发与销售；绿色办公措施；减少废气排放的政策、措施或技术；废气排放量及减排量；减少废水排放的政策、措施或技术；废水排放量及减排量；减少废弃物排放的政策、措施或技术；废弃物排放量及减排量；包装减量化和包装物回收的政策和绩效；废旧产品回收的措施和绩效；企业单位产值综合能耗
社区	企业业务及运营所在地	通过企业经营带动社区经济社会发展；尊重各地区的法律法规和人文风俗，与社区充分沟通，和谐共存；积极支持灾害救助和社区扶贫济困等慈善公益活动	分享经营成果，以环境保护和下一代教育为重点，关心并帮助困难群体，开展富有成效的社会公益活动；为了下一代的生存环境，开展的集团植树、海洋系统生态保护、各具特色的环保公益活动；关心下一代的美好梦想，建立志愿活动驿站，动员扶贫志愿者与企业志愿者参与项目的实施，开展世界遗产环境学习、儿童微电影、儿童环保绘画日记及环境教育等活动，支持孩子们的环保梦想；设立育英基金等奖学金，支持品学兼优但经济困难的大学生圆梦；扶贫济困，开展困难群体救助、灾害救助捐赠等帮扶活动	保护生物多样性；生态恢复及治理率；企业公益方针或主要公益领域；企业支持志愿者活动的政策、措施；捐赠总额
社会组织	行业协会、科研院所、国际国内民间组织、地方团体等	重视社会团体的诉求并积极与之沟通；积极参与、支持社会团体组织的各项活动；就社会责任议题主动与社会团体开展形式多样的合作	积极参与政府、行业协会、科研院所举办的关于 CSR 的会议、论坛和活动，保持长效沟通，增强行业、社会及 CSR 领域的敏感度	企业利益相关方名单；企业外部社会责任沟通机制；企业高层领导参与的社会责任沟通与交流活动

（三）界定

1. 议题确定流程

（1）参考专业标准。

（2）结合企业实践。

（3）听取专家意见。

（4）企业调查问卷。

（5）中高层领导访问。

（6）利益相关方访谈。

2. 社会责任核心议题

中国松下紧跟《全球报告倡议组织可持续发展报告编写指南（2013 年版）》、《中国企业社会责任报告编写指南（CASS-CSR3.0）》等国内外标准倡议，结合企业自身实践和利益相关方普遍要求，开展企业社会责任核心议题的甄别与筛选，明确社会责任工作的重点与报告内容的边界。如图 11-2 所示。

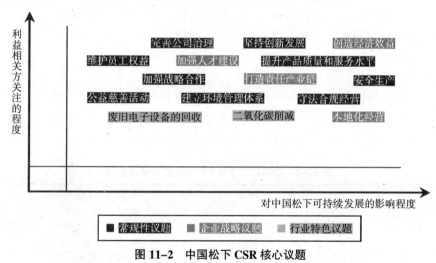

图 11-2　中国松下 CSR 核心议题

（四）启动

中国松下企业社会责任报告书每年年初启动，公共关系部牵头成立报告书编写小组，组织和推荐相关人员参加社科院及相关机构举办的培训。为了更加深入地了解和学习国内外社会责任动态、知识，把握报告书的最新标准，中国松下还组织企业社会责任管理委员会的成员参加集团企业社会责任负责人培训，邀请外部专家从理论和行业动态两个层面进行讲解，以加深相关人员对企业社会责任工作的深入认识，并为新一年度报告书的撰写打下坚实的理论基础。

（1）2014年1月20日，中国松下在厦门举行企业社会责任集团培训，以《企业社会责任概论》和《在全生命周期管理报告价值》为核心课程，内容涵盖社会责任管理体系、相关政策、最新案例及发展趋势等。来自53家在华企业的副总经理、相关部门负责人80余人参加。

（2）2014年1月21日，中国松下首届CSR集团大会在厦门召开，会上正式成立了"中国松下企业社会责任委员会"，并发布了2014年度中国松下CSR推进计划，以及中国松下企业社会责任管理指标体系等内容。

（五）编写

2014年中国松下企业社会责任报告书从正式启动到编写发布，一共经历了3个月的时间，专任编写人员3人，以及相关部门编委合计36人参与报告书编写。

1. 前期准备

（1）确定报告书主题，开展利益相关方访谈。《中国松下企业社会责任报告2013》以"倾听你的声音，做最值得信赖的伙伴"为主题，将利益相关方访谈作为了整体报告编写的第一步。分别与政府、员工、媒体、消费者、经销商、供应商等利益相关方，就松下企业社会责任履行的期待和评价进行了采访，以披露针对性成果。

（2）形成报告书基本框架。根据集团确定的6个核心议题和利益相关方访谈结果，并集合中国松下的年度公司战略和发展要求，围绕着"倾听你的声音，做最值得信赖的伙伴"的报告主题，形成报告书的基本框架。如表11-2所示。

表11-2　中国松下2013年度报告书基本框架

结构	一级标题	二级标题
开篇	关于我们	松下电器的可持续发展方针 大泽董事长谈松下电器的可持续发展 2013年中国松下企业社会责任活动成果 松下电器35年中国路 中国松下的事业和责任
	责任管理	责任战略 责任治理 责任绩效 责任能力 责任沟通
报告主体	正道经营 我们开展公正诚信的事业活动	诚信经营 守法合规 风险管理

续表

结构	一级标题	二级标题
	全员经营 我们培养人才先于制造产品	员工权益 员工培养 员工成长 安全管理 民主沟通 人性关怀
	环境革新 我们以先进技术保护美丽地球	加强环境管理 应对气候变暖 降低环境负荷 发展循环经济
	合作共赢 我们与合作伙伴共同履行社会责任	加强与政府的沟通合作 培养行业人才 加强与经销商的沟通与交流 加强与供应商的沟通与合作
	服务客户 我们创造可持续的快乐生活	以顾客需求为导向的解决方案 以创新价值为导向的研发战略 以一流品质为导向的生产准则 以优质服务为导向的客户方针
	回馈社区 我们为下一代构筑美好未来	下一代的生存环境 下一代的美好梦想 扶贫济困 同舟共济
报告后记	未来展望	履行承诺 与社会共进步
	附录	报告概况 关键绩效表 专业名词解释 评级报告 报告指标索引 意见反馈表

（3）确定报告指标体系。结合所识别确定的社会责任议题和所在的行业特点，以中国社会科学院企业社会研究中心最新发布的《中国企业社会责任报告编写指南（CASS-CSR3.0)》标准编制，参考 GRI、ISO26000、联合国全球契约、中电标协社责委 CSR 标准等国际和行业标准，建立了包含 119 个指标的社会责任指标体系，通过面向松下在华企业针对该指标体系的收集、分析、管理和反馈，披露中国松下在履行社会责任工作方面的具体表现。如表 11-3 所示。

表 11-3　中国松下 2013 年度社会责任报告披露的关键绩效指标

类别	指标	单位
市场绩效	客户满意度	%
	客户电话投诉一次性解决率	%
	产品合格率	%
	科研投入金额	亿元
	研发人员数量	人
	发明专利申请数	件
	合同履约率	%
	累计投资总额	亿元
	销售额	亿元
社会绩效	纳税总额	亿元
	员工数量	人
	报告期内吸纳就业人数	人
	劳动合同签订率	%
	社会保险缴纳率	%
	参加工会员工比例	%
	每年人均带薪休假天数	天
	本地管理者比例	%
	女性管理人员比例	%
	残疾人雇佣人数	人
	职业病发病次数	次
	工伤事故率	%
	体检及健康档案覆盖率	%
	员工流失率	%
	本地化雇佣比例	%
	捐赠总额	万元
	公益植树	棵
	儿童环境教育人数	人
	培训总次数	次
	培训总人次	人次
	员工培训投入金额	万元
环境绩效	能源消耗总量	吨标煤
	二氧化碳排放量	吨
	生产活动中的二氧化碳削减贡献量	万吨
	节能商品的二氧化碳削减贡献量	万吨
	废弃物循环利用率	%
	废弃物排放量	吨

续表

类别	指标	单位
	废弃物再资源化量	吨
	废弃物最终处置量	吨
	单位产值二氧化硫排放量	千克/万元
	单位产值化学需氧量排放量	千克/万元
	化学物质对人·环境影响度	千点
	用水量	万立方米
	废水排放量	万立方米
	废水减排量	万立方米

2. 报告编写

（1）资料收集、内容撰写。在确定了报告书的主题、框架和指标体系之后，制作资料收集清单，面向所有中国松下在华企业进行相关资料的收集，根据指标性质的不同，主要从三个通道进行资料的收集：

1）总部各职能部门横向资料收集。松下电器（中国）有限公司作为地区总部，根据人事、财务、税务、法务等部门职能划分，将社会责任指标体系分解，面向在华集团企业收集职责范围以内的相关材料，并对具体案例选择提出建议。

2）面向各在华企业进行贯穿于日常工作的阶段性资料收集和年终资料统计。按职能部门划分指标体系后，有部分不隶属于某职能部门明确职责范围内的指标，由公共关系部建立日常信息收集表，通过各在华企业 CSR 责任者和联络人的渠道进行阶段性收集，以及年度结束前的最终资料统计。

3）重点案例征集和整理。针对不能量化的指标，要求各部门向在华企业征集实践案例，然后归纳整体，提出选取建议。

资料的收集，一般不能一次性完成，中国松下的报告书资料收集工作按照下发资料清单，收集和整理核心数据。通常情况，所有数据不能一次性收集完成，所以在中后期采用编写报告和数据收集同时进行的方法。如图 11-3 所示。

（2）评级与总结。2014 年 6 月 11 日，在报告书完成稿送交评级之前，松下电器（中国）有限公司就 2014 年报告书召开了相关方意见征求会，邀请了行业协会、研究机构、学术专家、同行企业、知名媒体等利益相关方代表出席，一起为中国松下报告书提出修订建议。

甄选意见征求会的反馈意见，对报告书进行修订之后，将报告书提交企业社会责任报告评级委员会。《2013 年中国松下企业社会责任报告》最终获得了四星半级的优秀评价。

在得到专家评审的评级结果之后，与专业机构设计排版的文件终稿一起印刷、

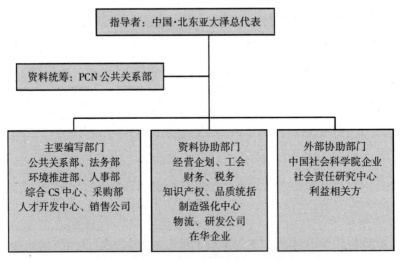

图 11-3　中国松下企业社会责任报告编写委员会

发布。并将最终完成的报告书和评价结果一起反馈给公司经营层干部和在华企业相关负责人。

（六）发布

截至目前，中国松下连续两年发布了企业社会责任报告，都是采取了网络发布的形式。每年的报告发布，都在中国松下官方网站上制作专门页面，提供分章节阅读，用最直接和方便的阅读方式将报告呈献给利益相关方。

（七）使用

社会责任报告是综合展现企业社会责任履责情况的载体，通过对往年业绩的未来预测的平衡和报告，有效梳理企业自身的管理实绩，从更高的层次上帮助组织传递与经济、环境和社会机遇及挑战相关的信息，有助于加强公司与外部各利益相关方（消费者、投资者、社区）的关系，建立信任，可以作为建设、维持和不断完善利益相关方参与的重要工具。中国松下鼓励在与利益相关方进行沟通时充分使用社会责任报告。如表 11-4 所示。

表 11-4　中国松下企业社会责任报告印刷量

2012 年度报告	2013 年度报告
9000 册	5000 册

评级篇

中国企业社会责任报告评级 （2014）

第十二章　中国企业社会责任报告评级概述

为进一步推动、规范我国企业社会责任报告编制工作，2010 年 3 月，中国社会科学院经济学部企业社会责任研究中心（以下简称"中心"）在各界专家的支持下，依据《中国企业社会责任报告编写指南（CASS-CSR 1.0）》，制定并发布我国第一份社会责任报告评价标准——《中国企业社会责任报告评级标准（2010）》。中心邀请了我国社会责任研究者、企业社会责任实践者以及各行业专家共同组成开放的"中国企业社会责任报告评级专家委员会"，负责对企业社会责任报告进行评级。中国社会科学院经济学部企业社会责任研究中心秉承"科学、公正、合理、开放"的原则，希望通过报告评级与社会各界共同推动我国企业社会责任的发展。

2014 年 1 月，中心发布了新版评级标准——《中国企业社会责任报告评级标准（2014）》，在"六性"（完整性、实质性、平衡性、可比性、可读性、创新性）评价标准的基础上，增加了"过程性"评价指标，即对社会责任报告的全生命周期管理进行评价。中心抽调专家组成评级小组，前往企业进行实地评估，与企业社会责任管理代表面对面交流，了解企业社会责任报告编制过程，查看报告编制过程性资料，从组织、启动、参与、界定、撰写、发布及反馈等角度，对报告过程性管理进行评估，实现以报告促管理的目的。

截至 11 月底，2014 年中国企业社会责任报告评级专家委员会对中国南方电网公司、中国石油化工集团公司、中国三星、丰田汽车（中国）投资有限公司、海航集团有限公司等 61 家国内外大型企业的社会责任报告进行了评级；参与评级的外资企业由 2013 年的 3 家增至 2014 年的 10 家；评级企业的总部所在地，由2013 年的 6 个省（直辖市）（北京、上海、广东、浙江、山西、河北），扩展至2014 年的 8 个省（直辖市）（北京、上海、广东、山西、河北、海南、天津、湖北），评级企业数量呈平稳上升趋势，评级企业的范围和影响力逐渐扩大，报告评级已成为我国企业社会责任报告领域最有影响力的第三方评价服务。

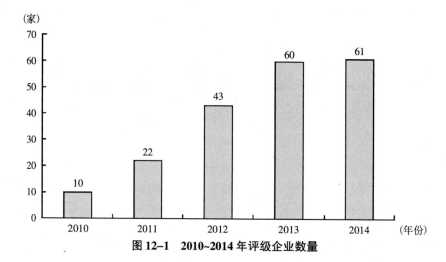

图 12-1　2010~2014 年评级企业数量

第十三章　评级结果

在 2014 年参与评级的 61 家企业中，13 家企业的社会责任报告为五星级（占比 21.3%），与 2013 年相比，增加 3 家；26 份报告被评为四星半级（占比 42.6%），比 2013 年增加 6 家；19 家企业的社会责任报告被评为四星级（占比 31.1%），比 2013 年减少 5 家；3 家企业的社会责任报告被评为三星半级（占比 5%），比 2013 年减少 3 家。总体来看，2014 年度评级企业社会责任报告整体质量有所提升。

表 13-1　2014 年评级企业名单及评级结果

序号	企业名称	评级星级
1	中国南方电网公司	★★★★★
2	中国石油化工集团公司	★★★★★
3	中国黄金集团公司	★★★★★
4	中国三星	★★★★★
5	中国移动通信集团公司	★★★★★
6	中国华电集团公司	★★★★★
7	中国建筑股份有限公司	★★★★★
8	中国电子科技集团公司	★★★★★
9	中国铝业公司	★★★★★
10	中国电信集团公司	★★★★★
11	中国华能集团公司	★★★★★
12	中国兵器工业集团公司	★★★★★
13	中国建筑材料集团有限公司	★★★★★
14	斗山 Infracore（中国）	★★★★☆
15	LG（中国）	★★★★☆
16	中国松下	★★★★☆
17	华润（集团）有限公司	★★★★☆
18	中国石油化工股份有限公司	★★★★☆
19	神华集团有限责任公司	★★★★☆
20	海航集团有限公司	★★★★☆
21	佳能（中国）有限公司	★★★★☆

续表

序号	企业名称	评级星级
22	中国医药集团总公司	★★★★☆
23	中国电子信息产业集团有限公司	★★★★☆
24	北京控股集团有限公司	★★★★☆
25	中国海洋石油总公司	★★★★☆
26	东风汽车公司	★★★★☆
27	中国节能环保集团公司	★★★★☆
28	上海大众汽车有限公司	★★★★☆
29	中国黄金行业协会	★★★★☆
30	太原钢铁（集团）有限公司	★★★★☆
31	中国盐业总公司	★★★★☆
32	国家核电技术公司	★★★★☆
33	中国兵器装备集团公司	★★★★☆
34	广州百货企业集团有限公司	★★★★☆
35	中国储备棉管理总公司	★★★★☆
36	中国中煤能源集团有限公司	★★★★☆
37	LG化学（中国）投资有限公司	★★★★☆
38	深圳供电局有限公司	★★★★☆
39	新兴际华集团有限公司	★★★★☆
40	华润置地有限公司	★★★★
41	现代汽车（中国）投资有限公司	★★★★
42	中国黄金国际资源有限公司	★★★★
43	华润电力控股有限公司	★★★★
44	中国中钢集团公司	★★★★
45	中国交通建设股份有限公司	★★★★
46	中国航空工业集团公司	★★★★
47	天津生态城投资开发有限公司	★★★★
48	中国航天科技集团公司	★★★★
49	中国储备粮管理总公司	★★★★
50	中国机械工业集团有限公司	★★★★
51	中国诚通控股集团有限公司	★★★★
52	中国长江三峡集团公司	★★★★
53	浦项（中国）投资有限公司	★★★★
54	丰田汽车（中国）投资有限公司	★★★★
55	中国保利集团公司	★★★★
56	朔黄铁路发展有限责任公司	★★★★
57	中粮集团有限公司	★★★★

续表

序号	企业名称	评级星级
58	远洋地产有限公司	★★★★
59	广州医药有限公司	★★★☆
60	中煤平朔集团有限公司	★★★☆
61	中国互联网络信息中心	★★★☆

第十四章 评级报告展示（五星级）

一、《中国南方电网 2013 年企业社会责任报告》评级报告

中国社会科学院经济学部企业社会责任研究中心（以下简称"中心"）受中国南方电网公司委托，从"中国企业社会责任报告评级专家委员会"中抽选专家组成评级小组，对《中国南方电网 2013 年企业社会责任报告》（以下简称《报告》）进行评级。

（一）评级依据

《中国企业社会责任报告编写指南（CASS-CSR3.0)》暨《中国企业社会责任报告评级标准（2014)》。

（二）评级过程

1. 过程性评估小组访谈中国南方电网公司社会责任负责部门成员。

2. 过程性评估小组现场审查覆盖中国南方电网公司和下属单位的社会责任报告编写过程相关资料。

3. 评级小组对企业社会责任报告的管理过程进行评价。

4. 评级小组对《报告》的披露内容进行评价。

（三）评级结论

过程性（★★★★★）

由公司企业战略策划部牵头成立报告编写组，高层领导参与启动、推进及审议；编写组对利益相关方进行识别与排序，并以咨询、座谈、研讨等多种方式对其意见进行深度调查，根据调查结果及公司重大事项、国家相关政策、行业对标对实质议题进行界定；拟定在公司"社会责任周"上发布报告，并将以印刷品、电子版、二维码链接和多语种等形式呈现报告，具有卓越的过程性表现。

实质性（★★★★★）

《报告》系统披露了"保障电力供应"、"保障农村及边远地区用电"、"综合停电管理的制度措施"、"提供优质服务"、"员工权益保护"、"安全生产"、"设备管理"、"提高电力输送效率"、"绿色供电的制度及措施"等电力供应业关键性议题，叙述详细充分，具有卓越的实质性表现。

完整性（★★★★☆）

《报告》从"责任专题"、"战略管理"、"电力供应"、"绿色环保"、"经济绩效"、"社会和谐"、"责任管理"等角度披露了电力供应业核心指标的84.5%，完整性表现领先。

平衡性（★★★★★）

《报告》披露了"重大及以上电力安全事故"、"重大及以上设备事故"等负面数据信息，并以专题形式，对公司区域"人身事故"的原因、经过和改进措施进行详细系统的披露，平衡性表现卓越。

可比性（★★★★★）

《报告》披露了45个关键绩效指标连续5年的历史数据，并就"客户年平均停电时间"、"线损率"与国内、国际行业平均水平进行对比，可比性表现卓越。

可读性（★★★★★）

《报告》框架清晰，篇幅适宜，语言流畅；设计精美，图片、图表、流程图等多种表达方式与文字叙述浑然一体；各篇章色调与内容主体相呼应，提高了报告的阅读性；特别开设"延伸阅读"、"报告术语索引"等补充栏目，利于读者了解，具有卓越的可读性表现。

创新性（★★★★☆）

《报告》开篇以专题形式，详细介绍企业在供电及服务方面的责任实践重点，特别是"心系广袤乡土　倾情普遍服务"专题，对报告展开起到重要铺垫作用；并对过程管理在报告编制模式创新上的作用进行专题阐述，创新性表现领先。

综合评级（★★★★★）

经评级小组评价，《中国南方电网2013年企业社会责任报告》为五星级，是一份卓越的企业社会责任报告。

（四）改进建议

增加行业核心指标的披露，进一步提高报告的完整性。

评级小组

组长：中国社会科学院经济学部企业社会责任研究中心主任　钟宏武

成员：中国电力企业联合会秘书长　王志轩

中国企业联合会企业创新工作部主任　程多生

《中国电力企业管理》杂志社社长　张海洋

过程性评估小组：中心主任　钟宏武
　　　　　　　　中心评价部　方小静

评级专家委员会主席　　　　　　　评级小组组长
中心常务副理事长　　　　　　　　中心主任

二、《中国石油化工集团公司 2013 年社会责任报告》评级报告

中国社会科学院经济学部企业社会责任研究中心（以下简称"中心"）受中国石油化工集团公司委托，从"中国企业社会责任报告评级专家委员会"中抽选专家组成评级小组，对《中国石油化工集团公司 2013 年社会责任报告》（以下简称《报告》）进行评级。

（一）评级依据

《中国企业社会责任报告编写指南（CASS-CSR 3.0)》暨《中国企业社会责任报告评级标准（2014)》。

（二）评级过程

1. 过程性评估小组访谈中国石油化工集团公司社会责任负责部门成员。

2. 过程性评估小组现场审查覆盖中国石油化工集团公司和下属单位的社会责任报告编写过程相关资料。

3. 评级小组对企业社会责任报告的管理过程进行评价。

4. 评级小组对《报告》的披露内容进行评价。

（三）评级结论

过程性（★★★★☆）

由集团公司企业思想政治工作部牵头成立报告编写组，高层领导参与启动及审议；编写组对利益相关方进行识别，并对部分利益相关方进行意见调查，根据调查结果及公司重大事项、国家相关政策、行业对标等对实质议题进行界定；拟订报告发布方案，并将以印刷品及简版、电子版和多语种等形式呈现报告，具有领先的过程性表现。

实质性（★★★★★）

《报告》系统披露了"保障能源供应"、"职业健康管理"、"产品服务质量管理"、"安全生产管理与应急"、"产品运输安全保障"、"开发新能源"、"循环经济"、"生产作业区生态保护与修复"等石油与天然气开采与加工业关键性议题，叙述详细充分，具有卓越的实质性。

完整性（★★★★☆）

《报告》从"责任管理"、"清洁能源"、"安全生产"、"生态文明"、"关爱员工"、"和谐社会"、"海外社会责任"等方面披露了石油与天然气开采与加工业核心指标

的 88.5%，完整性表现领先。

平衡性（★★★★★）

《报告》披露了"新增职业病病例数"、"安全生产事故数、死亡人数"等负面数据信息，并对"11·22东黄输油管道泄漏爆炸特别重大事故"的原因及应对措施进行专题报道，平衡性表现卓越。

可比性（★★★★★）

《报告》披露了 34 个关键绩效指标连续 3 年的历史数据，并就加油站总数、成品油生产量等指标在国内、全球行业内进行对比，可比性表现卓越。

可读性（★★★★★）

《报告》框架清晰，篇幅适宜，语言流畅，案例和专题结合得当；图片、图表、流程图等表达方式丰富，设计风格清新，并对专业词汇进行详细解释；社会责任报告简版和微博推送等传播方式，便于相关方获取和阅读，具有卓越的可读性。

创新性（★★★★☆）

《报告》以社会责任大事记开篇，突出企业年度责任重点；并对海外社会责任进行专题报道，有利于相关方全面了解企业社会责任实践，创新性表现领先。

综合评级（★★★★★）

经评级小组评价，《中国石油化工集团公司 2013 年社会责任报告》为五星级，是一份卓越的企业社会责任报告。

（四）改进建议

进一步完善报告编写流程，提高内外部利益相关方的参与度。

评级小组

组长：中国社会科学院经济学部企业社会责任研究中心主任　钟宏武

成员：中国企业联合会企业创新工作部主任　程多生

　　　北方工业大学经济管理学院副教授　魏秀丽

过程性评估小组：中心常务副主任　孙孝文

　　　　　　　　中心评价部　翟利峰　王梦娟

评级专家委员会主席　　　　　　　　　　　　评级小组组长

中心常务副理事长　　　　　　　　　　　　　中心主任

三、《中国黄金集团公司 2013 年社会责任报告》评级报告

中国社会科学院经济学部企业社会责任研究中心（以下简称"中心"）受中国黄金集团公司委托，从"中国企业社会责任报告评级专家委员会"中抽选专家组成评级小组，对《中国黄金集团公司 2013 年社会责任报告》（以下简称《报告》）进行评级。

（一）评级依据

《中国企业社会责任报告编写指南（CASS-CSR 3.0)》暨《中国企业社会责任报告评级标准（2014)》。

（二）评级过程

1. 过程性评估小组访谈中国黄金集团公司社会责任部门成员。

2. 过程性评估小组现场审查中国黄金集团公司及下属企业社会责任报告编写过程相关资料。

3. 评级小组对企业社会责任报告的管理过程及《报告》的披露内容进行评价。

（三）评级结论

过程性（★★★★☆）

由集团公司社会责任工作指导委员会牵头成立报告编写组，高层领导参与编写推进及报告审定；编写组对利益相关方进行识别，并以座谈会形式收集部分相关方意见；根据相关方意见、公司重大事项、国家相关政策、行业对标分析等对实质性议题进行界定；计划召开嵌入式发布会，并将以印刷品、电子版等形式呈现报告，具有领先的过程性表现。

实质性（★★★★★）

《报告》系统披露了"职业健康管理"、"安全生产"、"环境管理体系"、"环保技术和设备的研发与应用"、"节约土地资源"、"减少'三废'排放"、"残矿回收"等一般采矿业关键性议题，叙述详细充分，具有卓越的实质性表现。

完整性（★★★★☆）

《报告》系统披露了"经济绩效，价值黄金"、"安全健康，平安黄金"、"环保节能，绿色黄金"、"和谐共赢，幸福黄金"等方面的关键指标，涵盖了一般采矿业 86%的核心指标，完整性表现领先。

平衡性（★★★★☆）

《报告》披露了"安全生产事故数"、"员工伤亡人数"、"职业病发生人数"、"员工流失率"等负面数据信息，并以案例形式，对"西藏3·29地质灾害救援"事件进行回应，平衡性表现领先。

可比性（★★★★★）

《报告》披露了"纳税总额"、"员工人数"、"安全生产投入"等52个关键绩效指标连续3年以上的历史数据，并对"营业收入"、"黄金储量"等指标进行横向比较，可比性表现卓越。

可读性（★★★★★）

《报告》框架清晰，语言流畅，案例详尽；使用图片、表格等丰富的表达方式，与文字叙述相得益彰；排版精美，设计风格具有行业特色，并对专业词汇进行解释，显著提高了报告的悦读性，具有卓越的可读性表现。

创新性（★★★★☆）

《报告》开篇设置专题，详述企业在"绿色矿山"、"管理提升"方面取得的成绩，便于读者快速了解企业年度履责重点；特设专版介绍"报告编写流程"，提升了报告管理透明度，创新性表现领先。

综合评级（★★★★★）

经评级小组评价，《中国黄金集团公司2013年社会责任报告》为五星级，是一份卓越的企业社会责任报告。

（四）改进建议

提高利益相关方参与度，进一步加强报告过程性管理。

评级小组

组长：中国社会科学院经济学部企业社会责任研究中心主任　钟宏武

成员：清华大学创新与社会责任研究中心主任　邓国胜

　　　《企业观察报》编辑　侯明辉

　　　中心过程性评估员　方小静　王梦娟

评级专家委员会主席　　　　　　　　　　　评级小组组长

中心常务副理事长　　　　　　　　　　　　中心主任

四、《中国三星 2013 年社会责任报告》评级报告

中国社会科学院经济学部企业社会责任研究中心（以下简称"中心"）受中国三星委托，从"中国企业社会责任报告评级专家委员会"中抽选专家组成评级小组，对《中国三星 2013 年社会责任报告》（以下简称《报告》）进行评级。

（一）评级依据

《中国企业社会责任报告编写指南（CASS-CSR 3.0)》暨《中国企业社会责任报告评级标准（2014)》。

（二）评级过程

1. 访谈中国三星社会责任工作负责部门成员。

2. 现场审查覆盖中国三星总部、官方网站及下属单位的资料。

3. 对中国三星社会责任报告管理过程进行评价。

4. 对《中国三星 2013 年社会责任报告》的披露内容进行评价。

（三）评级结论

过程性（★★★★☆）

《报告》编写过程较规范，设有专属部门负责，对核心议题识别严谨，编写期间积极听取利益相关方意见，并开展了专门的培训，制订了报告发布会方案及反馈计划，过程性管理较好。

实质性（★★★★★）

《报告》涵盖了"产品质量管理"、"产品技术创新"、"供应链 CSR 管理"、"职业健康管理"、"环保产品的研发与应用"、"安全生产"等电子产品及电子元器件制造业的关键性议题，叙述详细充分，实质性表现卓越。

完整性（★★★★☆）

《报告》从"责任治理"、"与员工同享成长快乐"、"与客户共享美好生活"、"与伙伴共担企业责任"、"为地球保护绿色生态"、"与社区分享经营成果"等方面披露了所在行业核心指标的 84.3%，具有较好的完整性。

平衡性（★★★★☆）

《报告》披露了"工伤事故数"、"工伤事故率"等负面数据信息，并对手机"字库门"事件的过程及后续处理措施进行了详细披露，具有很好的平衡性。

可比性（★★★★★）

《报告》披露了 56 个关键绩效指标连续 3 年的历史数据，可比性表现卓越。

可读性（★★★★★）

《报告》框架清晰，结构合理，语言流畅，案例详尽；数据表、流程图、图片等表达方式丰富，设计风格清新，并对专业词汇进行了解释，可读性表现卓越。

创新性（★★★★☆）

《报告》披露了企业利益相关方及社会责任实质性议题的识别方法与过程，并就报告沟通进行专项介绍，报告管理方法具前瞻性，利于发挥报告价值，具有领先的创新性表现。

综合评级（★★★★★）

经评级小组评价，《中国三星2013年社会责任报告》为五星级，是一份卓越的企业社会责任报告。

（四）改进建议

进一步完善报告编写流程，提升利益相关方参与度。

评级小组

组长：中国企业联合会企业创新工作部主任　程多生

成员：《WTO经济导刊》副社长　殷格非

　　　北方工业大学经济管理学院副教授　魏秀丽

评级专家委员会主席　　　　　　　　　　　　评级小组组长

中心常务副理事长　　　　　　　　　　　　　中心副理事长

五、《中国移动通信集团公司 2013 年可持续发展报告》评级报告

中国社会科学院经济学部企业社会责任研究中心（以下简称"中心"）受中国移动通信集团公司（以下简称"中国移动"）委托，从"中国企业社会责任报告评级专家委员会"中抽选专家组成评级小组，对《中国移动通信集团公司 2013 年可持续发展报告》（以下简称《报告》）进行评级。

（一）评级依据

《中国企业社会责任报告编写指南（CASS-CSR 3.0)》暨《中国企业社会责任报告评级标准（2014)》。

（二）评级过程

1. 过程性评估小组访谈中国移动社会责任负责部门成员。

2. 过程性评估小组现场审查覆盖中国移动和下属单位的可持续发展报告编写过程相关资料。

3. 评级小组对企业可持续发展报告的管理过程进行评价。

4. 评级小组对《报告》的披露内容进行评价。

（三）评级结论

过程性（★★★★★）

由集团公司发展战略部牵头成立编写组，高层领导参与启动、推进及审议；编写组对利益相关方进行识别与排序，并对利益相关方意见进行调查，根据调查结果及公司重大事项、国家相关政策、行业对标对实质议题进行界定；拟定专项报告发布会，并将以印刷品、电子版、多语种、《客户沟通专册》等多种形式呈现报告，具有卓越的过程性表现。

实质性（★★★★★）

《报告》系统披露了"确保通信质量"、"资费透明"、"产品服务创新"、"客户信息保护"、"缩小数字鸿沟"、"基站设施共建共享措施"、"电磁辐射管理"等通信服务业关键性议题，叙述详尽，具有卓越的实质性表现。

完整性（★★★★☆）

《报告》以"和"为主题，从"可持续发展战略与管理"、"和股东共创可持续价值"、"和客户共享安心服务"、"和员工共促和谐成长"、"和社区共筑美好家园"、"和环境共赢绿色明天"等方面披露了通信服务业核心指标的80%，完整性表现

领先。

可平衡性（★★★★）

《报告》披露了"年度安全生产责任事故数"、"反竞争行为法律诉讼数"、"污染排放违规行为数"、"安全隐患数"、"隐患整改率"等负面指标信息，平衡性表现优秀。

可比性（★★★★★）

《报告》披露了65个关键绩效指标连续3年的历史数据，并就"百万客户申诉率"等进行行业内对比，可比性表现卓越。

可读性（★★★★★）

《报告》结构清晰，篇幅适宜，语言流畅，图片、图表、流程图等表达方式多样，整体设计符合公司新品牌理念，标识度高；并通过《客户沟通专册》等有针对性地向特定相关方披露企业责任实践，具有卓越的可读性表现。

创新性（★★★★☆）

《报告》各板块开篇设置利益相关方的期望与企业的回应，概括企业社会责任工作成绩；"城乡共享信息化未来"专题突出了企业的社会责任特性；可持续发展绩效加入文字阐述，利于相关方了解，创新性表现领先。

综合评级（★★★★★）

经评级小组评价，《中国移动通信集团公司2013年可持续发展报告》为五星级，是一份卓越的企业社会责任报告。

（四）改进建议

增加企业负面数据信息和负面事件分析的披露，提高报告的平衡性。

评级小组

组长：中国社会科学院经济学部企业社会责任研究中心主任　钟宏武

成员：清华大学创新与社会责任研究中心主任　邓国胜

中国企业公民委员会副会长　刘卫华

过程性评估小组：清华大学创新与社会责任研究中心主任　邓国胜

中心评价部　翟利峰　方小静

评级专家委员会主席　　　　　　　　　　评级小组组长

中心常务副理事长　　　　　　　　　　　中心主任

六、《中国华电集团公司 2013 年社会责任报告》评级报告

中国社会科学院经济学部企业社会责任研究中心（以下简称"中心"）受中国华电集团公司委托，从"中国企业社会责任报告评级专家委员会"中抽选专家组成评级小组，对《中国华电集团公司 2013 年社会责任报告》（以下简称《报告》）进行评级。

（一）评级依据

《中国企业社会责任报告编写指南（CASS-CSR 3.0）》暨《中国企业社会责任报告评级标准（2014）》。

（二）评级过程

1. 过程性评估小组访谈中国华电集团公司社会责任部门成员。

2. 过程性评估小组现场审查中国华电集团公司和下属单位的社会责任报告编写过程相关资料。

3. 评级小组对企业社会责任报告的管理过程及《报告》的披露内容进行评价。

4. 本次评级基于企业诚信和可靠性保证做出。

（三）评级结论

过程性（★★★★☆）

由集团公司办公厅牵头成立社会责任报告编写小组，高层领导参与推进及审定；编写组对利益相关方进行识别与排序，并对部分利益相关方意见进行调查，根据利益相关方调查、公司重大事项、行业对标等对实质性议题进行界定；公司计划召开报告专项发布会，并将以印刷品、电子版等形式呈现报告，具有领先的过程性表现。

实质性（★★★★★）

《报告》系统披露了"贯彻宏观政策"、"保障电力供应"、"安全生产"、"发展绿色电力"、"节约资源能源"、"发展循环经济"、"厂区及周边环境治理"等电力生产业关键性议题，叙述详细充分，具有卓越的实质性表现。

完整性（★★★★☆）

《报告》从"可持续发展蓝图"、"结构优化"、"产业发展"、"技术创新"、"生态文明"、"经济效益"、"员工成长"、"社会和谐"、"特色实践"等方面披露了电力生产业核心指标的 88%，完整性表现领先。

平衡性（★★★★☆）

《报告》披露了"人身伤亡事故"、"重大及以上设备事故"等负面指标，并对"系统员工人身伤亡事故"的改进措施，以及"环保部处罚"事件的经过、应对措施和成效进行详细披露，平衡性表现领先。

可比性（★★★★★）

《报告》披露了 82 个关键绩效指标连续 3 年的历史数据，并就"社会责任发展指数"、部分分公司的"机组平均煤耗"等进行全国行业内对比，具有卓越的可比性。

可读性（★★★★★）

《报告》框架清晰，逻辑清楚，语言流畅；采用图片、图表、流程图等多种表达方式，与文字叙述浑然一体，设计精美；案例与专题各成特色，特别开设"报告流程"、"报告术语解释"等补充栏目，利于读者了解，具有卓越的可读性表现。

创新性（★★★★☆）

《报告》增设"2013 年特色实践"章节，以 7 个案例专题形式，集中详细介绍企业在绿色环保、清洁能源、生态平衡及普惠民生等方面的责任实践重点及亮点，令人耳目一新，创新性表现领先。

综合评级（★★★★★）

经评级小组评价，《中国华电集团公司 2013 年社会责任报告》为五星级，是一份卓越的企业社会责任报告。

（四）改进建议

加强报告过程性管理，进一步提高利益相关方参与度。

评级小组

组长：新华网副总裁　魏紫川

成员：《WTO 经济导刊》副社长　殷格非
　　　中国企业联合会全球契约推进办公室主任　韩斌

过程性评估小组：中国企业联合会全球契约推进办公室主任　韩斌
　　　　　　　　中心评价部　方小静　张晓丹

评级专家委员会主席　　　　　　　　　　评级小组组长
中心常务副理事长　　　　　　　　　　　中心副理事长

七、《中国建筑2013年可持续发展报告》评级报告

中国社会科学院经济学部企业社会责任研究中心（以下简称"中心"）受中国建筑股份有限公司（简称"中国建筑"）委托，从"中国企业社会责任报告评级专家委员会"中抽选专家组成评级小组，对《中国建筑2013年可持续发展报告》（以下简称《报告》）进行评级。

（一）评级依据

《中国企业社会责任报告编写指南（CASS-CSR 3.0)》暨《中国企业社会责任报告评级标准（2014)》。

（二）评级过程

1. 过程性评估小组访谈中国建筑社会责任负责部门成员。

2. 过程性评估小组现场审查覆盖中国建筑总部和下属单位的社会责任报告编写过程相关资料。

3. 评级小组对企业可持续发展报告的管理过程进行评价。

4. 评级小组对《报告》的披露内容进行评价。

（三）评级结论

过程性（★★★★☆）

由公司企业文化部牵头成立报告编写组，高层领导参与启动、推进及审议；编写组对利益相关方进行识别与排序，并对利益相关方意见进行调查，根据调查结果及公司重大事项、行业对标对实质议题进行界定；拟订报告发布方案，将以印刷品、电子版、移动客户端和多语种等形式呈现报告，具有领先的过程性表现。

实质性（★★★★★）

《报告》系统披露了"建筑质量管理"、"产品创新"、"农民工权益保护"、"承包商管理制度与措施"、"安全生产"、"噪声、粉尘、建筑垃圾管理"、"绿色建材使用"等建筑业关键性议题，叙述详细充分，具有卓越的实质性表现。

完整性（★★★★☆）

《报告》从"责任管理"、"股东价值"、"客户品质"、"生态和谐"、"员工发展"、"伙伴成长"、"行业进步"、"社区繁荣"等方面披露了建筑业核心指标的88%，完整性表现领先。

平衡性（★★★★☆）

《报告》披露了"生产安全责任事故起数下降率"、"死亡人数同比下降率"、

"亿元产值死亡率"等负面数据信息，并对"管理失职事件"的原因及后续改进措施进行叙述，平衡性表现领先。

可比性（★★★★★）

《报告》披露了 38 个关键绩效指标连续 3 年以上的历史数据，并就专利授权数、企业社会责任排名、建筑业总产值占比等较多数据与全国行业水平进行对比，可比性表现卓越。

可读性（★★★★★）

《报告》框架清晰，篇幅适宜，语言流畅；运用图片、图表、流程图等多种表达方式，设计风格具有建筑行业特色，中英文版本充分考虑国内外利益相关方的需要，具有卓越的可读性表现。

创新性（★★★★☆）

《报告》开篇对报告编制过程、实质性议题分析过程等报告管理议题进行披露；各篇章均以"梦"为主线，对各利益相关方进行全面回应；篇尾以专题形式阐述了社会责任重点实践，创新性表现领先。

综合评级（★★★★★）

经评级小组评价，《中国建筑 2013 年可持续发展报告》为五星级，是一份卓越的企业社会责任报告。

（四）改进建议

进一步完善报告编写流程，提高内外部利益相关方的参与度。

评级小组

组长：中国社会科学院经济学部企业社会责任研究中心主任　钟宏武

成员：清华大学创新与社会责任研究中心主任　邓国胜

　　　上海证券交易所高级经理　杨金忠

过程性评估小组：中心常务副主任　孙孝文

　　　　　　　　中心评价部　翟利峰　方小静

评级专家委员会主席　　　　　　　　评级小组组长

中心常务副理事长　　　　　　　　　中心主任

八、《中国电子科技集团公司 2013 年企业社会责任报告》评级报告

中国社会科学院经济学部企业社会责任研究中心（以下简称"中心"）受中国电子科技集团公司委托，从"中国企业社会责任报告评级专家委员会"中抽选专家组成评级小组，对《中国电子科技集团公司 2013 年企业社会责任报告》（以下简称《报告》）进行评级。

（一）评级依据

《中国企业社会责任报告编写指南（CASS-CSR 3.0)》暨《中国企业社会责任报告评级标准（2014)》。

（二）评级过程

1. 过程性评估小组访谈中国电子科技集团公司社会责任部门成员。

2. 过程性评估小组现场审查中国电子科技集团公司及下属企业社会责任报告编写过程相关资料。

3. 评级小组对企业社会责任报告的管理过程及《报告》的披露内容进行评价。

（三）评级结论

过程性（★★★★☆）

由集团公司质量安全与社会责任部牵头成立报告编写组，高层领导参与编写推进及报告审定；编写组对利益相关方进行识别，并以调查问卷形式收集相关方意见；根据相关方意见、公司重大事项、国家相关政策及行业对标分析等对实质性议题进行界定；计划召开专项发布会，并将以印刷品、电子版等形式呈现报告，具有领先的过程性表现。

实质性（★★★★★）

《报告》系统披露了"客户关系管理"、"产品质量管理"、"产品科技创新"、"职业健康安全管理"、"环保技术和设备的研发与应用"、"节约资源能源"等特种设备制造业关键性议题，叙述详细充分，具有卓越的实质性表现。

完整性（★★★★☆）

《报告》从"核心责任"、"市场绩效"、"环境绩效"、"社会绩效"、"责任管理"等角度，系统披露了特种设备制造业 83.0%的核心指标，完整性表现领先。

平衡性（★★★★★）

《报告》披露了"安全生产事故数"、"责任事故员工死亡人数"、"职业病发生

数"等负面数据信息；并以案例形式，对子公司技术事故发生的原因、处理过程及改进措施进行阐述，平衡性表现卓越。

可比性（★★★★★）

《报告》披露了"利润总额"、"研发投入"、"环保总投资"等43个关键绩效指标连续3年的历史数据，并就"营业收入"等指标进行横向比较，可比性表现卓越。

可读性（★★★★★）

《报告》框架清晰，篇幅适宜，语言流畅；采用图片、表格等多种表现形式，与文字叙述相得益彰；各篇章色调与主题含义相呼应，使用水彩画设计风格，清新自然，显著提高了报告的悦读性，具有卓越的可读性表现。

创新性（★★★★☆）

《报告》设置"创新——驱动电科"责任专题，详述企业"科技创新"、"产业创新"及"管理创新"成效，突出企业年度战略重点；各篇章嵌入二维码链接，提供延伸阅读方式，便于读者进一步了解企业责任实践，具有领先的创新性表现。

综合评级（★★★★★）

经评级小组评价，《中国电子科技集团公司2013年企业社会责任报告》为五星级，是一份卓越的企业社会责任报告。

（四）改进建议

提高利益相关方参与度，进一步加强报告过程性管理。

评级小组

组长：中国社会科学院经济学部企业社会责任研究中心主任　钟宏武

成员：中国企业联合会全球契约推进办公室主任　韩斌

　　　北京工商大学经济学院副教授　郭毅

　　　中心过程性评估员　翟利峰　张晓丹

评级专家委员会主席　　　　　　　　　　评级小组组长

中心常务副理事长　　　　　　　　　　　中心主任

九、《中国铝业公司 2013 年社会责任报告》评级报告

中国社会科学院经济学部企业社会责任研究中心（以下简称"中心"）受中国铝业公司委托，从"中国企业社会责任报告评级专家委员会"中抽选专家组成评级小组，对《中国铝业公司 2013 年社会责任报告》（以下简称《报告》）进行评级。

（一）评级依据

《中国企业社会责任报告编写指南（CASS-CSR 3.0）》暨《中国企业社会责任报告评级标准（2014）》。

（二）评级过程

1. 过程性评估小组访谈中国铝业公司社会责任部门成员。

2. 过程性评估小组现场审查中国铝业公司及下属单位社会责任报告编写过程相关资料。

3. 评级小组对企业社会责任报告的管理过程及《报告》的披露内容进行评价。

4. 本次评级基于企业诚信和可靠性保证做出。

（三）评级结论

过程性（★★★★☆）

由公司研究室牵头成立社会责任报告编写组，高层领导参与推进及审定；编写组对利益相关方进行识别与排序，并对利益相关方意见进行调查，根据调查结果、公司重大事项、国家相关政策及行业对标对实质议题进行界定；公司拟订报告发布会方案，并将以印刷品、电子版和多语种等多种形式呈现报告，具有领先的过程性表现。

实质性（★★★★★）

《报告》系统披露了"职业健康管理"、"安全生产"、"资源储备"、"环境管理体系"、"节约土地资源"、"减少'三废'排放"、"残矿回收"、"矿区保育、尾矿处理和矿区生态保护"等一般采矿业关键性议题，叙述详细充分，具有卓越的实质性。

完整性（★★★★☆）

《报告》从"劳工实践"、"环境保护"、"公平运营"、"客户权益"、"和谐社区"等角度披露了一般采矿业核心指标的 88%，完整性表现领先。

平衡性（★★★★★）

《报告》披露了"人身伤亡事故数"、"千人负伤率"、"十万人死亡率"、"职业病发生次数"等负面数据信息，并对"兰州分公司环保违法"事件的原因和应对措

施进行披露，具有卓越的平衡性。

可比性（★★★★★）

《报告》披露了 50 个关键绩效指标连续 3 年的历史数据，并就"氧化铝产量"、"稀土分离产品产量"、"产量综合实力"等在行业内进行全国对比，可比性表现卓越。

可读性（★★★★★）

《报告》结构清晰，逻辑清楚，篇幅适宜，语言流畅；图片、图表、流程图等多种表达方式相辅相成，与主体设计浑然一体，便签设计便于阅读；同时对专业词汇进行解释，具有卓越的可读性。

创新性（★★★★☆）

《报告》以责任专题开篇，阐述企业在"社区发展"及"社会责任管理实践"方面的重要作为；对公司未来可持续发展进行 SWOT 全面分析，科学定位发展目标，创新性表现领先。

综合评级（★★★★★）

经评级小组评价，《中国铝业公司 2013 年社会责任报告》为五星级，是一份卓越的企业社会责任报告。

（四）改进建议

加强报告全生命周期管理，进一步提高报告的过程性。

评级小组

组长：中国社会科学院经济学部企业社会责任研究中心主任　钟宏武

成员：中山大学岭南学院教授　陈宏辉

　　　中心过程性评估员　张蕙　翟利峰　张晓丹

评级专家委员会主席　　　　　　　　评级小组组长
中心常务副理事长　　　　　　　　　中心主任

十、《中国电信集团公司2013年社会责任报告》评级报告

中国社会科学院经济学部企业社会责任研究中心（以下简称"中心"）受中国电信集团公司委托，从"中国企业社会责任报告评级专家委员会"中抽选专家组成评级小组，对《中国电信集团公司2013年社会责任报告》（以下简称《报告》）进行评级。

（一）评级依据

《中国企业社会责任报告编写指南（CASS-CSR 3.0)》暨《中国企业社会责任报告评级标准（2014)》。

（二）评级过程

1. 过程性评估小组访谈中国电信集团公司社会责任部门成员。

2. 过程性评估小组现场审查中国电信集团公司及下属单位社会责任报告编写过程相关资料。

3. 评级小组对企业社会责任报告的管理过程及《报告》的披露内容进行评价。

4. 本次评级基于企业诚信和可靠性保证做出。

（三）评级结论

过程性（★★★★☆）

由集团公司企业战略部牵头成立编写组，高层领导参与启动、推进及审定；编写组对利益相关方进行识别与排序，并对利益相关方意见进行调查，根据调查结果、公司重大事项、国家相关政策、行业对标分析等对实质议题进行界定；拟定报告发布方式，并将以印刷品、PDF版、电子书和多语种版本等形式呈现报告，具有领先的过程性表现。

实质性（★★★★★）

《报告》系统披露了"确保通信质量"、"资费透明"、"应对客户投诉"、"客户信息保护"、"营造健康网络环境"、"保障应急通信"、"缩小数字鸿沟"、"基站设施共建共享的措施"、"环保技术的研发与应用"、"电磁辐射管理"等通信服务业关键性议题，叙述详细充分，具有卓越的实质性表现。

完整性（★★★★☆）

《报告》从"责任管理"、"本质责任"、"客户责任"、"员工责任"、"环境责任"、"公益责任"、"中国电信在海外"等方面披露了通信服务业82%的核心指标，完整

性表现领先。

平衡性（★★★★★）

《报告》披露了"百万客户申诉率"、"申诉量"、"移动通信掉话率"、"职工千人责任死亡率"、"职工千人责任重伤率"等负面数据信息，并对"客户反映热点问题"及整改措施进行披露，平衡性表现卓越。

可比性（★★★★★）

《报告》披露了 74 个关键绩效指标连续 3 年的历史数据，并就"客户满意度"、"申诉量"、"百万客户申诉率"等进行行业内对比，可比性表现卓越。

可读性（★★★★☆）

《报告》框架合理，篇幅适宜，文字流畅，案例丰富，专题深入；图片、图表、流程图等表达方式丰富，生动展现企业责任特色；设计风格活泼明快，具有亲和力，并对专业词汇进行详细解释，具有领先的可读性。

创新性（★★★★☆）

《报告》以"责任专题"开篇，详细阐述企业在"区隔创新"、"中小学信息化"、"合同能源管理"方面的责任创新成效，突出年度责任亮点；加入"中国电信在海外"分报告，利于海外相关方了解企业责任实践，创新性表现领先。

综合评级（★★★★★）

经评级小组评价，《中国电信集团公司 2013 年社会责任报告》为五星级，是一份卓越的企业社会责任报告。

（四）改进建议

增加行业核心指标的披露，提高报告的完整性。

评级小组

组长：中国社会科学院经济学部企业社会责任研究中心主任　钟宏武

成员：清华大学创新与社会责任研究中心主任　邓国胜

中国企业联合会全球契约推进办公室主任　韩斌

中心过程性评估员　方小静　王梦娟

评级专家委员会主席　　　　　　　　　　评级小组组长

中心常务副理事长　　　　　　　　　　　中心主任

十一、《中国华能集团公司 2013 年可持续发展报告》评级报告

中国社会科学院经济学部企业社会责任研究中心（以下简称"中心"）受中国华能集团公司委托，从"中国企业社会责任报告评级专家委员会"中抽选专家组成评级小组，对《中国华能集团公司 2013 年可持续发展报告》（以下简称《报告》）进行评级。

（一）评级依据

《中国企业社会责任报告编写指南（CASS-CSR 3.0)》暨《中国企业社会责任报告评级标准（2014)》。

（二）评级过程

1. 过程性评估小组访谈中国华能集团公司社会责任部门成员。

2. 过程性评估小组现场审查中国华能集团公司及下属单位可持续发展报告编写过程相关资料。

3. 评级小组对企业可持续发展报告的管理过程及《报告》的披露内容进行评价。

4. 本次评级基于企业诚信和可靠性保证做出。

（三）评级结论

过程性（★★★★☆）

由集团公司政工部牵头成立编写组，高层领导参与编写推进及报告审定；编写组对利益相关方进行识别与排序，并对部分相关方意见进行调查；根据公司重大事项、国家相关政策、行业对标分析等对实质议题进行界定；拟订报告发布方案，并将以印刷品、电子版、多语种版本等形式呈现报告，具有领先的过程性表现。

实质性（★★★★★）

《报告》系统披露了"保障电力供应"、"安全生产"、"发展绿色电力"、"建设项目的环境评估制度"、"节约资源能源"、"发展循环经济"、"厂区及周边环境治理"等电力生产业关键性议题，叙述详细充分，具有卓越的实质性表现。

完整性（★★★★☆）

《报告》从"战略与管理"、"安全发展"、"优化发展"、"绿色发展"、"健康发展"、"创新发展"、"和谐发展"等角度披露了电力生产业核心指标的 84%，完整性表现领先。

平衡性（★★★★★）

《报告》披露了"一般设备事故数"、"人身伤亡事故数"、"一类障碍数"等负面数据信息，并以案例形式，对"龙山煤矿一井'9·1'事故"的原因及整改措施、"安全隐患排查与整改"的过程及结果进行详细披露，平衡性表现卓越。

可比性（★★★★★）

《报告》披露了 38 个关键绩效指标连续 5 年的历史数据，并就"装机容量"等在行业内进行国内外对比，可比性表现领先。

可读性（★★★★★）

《报告》框架清晰，结构匀称，层次分明，篇幅适宜，语言表达流畅；采用图片、表格、流程图等较多表达方式，色调清新自然，设计风格具有行业特色；且对专业词汇进行解释，利于读者理解，具有卓越的可读性表现。

创新性（★★★★☆）

《报告》开篇"可持续发展宣言"、"美丽华能在行动"等专题以及报告展望，全面地展现了企业的可持续发展要点、实践重点、责任目标和下一年度改进措施，层次分明、重点突出、目标明确，利于相关方对企业可持续发展现状和趋势做出综合判断，具有领先的创新性。

综合评级（★★★★★）

经评级小组评价，《中国华能集团公司 2013 年可持续发展报告》为五星级，是一份卓越的企业社会责任报告。

（四）改进建议

加强报告全生命周期管理，提高利益相关方参与度。

评级小组

组长：中国电力企业联合会秘书长　王志轩

成员：商道纵横总经理　郭沛源

　　　北方工业大学经济管理学院副教授　魏秀丽

　　　中心过程性评估员　方小静　王梦娟

评级专家委员会主席　　　　　　　　　评级小组组长

中心常务副理事长　　　　　　　　　　评级专家委员会委员

十二、《中国兵器工业集团公司 2013 年企业社会责任报告》评级报告

中国社会科学院经济学部企业社会责任研究中心（以下简称"中心"）受中国兵器工业集团公司委托，从"中国企业社会责任报告评级专家委员会"中抽选专家组成评级小组，对《中国兵器工业集团公司 2013 年企业社会责任报告》(以下简称《报告》）进行评级。

（一）评级依据

《中国企业社会责任报告编写指南（CASS-CSR 3.0)》暨《中国企业社会责任报告评级标准（2014)》。

（二）评级过程

1. 过程性评估小组访谈中国兵器工业集团公司社会责任部门成员。

2. 过程性评估小组现场审查中国兵器工业集团公司及下属单位社会责任报告编写过程相关资料。

3. 评级小组对企业社会责任报告的管理过程及《报告》的披露内容进行评价。

4. 本次评级基于企业诚信和可靠性保证做出。

（三）评级结论

过程性（★★★★☆）

由集团公司质量安全与社会责任部牵头成立编写组，高层领导参与推进及审定；编写组对利益相关方进行识别与排序，并通过意见征求会等方式对相关方意见进行收集；根据公司重大事项、国家相关政策、行业对标分析等对实质议题进行界定；将以印刷品、电子版等形式呈现报告，具有领先的过程性表现。

实质性（★★★★★）

《报告》系统披露了"贯彻宏观政策"、"客户关系管理"、"产品质量管理"、"产品科技创新"、"职业健康安全管理"、"安全生产"、"环保技术和设备的研发与应用"、"节约资源能源"等特种设备制造业关键性议题，叙述详细充分，具有卓越的实质性。

完整性（★★★★☆）

《报告》从"责任管理"、"心系和平"、"共创价值"、"致力和谐"、"践行绿色"等角度披露了特种设备制造业核心指标的 88.0%，完整性表现领先。

平衡性（★★★★★）

《报告》披露了"一般事故数"、"重大环境污染事故数"、"职业病发生次数"等负面数据信息，并以案例形式，对子公司"'2·25'火药爆炸事故"的原因及整改措施进行较详细的披露，平衡性表现卓越。

可比性（★★★★★）

《报告》披露了62个关键绩效指标连续3年的历史数据，并就"千人计划专家人数"等进行横向对比，可比性表现卓越。

可读性（★★★★★）

《报告》框架清晰，篇幅适宜，语言流畅；设计精美，采用图片、表格、流程图等多种表达方式，与文字叙述相得益彰；绿意主题设计清新自然，与企业环保理念相符合，提高了报告的悦读性，具有卓越的可读性表现。

创新性（★★★★☆）

《报告》以"内化于心，外化于形"的专题形式，详细阐述了企业的社会责任管理体系，各篇章均以专题案例形式结尾，生动展现企业在各责任议题内的重要实践，层次分明，一目了然，创新性表现领先。

综合评级（★★★★★）

经评级小组评价，《中国兵器工业集团公司2013年社会责任报告》为五星级，是一份卓越的企业社会责任报告。

（四）改进建议

加强报告过程性管理，进一步提高利益相关方参与度。

评级小组

组长：中国社会科学院经济学部企业社会责任研究中心主任　钟宏武

成员：北方工业大学经济管理学院副教授　魏秀丽

　　　中心过程性评估员　翟利峰　王梦娟

评级专家委员会主席　　　　　　　　　评级小组组长

中心常务副理事长　　　　　　　　　　中心主任

十三、《中国建筑材料集团有限公司 2013 年社会责任报告》评级报告

中国社会科学院经济学部企业社会责任研究中心（以下简称"中心"）受中国建筑材料集团有限公司委托，从"中国企业社会责任报告评级专家委员会"中抽选专家组成评级小组，对《中国建筑材料集团有限公司 2013 年社会责任报告》（以下简称《报告》）进行评级。

（一）评级依据

《中国企业社会责任报告编写指南（CASS-CSR 3.0)》暨《中国企业社会责任报告评级标准（2014)》。

（二）评级过程

1. 过程性评估小组访谈中国建筑材料集团有限公司社会责任部门成员。

2. 过程性评估小组现场审查中国建筑材料集团有限公司及下属单位社会责任报告编写过程相关资料。

3. 评级小组对企业社会责任报告的管理过程及《报告》的披露内容进行评价。

（三）评级结论

过程性（★★★★☆）

由集团公司企业管理部社会责任与节能环保办公室负责报告编写，高层领导参与编写推进及报告审定；企业对利益相关方进行识别，并以问卷调查形式收集相关方意见；根据相关方调查结果、公司重大事项、国家相关政策等对实质性议题进行界定；拟定以嵌入发布会形式发布报告，并将以印刷品、电子版、手机APP 版等形式呈现报告，具有领先的过程性表现。

实质性（★★★★★）

《报告》系统披露了"产品质量管理"、"产品创新"、"职业健康管理"、"安全生产"、"环保技术和设备的研发与应用"、"节约能源、水资源"、"厂区周边环境治理"等非金属矿物制品业关键性议题，叙述详细充分，具有卓越的实质性表现。

完整性（★★★★★）

《报告》从"责任管理"、"市场绩效"、"科技创新"、"节能环保"、"员工关爱"、"企业公民"等角度，系统披露了非金属矿物制品业 90.0%的核心指标，完整性表现卓越。

平衡性（★★★★☆）

《报告》披露了"千人工伤事故率"、"轻伤人次"、"职业病新发病例数"、"累计职业病例数"等负面数据信息，并简述下属企业在环境改善与对外沟通上的改进措施，平衡性表现领先。

可比性（★★★★★）

《报告》披露了"营业收入"、"万元产值综合能耗"、"安全生产投入"等57个关键绩效指标连续3年以上的历史数据，并就"利润总额"、"水泥产量"等指标在行业内进行国际国内对比，可比性表现卓越。

可读性（★★★★☆）

《报告》框架清晰，语言流畅，案例详尽；使用图片、表格等多种表达方式，与文字叙述相得益彰；设计风格清新简洁，各篇章色调含义与其内容相呼应，提高了报告的悦读性，具有领先的可读性表现。

创新性（★★★★）

《报告》开篇以"责任足迹"的专题形式，绘制企业五年责任之路，便于相关方了解企业履责历程；多处嵌入相关方评价，提高了报告的客观性及可信度，创新性表现优秀。

综合评级（★★★★★）

经评级小组评价，《中国建筑材料集团有限公司2013年社会责任报告》为五星级，是一份卓越的企业社会责任报告。

（四）改进建议

增加对负面事件分析的披露，进一步提高报告的平衡性。

评级小组

组长：中国社会科学院经济学部企业社会责任研究中心主任　钟宏武

成员：中山大学岭南学院教授　陈宏辉

　　　中国企业联合会全球契约推进办公室主任　韩斌

　　　中心过程性评估员　翟利峰　张晓丹

评级专家委员会主席　　　　　　　　　　评级小组组长

中心常务副理事长　　　　　　　　　　　中心主任

第十五章　评级报告展示（四星半级）

一、《2013 年斗山 Infracore（中国）社会责任报告》评级报告

中国社会科学院经济学部企业社会责任研究中心（以下简称"中心"）受斗山（中国）投资有限公司委托，从"中国企业社会责任报告评级专家委员会"中抽选专家组成评级小组，对《2013 年斗山 Infracore（中国）社会责任报告》（以下简称《报告》）进行评级。

（一）评级依据

《中国企业社会责任报告编写指南（CASS-CSR 3.0)》暨《中国企业社会责任报告评级标准（2014)》。

（二）评级过程

1. 过程性评估小组访谈斗山 Infracore（中国）社会责任部门成员。

2. 过程性评估小组现场审查斗山 Infracore（中国）社会责任报告编写过程相关资料。

3. 评级小组对企业社会责任报告的管理过程及《报告》的披露内容进行评价。

（三）评级结论

过程性（★★★★☆）

由公司企业公共事务和管理部牵头成立报告编写组，高层领导参与编写启动、推进及报告审定；编写组对利益相关方进行识别，并通过调查问卷收集相关方意见；根据相关方意见、公司重大事项、中国国家相关政策、行业对标分析等对实质性议题进行界定；计划召开嵌入式发布会，并将以印刷品、电子版、手机APP 版等形式呈现报告，具有领先的过程性表现。

实质性（★★★★★）

《报告》系统披露了"产品质量管理"、"产品创新"、"职业健康管理"、"安全生

产"、"环保产品的研发和销售"、"减少'三废'排放"、"报废设备的回收再利用"等机械设备制造业关键性议题，叙述详细充分，具有卓越的实质性表现。

完整性（★★★★☆）

《报告》系统披露了"责任管理"、"技术领先"、"品质经营"、"人才第一"、"绿色生态"、"和谐共赢"等方面的关键指标，涵盖了机械设备制造业85%的核心指标，完整性表现领先。

平衡性（★★★★）

《报告》披露了"年度新增职业病人数"、"企业累计职业病数"、"安全生产事故数"、"因事故伤亡员工人数"、"员工流失率"等负面数据信息，平衡性表现优秀。

可比性（★★★★★）

《报告》披露了"员工总数"、"研发投入"、"安全生产投入"等60个关键绩效指标连续3年以上的历史数据，可比性表现卓越。

可读性（★★★★☆）

《报告》框架清晰，篇幅适宜，语言流畅；排版精美，设计风格清新自然，图片、表格等表达方式丰富，与文字叙述相得益彰，并对专业词汇进行解释，显著提高了报告的悦读性，具有领先的可读性表现。

创新性（★★★★☆）

《报告》各章开篇均引用"斗山信条"，理念突出，充分体现了企业文化中的社会责任基因，对企业实践具有指导意义；多处引入相关方评价，提高了报告的客观性和可信度，创新性表现领先。

综合评级（★★★★☆）

经评级小组评价，《2013年斗山Infracore（中国）社会责任报告》为四星半级，是一份领先的企业社会责任报告。

（四）改进建议

增加负面事件详细信息的披露，提高报告的平衡性。

评级小组

组长：新华网副总裁　魏紫川

成员：北方工业大学经济管理学院副教授　魏秀丽
　　　中国社会科学院经济学部企业社会责任研究中心常务副主任　张蒽
　　　中心过程性评估员　方小静　王梦娟

评级专家委员会副主席　　　　　　　　　评级小组组长
中心常务副理事长　　　　　　　　　　　中心副理事长

二、《LG（中国）2013年社会责任报告》评级报告

中国社会科学院经济学部企业社会责任研究中心（以下简称"中心"）受乐金电子（中国）有限公司委托，从"中国企业社会责任报告评级专家委员会"中抽选专家组成评级小组，对《LG（中国）2013年社会责任报告》（以下简称《报告》）进行评级。

（一）评级依据

《中国企业社会责任报告编写指南（CASS-CSR 3.0)》暨《中国企业社会责任报告评级标准（2014)》。

（二）评级过程

1. 过程性评估小组访谈乐金电子（中国）有限公司社会责任部门成员。

2. 过程性评估小组现场审查乐金电子（中国）有限公司及其姊妹社社会责任报告编写过程相关资料。

3. 评级小组对企业社会责任报告的管理过程及《报告》的披露内容进行评价。

（三）评级结论

过程性（★★★★☆）

由公司对外合作部牵头成立报告编写组，各姊妹社高层领导参与编写推进及报告审定；编写组对利益相关方进行识别，并以座谈会形式收集相关方意见；根据相关方意见、中国国家相关政策、行业对标分析对实质性议题进行界定；拟定在公司官方网站发布报告，并将以印刷品、电子版等形式呈现报告，具有领先的过程性表现。

实质性（★★★★★）

《报告》系统披露了"产品质量管理"、"产品技术创新"、"供应链社会责任管理"、"职业健康管理"、"安全生产"、"环保产品的研发与应用"、"重金属管理"、"产品和包装回收再利用"等所在行业关键性议题，叙述详细充分，具有卓越的实质性表现。

完整性（★★★★☆）

《报告》从"社会责任管理"、"正道经营"、"尊重人的经营"、"让客户更满意"、"让科技充满绿色"、"共享价值"等角度披露了所在行业80.0%的核心指标，完整性表现领先。

平衡性 （★★★☆）

《报告》披露了"安全生产事故数"、"受伤人数"、"新增职业病次数"、"员工流失率"等负面数据信息，平衡性表现良好。

可比性 （★★★★★）

《报告》披露了"科研投入"、"出厂合格率"、"客户满意度"、"培训次数"、"三废排放量"等53个关键绩效指标连续3年的历史数据，可比性表现卓越。

可读性 （★★★★★）

《报告》框架清晰，篇幅适宜，案例丰富，语言流畅；采用图片、表格、流程图等多种表现形式，与文字叙述相得益彰；排版精美，设计风格清新典雅，提高了报告的悦读性，具有卓越的可读性表现。

创新性 （★★★☆）

《报告》系统披露了报告编写流程及实质性议题辨识过程，提高了过程性管理的透明度；"未来展望"部分图文并茂地展现企业近期计划，利于读者阅读，具有良好的创新性表现。

综合评级 （★★★★☆）

经评级小组评价，《LG（中国）2013年社会责任报告》为四星半级，是一份领先的企业社会责任报告。

（四）改进建议

增加负面事件详细信息的披露，提高报告的平衡性。

评级小组

组长：新华网副总裁　魏紫川

成员：清华大学创新与社会责任研究中心主任　邓国胜

　　　中国社会科学院经济学部企业社会责任研究中心常务副主任　张蒽

　　　中心过程性评估员　方小静　王志敏

评级专家委员会副主席　　　　　　　　　评级小组组长

中心常务副理事长　　　　　　　　　　　中心副理事长

三、《中国松下企业社会责任报告 2013 年》评级报告

中国社会科学院经济学部企业社会责任研究中心（以下简称"中心"）受松下电器（中国）有限公司委托，从"中国企业社会责任报告评级专家委员会"中抽选专家组成评级小组，对《中国松下企业社会责任报告 2013 年》（以下简称《报告》）进行评级。

（一）评级依据

《中国企业社会责任报告编写指南（CASS-CSR 3.0)》暨《中国企业社会责任报告评级标准（2014)》。

（二）评级过程

1. 过程性评估小组访谈中国松下社会责任部门成员。

2. 过程性评估小组现场审查中国松下及下属单位社会责任报告编写过程相关资料。

3. 评级小组对企业社会责任报告的管理过程及《报告》的披露内容进行评价。

4. 本次评级基于企业诚信和可靠性保证做出。

（三）评级结论

过程性（★★★★☆）

由公司公共关系部牵头成立编写组，高层领导参与编制及审定；编写组对利益相关方进行识别与排序，并以问卷调查、意见征求会等方式收集相关方意见；根据公司重大事项、中国国家相关政策、行业对标分析对实质性议题进行界定；拟定在公司"35 周年庆典"期间对报告进行推广，并计划在公司生活馆展示报告；将以印刷品、电子版等形式呈现报告，具有领先的过程性表现。

实质性（★★★★★）

《报告》详细披露了"产品质量管理"、"产品创新"、"售后服务体系"、"家电召回"、"安全生产"、"员工权益保护"、"环保产品的研发和销售"、"产品和包装回收再利用"等所在行业关键性议题，叙述详细充分，具有卓越的实质性。

完整性（★★★★☆）

《报告》从"政府责任"、"员工责任"、"环境责任"、"伙伴责任"、"客户责任"、"社区责任"等角度披露了所在行业 80.0% 的核心指标，完整性表现领先。

平衡性（★★★★）

《报告》披露了"职业病发生率"、"重大安全生产事故数"、"工伤事故率"等负

面数据信息，并对"部分型号电冰箱召回"的进度及完成情况进行披露，平衡性表现优秀。

可比性（★★★★☆）

《报告》披露了33个关键绩效指标连续3年的历史数据，并就"投影机市场占有率"、"申请发明专利数"等指标在行业内进行对比，可比性表现领先。

可读性（★★★★★）

《报告》框架合理，篇幅适宜，语言优美；图表、流程图等表达方式丰富，与文字叙述相辅相成；报告设计精美，整体感强，色调清新，并对专业词汇进行解释，显著提高了报告的悦读性，具有卓越的可读性表现。

创新性（★★★★☆）

《报告》以"倾听你的声音，做最值得信赖的伙伴"为主题，系统回顾了公司35年在华经营历程和当年责任重点，通过"我们倾听的声音"、"我们采取的行动"总结相关方诉求及公司回应措施，主线明确、内容突出、互动性强，具有领先的创新性。

综合评级（★★★★☆）

经评级小组评价，《中国松下企业社会责任报告2013年》为四星半级，是一份领先的企业社会责任报告。

（四）改进建议

增加负面数据信息及负面事件的披露，进一步提高报告的平衡性。

评级小组

组长：中国企业联合会企业创新工作部主任　程多生

成员：北方工业大学经济管理学院副教授　魏秀丽

　　　中国社会科学院企业社会责任研究中心常务副主任　张蒽

　　　中心过程性评估员　方小静　王梦娟

评级专家委员会主席
中心常务副理事长

评级小组组长
中心副理事长

四、《华润（集团）有限公司 2013 年社会责任报告》评级报告

中国社会科学院经济学部企业社会责任研究中心（以下简称"中心"）受华润（集团）有限公司委托，从"中国企业社会责任报告评级专家委员会"中抽选专家组成评级小组，对《华润（集团）有限公司 2013 年社会责任报告》（以下简称《报告》）进行评级。

（一）评级依据

《中国企业社会责任报告编写指南（CASS-CSR 3.0)》暨《中国企业社会责任报告评级标准（2014)》。

（二）评级过程

1. 过程性评估小组访谈华润（集团）有限公司社会责任部门成员。

2. 过程性评估小组现场审查华润（集团）有限公司及下属单位社会责任报告编写过程相关资料。

3. 评级小组对企业社会责任报告的管理过程及《报告》的披露内容进行评价。

（三）评级结论

过程性（★★★★☆）

由集团董事会办公室牵头成立编写组，高层领导参与编写推进及报告审定；编写组对利益相关方进行识别，并通过面谈、电话采访的方式收集相关方意见；根据相关方意见、公司重大事项、国家相关政策、行业对标分析等对实质性议题进行界定；计划在官方网站发布报告，并将以印刷品、电子版、手机 APP 等形式呈现报告，具有领先的过程性表现。

实质性（★★★★☆）

《报告》系统披露了"消费者权益保护"、"产品质量管理"、"广告宣传合规"、"安全生产"、"发展循环经济"、"供应链管理"、"绿色经营"等所在行业关键性议题，具有领先的实质性表现。

完整性（★★★★）

《报告》从"责任引领未来"、"为股东持续创造价值"、"为员工建设幸福家园"、"为客户提供优质产品与服务"、"与伙伴共同成长"、"与社会和谐共存"、"缔造可持续生态环境"等方面，系统披露了所在行业 75.0% 的核心指标，完整性表现优秀。

平衡性（★★★★★）

《报告》披露了"工伤事故发生次数"、"员工死亡人数"、"千人重伤率"等负面数据信息，并在各责任板块以"问题与改进"形式，对公司报告期内出现的责任风险、事件及改进措施进行详述，平衡性表现卓越。

可比性（★★★★★）

《报告》披露了"营业收入"、"新增就业人数"、"安全生产投入"、"环保总投入"等62个关键绩效指标连续3年以上的历史数据，并就"主营业务规模实力"等指标在行业内进行对比，可比性表现卓越。

可读性（★★★★☆）

《报告》框架清晰，语言流畅，案例丰富；使用图片、表格、流程图等丰富的表达方式，与文字叙述相得益彰；排版精美，绘画设计生动活泼，色调清新具有品牌特色，提高了报告的阅读性，具有领先的可读性表现。

创新性（★★★★★）

《报告》开辟"走进华润"专版，生动介绍企业主营业务；设置"诚信合规"、"希望小镇"专题，详述企业年度责任大事件；各章均以"挑战与目标"展开叙述，总领性强，结尾以"问题与改进"进行反思，利于相关方了解企业发展现状，创新性表现卓越。

综合评级（★★★★☆）

经评级小组评价，《华润（集团）有限公司2013年社会责任报告》为四星半级，是一份领先的企业社会责任报告。

（四）改进建议

增加行业核心指标的披露，进一步提高报告的完整性。

评级小组

组长：中国企业联合会企业创新工作部主任　程多生

成员：《WTO经济导刊》副社长　殷格非

北方工业大学经济管理学院副教授　魏秀丽

中心过程性评估员　翟利峰　王志敏

评级专家委员会主席　　　　　　　　　　　评级小组组长

中心常务副理事长　　　　　　　　　　　　中心副理事长

五、《中国石化 2013 年可持续发展进展报告》评级报告

中国社会科学院经济学部企业社会责任研究中心（以下简称"中心"）受中国石油化工股份有限公司委托，从中国企业社会责任报告评级专家委员会中抽选专家组成评级小组，对《中国石化 2013 年可持续发展进展报告》（以下简称《报告》）进行评级。

（一）评级依据

《中国企业社会责任报告编写指南（CASS-CSR 3.0)》暨《中国企业社会责任报告评级标准（2014)》。

（二）评级过程

1. 评级组长与中心评价部访谈中国石油化工股份有限公司社会责任部门成员。

2. 现场审查覆盖中国石油化工股份有限公司总部和下属单位与报告编写过程相关的资料。

3. 评级小组对中国石油化工股份有限公司社会责任报告的管理过程进行评价。

4. 评级小组对《中国石化 2013 年可持续发展进展报告》的披露内容进行评价。

（三）评级结论

过程性（★★★★）

《报告》编写设有专门部门和人员负责，对实质性议题进行识别，积极听取利益相关方的意见，组织编写启动会，并制订发布方案，完善反馈流程，过程性表现优秀。

实质性（★★★★★）

《报告》系统披露了"产品服务质量管理"、"保障能源供应"、"职业健康管理"、"科技与创新"、"开发新能源"、"积极应对气候变化的措施"等所在行业关键性议题，叙述详细充分，实质性表现卓越。

完整性（★★★★）

《报告》从"可持续发展管理"、"提供清洁能源"、"注重投资者回报"、"搭建员工发展平台"、"全产业链责任实践"、"共建生态文明"、"竭诚回报社会"等角度披露了所在行业核心指标的 74%，具有优秀的完整性。

平衡性（★★★★★）

《报告》披露了"上报事故数"、"员工伤亡人数"、"职业病发生次数"等负面

数据信息，并对"11·22 东黄输油管道事故"、"环评限批"等事件设置专题进行分析和总结，平衡性表现卓越。

可比性（★★★★☆）

《报告》披露了 36 个关键绩效指标连续 3 年以上的历史数据，具有领先的可比性表现。

可读性（★★★★★）

《报告》结构清晰，篇幅适宜，语言流畅；开篇"水滴"数据图生动活泼，凸显社会责任关键绩效；整体设计清新，与绿色环保切合，并对专业词汇进行解释，具有卓越的可读性表现。

创新性（★★★★☆）

《报告》披露了社会责任实质性议题的识别、排序与审议过程；开辟"专题案例"，对重大责任事件进行详细披露，有利于利益相关方了解企业可持续发展进展，具有领先的创新性表现。

综合评级（★★★★☆）

经评级小组评价，《中国石化 2013 年可持续发展进展报告》为四星半级，是一份领先的企业社会责任报告。

（四）改进建议

1. 进一步完善报告编写流程，提高利益相关方参与度。

2. 增加行业核心指标的披露，进一步提高报告完整性。

评级小组

组长：中国企业联合会企业创新工作部主任　程多生

成员：上海证券交易所高级经理　杨金忠

　　　北京工商大学副教授　郭毅

评级专家委员会主席　　　　　　　　　　　　评级小组组长
中心常务副理事长　　　　　　　　　　　　　中心副理事长

六、《神华集团 2013 年社会责任报告》评级报告

中国社会科学院经济学部企业社会责任研究中心（以下简称"中心"）受神华集团有限责任公司（简称"神华集团"）委托，从"中国企业社会责任报告评级专家委员会"中抽选专家组成评级小组，对《神华集团 2013 年社会责任报告》（以下简称《报告》）进行评级。

（一）评级依据

《中国企业社会责任报告编写指南 （CASS–CSR 3.0)》暨《中国企业社会责任报告评级标准 （2014)》。

（二）评级过程

1. 过程性评估小组访谈神华集团社会责任部门成员。

2. 过程性评估小组现场审查覆盖神华集团总部和下属单位的社会责任报告编写过程相关资料。

3. 评级小组对企业社会责任报告的管理过程进行评价。

4. 评级小组对《报告》的披露内容进行评价。

（三）评级结论

过程性（★★★★）

《报告》编写工作组由办公厅牵头成立，董秘局参与了启动及推进；工作组建立了利益相关方清单，多方位对实质性议题进行界定；拟订发布方案并确定以电子版及印刷品为报告呈现形式，工作组还对部分利益相关方的回应做出了适当反馈，《报告》过程性表现优秀。

实质性（★★★★★）

《报告》系统披露了"保障能源供应"、"煤质控制与管理"、"职业健康管理"、"安全生产"、"发展循环经济"、"煤矿采区回采"、"矿区保育、尾矿处理和矿区生态保护"等煤炭开采与洗选业关键性议题，叙述详尽，实质性表现卓越。

完整性（★★★★☆）

《报告》从"责任融合"、"高质高效"、"安全发展"、"生态文明"、"创新升级"、"以人为本"、"和谐共赢"等角度披露了煤炭开采与洗选业核心指标的 83.5%，具有领先的完整性表现。

平衡性（★★★★）

《报告》披露了"原煤生产百万吨死亡率"、"电力安全台均非停次数"等负面

数据信息，并对"国华电力印电公司全厂停电事故"的应急措施进行简要阐述，平衡性表现优秀。

可比性（★★★★☆）

《报告》披露了31个关键绩效指标连续多年的历史数据，并对"原煤生产百万吨死亡率"进行全国对比，具有领先的可比性表现。

可读性（★★★★★）

《报告》框架清晰，篇幅适宜，语言流畅；专题、案例相辅相成，图片、图表、流程图等表达方式丰富，排版、设计切合章节主题，显著提高了报告的悦读性，具有卓越的可读性表现。

创新性（★★★★☆）

《报告》各章节开篇以问答形式强调履责重点，文中加入实质性议题识别过程，以地图形式诠释神华"爱心公益"，多方位、多形式展现企业社会责任重点，具有领先的创新性表现。

综合评级（★★★★☆）

经评级小组评价，《神华集团2013年社会责任报告》为四星半级，是一份领先的企业社会责任报告。

（四）改进建议

1.进一步完善报告编写流程，提高利益相关方参与度。

2.增加对负面数据及负面事件分析的披露，进一步提高报告的平衡性。

评级小组

组长：中国社会科学院经济学部企业社会责任研究中心主任　钟宏武

成员：中国企业公民委员会副会长　刘卫华

　　　北方工业大学经济管理学院副教授　魏秀丽

过程性评估小组：中心常务副主任　张蒽

　　　　　　　　中心评价部　翟利峰　方小静

评级专家委员会主席　　　　　　　　　　评级小组组长

中心常务副理事长　　　　　　　　　　　中心主任

七、《2013年海航集团社会责任报告》评级报告

中国社会科学院经济学部企业社会责任研究中心（以下简称"中心"）受海航集团有限公司委托，从"中国企业社会责任报告评级专家委员会"中抽选专家组成评级小组，对《2013年海航集团社会责任报告》（以下简称《报告》）进行评级。

（一）评级依据

《中国企业社会责任报告编写指南（CASS-CSR 3.0）》暨《中国企业社会责任报告评级标准（2014）》。

（二）评级过程

1. 过程性评估小组访谈海航集团有限公司社会责任部门成员。

2. 过程性评估小组审查海航集团有限公司及下属企业社会责任报告编写过程相关资料。

3. 评级小组对企业社会责任报告的管理过程及《报告》的披露内容进行评价。

（三）评级结论

过程性（★★★★）

由集团公司社会责任部牵头成立报告编写组，高层领导参与启动、推进及报告审定；编写组对利益相关方进行识别，并对部分利益相关方意见进行调查；根据调查结果、公司重大事项、国家相关政策等对实质性议题进行界定；拟订报告发布计划，并将以印刷品、电子版等形式呈现报告，具有优秀的过程性表现。

实质性（★★★★☆）

《报告》系统披露了"响应政府交通调度"、"服务质量管理"、"服务特殊群体"、"职业安全健康"、"安全运输"、"使用环保节能交通工具、绿色能源交通工具"等交通运输服务业关键性议题，具有领先的实质性表现。

完整性（★★★★）

《报告》从"践行新型商业文明"、"打造幸福消费价值链"、"发展成果惠及相关方"等角度，披露了交通运输服务业72.0%的核心指标，完整性表现优秀。

平衡性（★★★★☆）

《报告》披露了"运输航空事故征候"、"员工申诉数量"、"年度新增职业病"等负面数据信息，并对"'海娜号'游客滞留事件"的后续处理措施进行阐述，平衡性表现领先。

可比性（★★★★★）

《报告》披露了"营业收入"、"员工总数"、"纳税总额"等44个关键绩效指标连续3年的历史数据，并对"机场数量"进行横向比较，可比性表现卓越。

可读性（★★★★☆）

《报告》框架清晰，篇幅适宜，语言流畅；使用图片、表格、流程图等多种表达方式，色彩设计活泼明快，令人耳目一新；文字叙述结合中国传统思想和文化，提高了报告的悦读性，可读性表现领先。

创新性（★★★★★）

《报告》整体框架围绕"责任之树"展开，以"根、干、实"为原型，生动形象地对企业社会责任各方面的表现及绩效进行阐述，并体现出各社会责任板块的内在逻辑，利于读者理解，具有卓越的创新性表现。

综合评级（★★★★☆）

经评级小组评价，《2013年海航集团社会责任报告》为四星半级，是一份领先的企业社会责任报告。

（四）改进建议

1. 加强报告过程性管理，提高利益相关方参与度。

2. 增加行业核心指标的披露，提高报告的完整性。

评级小组

组长：中国企业联合会企业创新工作部主任　程多生

成员：北方工业大学经济管理学院副教授　魏秀丽

　　　中国社会科学院经济学部企业社会责任研究中心常务副主任　张蒽

　　　中心过程性评估员　翟利峰　方小静

评级专家委员会副主席　　　　　　　　　　　　评级小组组长
中心常务副理事长　　　　　　　　　　　　　　中心副理事长

八、《佳能（中国）企业社会责任报告 2013~2014》评级报告

中国社会科学院经济学部企业社会责任研究中心（以下简称"中心"）受佳能（中国）有限公司委托，从"中国企业社会责任报告评级专家委员会"中抽选专家组成评级小组，对《佳能（中国）企业社会责任报告 2013~2014》（以下简称《报告》）进行评级。

（一）评级依据

《中国企业社会责任报告编写指南（CASS-CSR 3.0)》暨《中国企业社会责任报告评级标准（2014)》。

（二）评级过程

1. 过程性评估小组访谈佳能（中国）有限公司社会责任部门成员。

2. 过程性评估小组现场审查佳能（中国）有限公司及各在华法人社会责任报告编写过程相关资料。

3. 评级小组对企业社会责任报告的管理过程及《报告》的披露内容进行评价。

（三）评级结论

过程性（★★★★☆）

由公司企业社会责任推进部牵头成立编写组，高层领导参与编写推进及报告审定；编写组对利益相关方进行识别及排序，并通过实地调研收集相关方意见；根据相关方意见、公司重大事项、中国国家相关政策及行业对标分析对实质性议题进行界定；计划召开嵌入式发布会，并将以印刷品、电子版等形式呈现报告，具有领先的过程性表现。

实质性（★★★★★）

《报告》系统披露了"产品技术创新"、"供应链社会责任管理"、"职业健康管理"、"环保产品的研发和销售"、"危险品仓储、运输和废弃管理制度"、"产品和包装回收再利用"等电子产品与电子元器件制造业关键性议题，叙述详细充分，具有卓越的实质性表现。

完整性（★★★★）

《报告》从"与客户共生"、"与伙伴共生"、"与员工共生"、"与环境共生"、"影像公益"等角度披露了电子产品与电子元器件制造业 72.0% 的核心指标，完整性表现优秀。

平衡性（★★★☆）

《报告》披露了"守法合规负面信息"、"重大安全事故数"、"员工因公死亡人数"、"职业病发生次数"等负面数据信息，平衡性表现良好。

可比性（★★★★★）

《报告》披露了40个关键绩效指标连续3年以上的历史数据，并对"专利申请数"、"产品节能性"等指标进行横向对比，具有卓越的可比性表现。

可读性（★★★★★）

《报告》框架清晰，案例丰富，语言流畅；使用图片、表格、流程图等丰富的表达方式，与文字叙述相得益彰；排版精美，色彩绚丽，设计风格轻松活泼，提升了报告的悦读性，具有卓越的可读性表现。

创新性（★★★★）

《报告》以"共生"为主题，分章节详述与客户、伙伴、员工、环境等相关方"共生"的履责实践，脉络清晰；设置"影像架起沟通之桥"专题，详述公司"影像之桥"公益实践，创新性表现优秀。

综合评级（★★★★☆）

经评级小组评价，《佳能（中国）企业社会责任报告2013~2014》为四星半级，是一份领先的企业社会责任报告。

（四）改进建议

1. 增加负面数据信息以及负面事件的披露，提高报告的平衡性。

2. 增加行业核心指标的披露，提高报告的完整性。

评级小组

组长：新华网副总裁　魏紫川

成员：中国企业联合会全球契约推进办公室主任　韩斌

中国社会科学院经济学部企业社会责任研究中心常务副主任　张蒽

中心过程性评估员　方小静　王梦娟

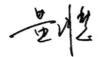

评级专家委员会副主席　　　　　　　　　　评级小组组长

中心常务副理事长　　　　　　　　　　　　中心副理事长

九、《中国医药集团企业社会责任报告2013》评级报告

中国社会科学院经济学部企业社会责任研究中心（以下简称"中心"）受中国医药集团总公司委托，从"中国企业社会责任报告评级专家委员会"中抽选专家组成评级小组，对《中国医药集团企业社会责任报告2013》（以下简称《报告》）进行评级。

（一）评级依据

《中国企业社会责任报告编写指南（CASS-CSR 3.0)》暨《中国企业社会责任报告评级标准（2014)》。

（二）评级过程

1. 过程性评估小组访谈中国医药集团总公司社会责任部门成员。

2. 过程性评估小组审查中国医药集团总公司及下属企业社会责任报告编写过程相关资料。

3. 评级小组对企业社会责任报告的管理过程及《报告》的披露内容进行评价。

（三）评级结论

过程性（★★★★）

由集团董事会办公室牵头成立编写组，高层领导参与报告编写审定等环节；编写组对利益相关方进行识别和排序，根据公司重大事项、国家相关政策及行业对标分析对实质性议题进行界定；拟定报告发布方式，并将以印刷品、电子版等形式呈现报告，具有优秀的过程性表现。

实质性（★★★★☆）

《报告》系统披露了"产品质量管理"、"产品研发"、"产品召回制度"、"安全生产"、"化学药品管理"、"产品事故应急"、"节能减排的制度措施"、"关注社区健康"等医药生物制造业关键性议题，具有领先的实质性。

完整性（★★★★☆）

《报告》从"责任管理"、"稳健发展"、"科技创新"、"价值共赢"、"绿色运营"、"员工成长"、"情系民生"等角度披露了医药生物制造业80.0%的核心指标，完整性表现领先。

平衡性（★★★★☆）

《报告》披露了"集团重大风险问题"、"安全事故数"、"药品质量责任事故"等负面数据信息，并以案例形式，对"集团重大风险问题"的成因、现状和改进措

施进行了较详细的分析和披露，平衡性表现领先。

可比性（★★★★★）

《报告》披露了"营业收入"、"员工人数"、"环保投入"等38个关键绩效指标连续3年以上的历史数据，并对"销售规模"、"营业收入"等指标进行横向对比，可比性表现卓越。

可读性（★★★★☆）

《报告》框架清晰，逻辑清楚，案例丰富；图片、图表、流程图等表达方式丰富，与文字叙述相得益彰；设计精致美观，具有行业特色，各章节主色调含义与其内容相呼应，提高了报告的悦读性，可读性表现领先。

创新性（★★★★）

《报告》以"聚焦2013"专题形式，集中体现企业年度工作亮点，有利于相关方了解企业责任重点；阐述责任实践时，对重点部分进行颜色标识，层次分明，创新性表现优秀。

综合评级（★★★★☆）

经评级小组评价，《中国医药集团企业社会责任报告2013》为四星半级，是一份领先的企业社会责任报告。

（四）改进建议

1. 加强报告过程性管理，提高利益相关方参与度。

2. 提升文字精练度，进一步提高报告的可读性。

评级小组

组长：中国社会科学院经济学部企业社会责任研究中心主任　钟宏武

成员：中国企业联合会全球契约推进办公室主任　韩斌

　　　北京工商大学经济学院副教授　郭毅

　　　中心过程性评估员　翟利峰　王志敏

评级专家委员会主席　　　　　　　　　　　评级小组组长

中心常务副理事长　　　　　　　　　　　　中心主任

十、《中国电子信息产业集团有限公司 2013 年社会责任报告》评级报告

中国社会科学院经济学部企业社会责任研究中心（以下简称"中心"）受中国电子信息产业集团有限公司委托，从"中国企业社会责任报告评级专家委员会"中抽选专家组成评级小组，对《中国电子信息产业集团有限公司 2013 年社会责任报告》（以下简称《报告》）进行评级。

（一）评级依据

《中国企业社会责任报告编写指南（CASS-CSR 3.0)》暨《中国企业社会责任报告评级标准（2014)》。

（二）评级过程

1. 过程性评估小组访谈中国电子信息产业集团有限公司社会责任部门成员。

2. 过程性评估小组现场审查中国电子信息产业集团有限公司及下属企业社会责任报告编写过程相关资料。

3. 评级小组对企业社会责任报告的管理过程及《报告》的披露内容进行评价。

（三）评级结论

过程性（★★★★）

由集团党群工作部社会责任与新闻处牵头成立编写组，高层领导参与编写启动、推进及报告审定；编写组对利益相关方进行识别与排序，并通过实地调研收集相关方意见；根据相关方意见、公司重大事项、国家相关政策、行业对标分析等对实质性议题进行界定；计划召开嵌入式发布会，并将以印刷品、电子版、多语种版本等形式呈现报告，具有优秀的过程性表现。

实质性（★★★★☆）

《报告》系统披露了"产品质量管理"、"产品技术创新"、"供应链社会责任管理"、"职业健康管理"、"安全生产"、"环保产品的研发与应用"等电子产品及电子元器件制造业关键性议题，具有领先的实质性表现。

完整性（★★★★）

《报告》从"责任管理"、"创造可持续价值"、"促进社会和谐"、"助建生态文明"、"实现互利共赢"、"凝聚发展力量"等角度披露了电子产品及电子元器件制造业 78.0% 的核心指标，完整性表现优秀。

平衡性（★★★★★）

《报告》披露了"安全事故发生次数"、"工伤事故发生数"、"员工伤亡人数"、"重大环境污染事故数"等负面数据信息，并就公司"安全生产隐患"、"审计发现问题"的概况、整改措施及成效进行系统披露，平衡性表现卓越。

可比性（★★★★★）

《报告》披露了"营业收入"、"科研支出"、"员工培训覆盖率"、"安全生产投入"等61个关键绩效指标连续3年以上的历史数据，并就"银医一卡通市场占有率"等指标进行横向比较，可比性表现卓越。

可读性（★★★★☆）

《报告》框架清晰，篇幅适宜，语言流畅；图片、表格表达方式丰富多样，与文字叙述相互呼应；排版设计精美，部分图片由信息化数字构成，具有行业特色，提高了报告的悦读性，具有领先的可读性表现。

创新性（★★★★☆）

《报告》开篇以"中国电子大事记"形式，梳理了企业60年创造的数个"第一"，重点突出，清晰地描述了企业责任之路；同时设置"责任与可持续发展"专题，总结企业年度责任实践发展，有利于利益相关方全面了解企业履责绩效，创新性表现领先。

综合评级（★★★★☆）

经评级小组评价，《中国电子信息产业集团有限公司2013年社会责任报告》为四星半级，是一份领先的企业社会责任报告。

（四）改进建议

1. 重视报告的过程性管理，进一步提高相关方的参与度。

2. 增加行业核心指标的披露，进一步提高报告的完整性。

评级小组

组长：中国企业联合会企业创新工作部主任　程多生

成员：北京工商大学经济学院副教授　郭毅

　　　《中国企业观察报》编辑　侯明辉

　　　中心过程性评估员　翟利峰　王梦娟

评级专家委员会主席　　　　　　　　　　　　评级小组组长

中心常务副理事长　　　　　　　　　　　　　中心副理事长

十一、《北京控股集团有限公司 2013 年社会责任报告》评级报告

中国社会科学院经济学部企业社会责任研究中心（以下简称"中心"）受北京控股集团有限公司委托，从"中国企业社会责任报告评级专家委员会"中抽选专家组成评级小组，对《北京控股集团有限公司 2013 年社会责任报告》（以下简称《报告》）进行评级。

（一）评级依据

《中国企业社会责任报告编写指南（CASS-CSR 3.0)》暨《中国企业社会责任报告评级标准（2014)》。

（二）评级过程

1. 过程性评估小组访谈北京控股集团有限公司社会责任部门成员。

2. 过程性评估小组现场审查北京控股集团有限公司及下属企业社会责任报告编写过程相关资料。

3. 评级小组对企业社会责任报告的管理过程及《报告》的披露内容进行评价。

（三）评级结论

过程性 （★★★★☆）

由集团研究室和宣传部牵头成立报告编写组，高层领导参与编写启动、终稿审定等；编写组对利益相关方进行识别，并以座谈会、问卷调查、邮件等方式收集相关方意见；根据反馈意见、公司重大事项、国家相关政策及行业对标分析对实质性议题进行界定；拟定在公司总办会发布报告，并将以印刷品、电子版、视频等形式呈现报告，具有领先的过程性表现。

实质性 （★★★★☆）

《报告》系统披露了"产品服务创新"、"保障燃气稳定供应"、"确保资费透明"、"保障安全生产和运输"、"水环境综合治理"、"职业健康管理"等所在行业关键性议题，叙述详细充分，具有领先的实质性表现。

完整性 （★★★★）

《报告》从"责任管理"、"包容成长"、"专业发展"、"品质服务"、"共享成果"等角度披露了企业所在行业 71.5% 的核心指标，完整性表现优秀。

平衡性 （★★★★）

《报告》披露了"消除隐患措施"等负面信息，并以案例的形式，对首都机场

高速公路持续拥堵造成的影响、解决措施及治理成效进行披露，平衡性表现优秀。

可比性（★★★★☆）

《报告》披露了 29 个关键绩效指标连续 3 年以上的数据，并就"资本证券化率"、"水业影响力"等方面进行横向对比，可比性表现领先。

可读性（★★★★☆）

《报告》结构清晰，逻辑清楚，语言简洁流畅；选图精美，表格、流程图等表现形式多样；各篇章色调与内容主体相呼应，整体感强，并以"科普说北控"等形式对专业词汇进行解释，有助于读者准确认识企业，具有领先的可读性表现。

创新性（★★★★☆）

《报告》开篇即系统阐述了企业的社会责任理念，各篇章开篇以领导寄语的形式，简明阐述企业在包容成长、生态文明、品质服务、社会和谐等方面的丰富内涵，主题突出、形式新颖、前后呼应，具有领先的创新性表现。

综合评级（★★★★☆）

经评级小组评价，《北京控股集团有限公司 2013 年社会责任报告》为四星半级，是一份领先的企业社会责任报告。

（四）改进建议

增加行业核心指标的披露，进一步提高报告的完整性。

评级小组

组长：中国企业联合会企业创新工作部主任　程多生

成员：北京工商大学经济学院副教授　郭毅

　　　中国社会科学院企业社会责任研究中心常务副主任　张蒽

　　　中心过程性评估员　翟利峰　张晓丹

评级专家委员会主席　　　　　　　　　　评级小组组长

中心常务副理事长　　　　　　　　　　　中心副理事长

十二、《中国海洋石油总公司 2013 年可持续发展报告》评级报告

中国社会科学院经济学部企业社会责任研究中心（以下简称"中心"）受中国海洋石油总公司委托，从"中国企业社会责任报告评级专家委员会"中抽选专家组成评级小组，对《中国海洋石油总公司 2013 年可持续发展报告》（以下简称《报告》）进行评级。

（一）评级依据

《中国企业社会责任报告编写指南（CASS-CSR 3.0)》暨《中国企业社会责任报告评级标准（2014)》。

（二）评级过程

1. 访谈中国海洋石油总公司社会责任部门成员。

2. 现场审查覆盖中国海洋石油总公司总部、官方网站及下属单位的资料。

3. 对中国海洋石油总公司社会责任报告的管理过程进行评价。

4. 对《中国海洋石油总公司 2013 年可持续发展报告》的披露内容进行评价。

（三）评级结论

过程性（★★★★）

《报告》编写过程规范，设有专属部门负责，对核心议题进行了识别，听取部分利益相关方意见，并开展了专项培训，制订了报告发布会方案，过程性管理表现优秀。

实质性（★★★★★）

《报告》涵盖了"保障能源供应"、"职业健康管理"、"安全生产管理与应急"、"产品运输安全保障"、"开发新能源"、"生产作业区生态保护与修复"等石油天然气开采与加工业关键性议题，且叙述充分，实质性表现卓越。

完整性（★★★★）

《报告》从"可持续发展管理"、"贡献能源"、"保护环境"、"关爱员工"、"回馈社会"、"海外社会责任"等角度，系统披露了石油天然气开采与加工业核心指标的 76%，完整性表现优秀。

平衡性（★★★★）

《报告》披露了"职业病发生次数"、"安全生产可记录伤害事件"、"直接承包商伤亡人数"、"员工伤亡人数"、"事故频率"等负面数据信息，平衡性表现优秀。

可比性（★★★★★）

《报告》披露了41个关键绩效指标连续3年的历史数据，可比性表现卓越。

可读性（★★★★☆）

《报告》结构清晰，逻辑清楚，篇幅适中；语言流畅，采用了数据表、流程图等表达方式，结合较多案例、专题进行陈述，并对专业词汇进行解释，具有领先的可读性表现。

创新性（★★★★）

《报告》插入较多利益相关方对企业社会责任管理工作的回应，并开辟"海外社会责任报告"专题，对社会责任工作进行多方位披露，创新性表现优秀。

综合评级（★★★★☆）

经评级小组评价，《中国海洋石油总公司2013年可持续发展报告》为四星半级，是一份领先的企业社会责任报告。

（四）改进建议

1. 进一步完善报告编写流程，提升利益相关方参与度。

2. 增加行业核心指标的披露，进一步提高报告的完整性。

评级小组

组长：中国社会科学院经济学部企业社会责任研究中心主任　钟宏武

成员：《WTO经济导刊》副社长　殷格非

　　　北方工业大学经济管理学院副教授　魏秀丽

评级专家委员会主席　　　　　　　　　　评级小组组长

中心常务副理事长　　　　　　　　　　　中心主任

十三、《东风汽车公司 2013 年社会责任报告》 评级报告

中国社会科学院经济学部企业社会责任研究中心（以下简称"中心"）受东风汽车公司委托，从"中国企业社会责任报告评级专家委员会"中抽选专家组成评级小组，对《东风汽车公司 2013 年社会责任报告》（以下简称《报告》）进行评级。

（一）评级依据

《中国企业社会责任报告编写指南 （CASS-CSR 3.0)》暨《中国企业社会责任报告评级标准 （2014)》。

（二）评级过程

1. 过程性评估小组访谈东风汽车公司社会责任部门成员。

2. 过程性评估小组审查东风汽车公司和下属单位的社会责任报告编写过程相关资料。

3. 评级小组对企业社会责任报告的管理过程及《报告》的披露内容进行评价。

4. 本次评级基于企业诚信和可靠性保证做出。

（三）评级结论

过程性（★★★★）

由集团办公厅牵头成立编写组，高层领导参与推进及审定；编写组对利益相关方进行识别与排序，根据公司重大事项、国家相关政策、行业对标分析等对实质性议题进行界定；拟定召开专项报告发布会，并将以印刷品、电子版、简版PPT 等形式呈现报告，具有优秀的过程性表现。

实质性（★★★★★）

《报告》系统披露了"确保产品安全性"、"支持科技研发"、"产品召回机制"、"安全生产"、"节能与新能源交通运输设备的研发与销售"、"职业健康管理"、"节约资源能源"等交通运输设备制造业关键性议题，叙述详细充分，具有卓越的实质性。

完整性（★★★★）

《报告》从"责任管理"、"经济责任"、"公益责任"、"环境责任"、"文化责任"等角度披露了交通运输设备制造业核心指标的 76.3%，完整性表现优秀。

平衡性（★★★★）

《报告》披露了"生产安全事故数"、"职业病发病率"等负面数据信息，并对

公司"天龙牵引车召回"事件的原因及改进措施进行披露，平衡性表现优秀。

可比性（★★★★★）

《报告》披露了33个关键绩效指标连续3年以上的数据，并就"汽车销量"、"自主品牌销量"、"科研活动经费支出"等在行业内进行国内、国际对比，可比性表现卓越。

可读性（★★★★☆）

《报告》框架清晰，篇幅适宜，语言流畅；设计风格清新优雅，使用图片、图表、流程图等表达方式，案例、专题结合得当，并对专业术语进行解释，使报告直观易理解，具有领先的可读性表现。

创新性（★★★★）

《报告》以东风"润"理念贯穿全篇，在各章以实践诠释理念，融合度高；开篇引入利益相关方评价，提高了报告的可信度，创新性表现优秀。

综合评级（★★★★☆）

经评级小组评价，《东风汽车公司2013年社会责任报告》为四星半级，是一份领先的企业社会责任报告。

（四）改进建议

1. 增加行业核心指标的披露，进一步提高报告的完整性。

2. 加强报告过程性管理，进一步提高利益相关方参与度。

评级小组

组长：新华网副总裁　魏紫川

成员：《WTO经济导刊》副社长　殷格非

　　　中国企业联合会全球契约推进办公室主任　韩斌

　　　中心评价部过程性评估员　方小静　王梦娟

评级专家委员会主席　　　　　　　　　　　评级小组组长

中心常务副理事长　　　　　　　　　　　　中心副理事长

十四、《中国节能环保集团公司 2013 年社会责任报告》评级报告

中国社会科学院经济学部企业社会责任研究中心（以下简称"中心"）受中国节能环保集团公司委托，从"中国企业社会责任报告评级专家委员会"中抽选专家组成评级小组，对《中国节能环保集团公司 2013 年社会责任报告》（以下简称《报告》）进行评级。

（一）评级依据

《中国企业社会责任报告编写指南（CASS-CSR 3.0）》暨《中国企业社会责任报告评级标准（2014）》。

（二）评级过程

1. 过程性评估小组访谈中国节能环保集团公司社会责任部门成员。

2. 过程性评估小组现场审查中国节能环保集团公司及下属单位社会责任报告编写过程相关资料。

3. 评级小组对企业社会责任报告的管理过程及《报告》的披露内容进行评价。

4. 本次评级基于企业诚信和可靠性保证做出。

（三）评级结论

过程性（★★★★）

由公司党群工作部牵头成立报告编写组，高层领导参与报告推进及审定；编写组对利益相关方进行识别与排序，并通过咨询、座谈等方式对部分相关方意见进行征集；根据公司重大事项、国家相关政策、行业对标等实质性议题进行界定；计划在"全国节能周"发布报告，并将以印刷品、电子版等形式呈现报告，具有优秀的过程性表现。

实质性（★★★★☆）

《报告》系统披露了"产品质量管理"、"职业健康管理"、"安全生产"、"责任采购"、"环保产品的研发与销售"、"节约能源、水资源"、"减少废弃、废水、废渣排放"等所在行业关键性议题，具有优秀的实质性表现。

完整性（★★★★）

《报告》从"聚焦绿色"、"管理创新"、"技术创新"、"伙伴责任"、"员工责任"、"慈善公益"、"责任管理"等角度披露了所在行业核心指标的 76%，完整性表现优秀。

平衡性（★★★★☆）

《报告》披露了"安全生产事故数"、"伤亡数"、"年度新增职业病例"等负面数据信息，并以案例形式，对"8·15触电事故"、"3·17火灾事故"等事件的原因、经过和应对措施进行披露，平衡性表现领先。

可比性（★★★★★）

《报告》披露了67个关键绩效指标连续3年的历史数据，并对"光伏装机容量"、"风电装机容量"等数据进行国内、国际对比，可比性表现卓越。

可读性（★★★★☆）

《报告》框架合理，议题突出，案例详尽；运用图片、表格、流程图、专题栏等多种表达方式，与文字叙述相辅相成；绿色设计符合行业特色，提高了报告的悦读性，具有领先的可读性表现。

创新性（★★★★）

《报告》较多章节以"责任地图"或"责任日历"板块结尾，梳理公司在相应议题内的年度责任重点，有利于利益相关方全面了解公司责任实践，具有优秀的创新性。

综合评级（★★★★☆）

经评级小组评价，《中国节能环保集团公司2013年社会责任报告》为四星半级，是一份领先的企业社会责任报告。

（四）改进建议

1. 加强报告过程性管理，提高利益相关方参与度。

2. 增加行业核心指标的披露，进一步提高报告的完整性。

评级小组

组长：中国社会科学院经济学部企业社会责任研究中心主任　钟宏武

成员：北京工商大学副教授　郭毅

　　　中心过程性评估员　方小静　张晓丹

评级专家委员会主席　　　　　　　　　　评级小组组长

中心常务副理事长　　　　　　　　　　　中心主任

十五、《上海大众汽车 2012~2013 年企业社会责任报告》评级报告

中国社会科学院经济学部企业社会责任研究中心（以下简称"中心"）受上海大众汽车有限公司委托，从"中国企业社会责任报告评级专家委员会"中抽选专家组成评级小组，对《上海大众汽车 2012~2013 年企业社会责任报告》（以下简称《报告》）进行评级。

（一）评级依据

《中国企业社会责任报告编写指南（CASS-CSR 3.0）》暨《中国企业社会责任报告评级标准（2014）》。

（二）评级过程

1. 过程性评估小组访谈上海大众汽车有限公司社会责任部门成员。

2. 过程性评估小组现场审查上海大众汽车有限公司及下属单位社会责任报告编写过程相关资料。

3. 评级小组对企业社会责任报告的管理过程及《报告》的披露内容进行评价。

（三）评级结论

过程性（★★★★）

由公司企业公关与传播部牵头成立报告编写组，高层领导参与报告统筹并指导报告编写；编写组对利益相关方进行识别，并对部分利益相关方意见进行调查，根据调查结果及公司重大事项、中国国家相关政策、行业对标对实质性议题进行界定；计划在企业官方网站上发布报告，并将以印刷品、电子版和多语种等形式呈现报告，具有优秀的过程性表现。

实质性（★★★★★）

《报告》系统披露了"客户关系管理"、"确保产品安全性"、"支持科技研发"、"产品召回机制"、"职业健康管理"、"安全生产"、"节能与新能源交通运输设备的研发与销售"、"节约资源能源"等交通运输设备制造业关键性议题，叙述详尽充分，具有卓越的实质性表现。

完整性（★★★★）

《报告》从"责任管理"、"科学发展"、"质量管理"、"汽车安全"、"科技创新"、"优质服务"、"节能环保"、"员工发展"、"伙伴共赢"、"慈善公益"等角度披露了交通运输设备制造业 78%的核心指标，完整性表现优秀。

平衡性（★★★★★）

《报告》披露了"品牌投诉率"、"重大安全生产事故"、"职业病事件"等负面数据信息，并以案例形式，对供应商"血铅事件"的原因、过程及企业采取的矫正预防措施进行了较详细的披露，平衡性表现卓越。

可比性（★★★★★）

《报告》披露了"汽车产量"、"汽车销量"、"研发投入"、"员工总数"、"综合能源消耗"、"年度取水总量"等50个关键绩效指标连续3年的历史数据，可比性表现卓越。

可读性（★★★★☆）

《报告》框架清晰，篇幅适宜，语言流畅，案例丰富；设计风格融入汽车元素，简洁大气，具有行业特色；图片、表格、流程图等表达方式丰富，与文字叙述浑然一体，生动反映企业履责实践，具有领先的可读性表现。

创新性（★★★☆）

《报告》通过时间列表的形式介绍公司历史沿革，简洁直观；整体框架采用统一的"育未来"模式，描绘企业责任愿景，符合可持续发展理念，具有良好的创新性。

综合评级（★★★★☆）

经评级小组评价，《上海大众汽车2012~2013年企业社会责任报告》为四星半级，是一份领先的企业社会责任报告。

（四）改进建议

1. 加强报告过程性管理，进一步提高利益相关方参与度。

2. 增加行业核心指标的披露，提高报告的完整性。

评级小组

组长：中国社会科学院经济学部企业社会责任研究中心主任　钟宏武

成员：中国企业公民委员会副会长　刘卫华

　　　北方工业大学经济管理学院副教授　魏秀丽

　　　中心过程性评估员　方小静　张晓丹

评级专家委员会主席　　　　　　　　　　评级小组组长

中心常务副理事长　　　　　　　　　　　中心主任

十六、《中国黄金行业社会责任报告（2014版）》评级报告

中国社会科学院经济学部企业社会责任研究中心（以下简称"中心"）受中国黄金协会委托，从"中国企业社会责任报告评级专家委员会"中抽选专家组成评级小组，对《中国黄金行业社会责任报告（2014版)》(以下简称《报告》）进行评级。

（一）评级依据

《中国企业社会责任报告编写指南（CASS-CSR 3.0)》暨《中国企业社会责任报告评级标准（2014)》。

（二）评级过程

1. 过程性评估小组访谈中国黄金协会社会责任部门成员。

2. 过程性评估小组现场审查中国黄金协会报告编写过程相关资料。

3. 评级小组对社会责任报告的管理过程及《报告》的披露内容进行评价。

（三）评级结论

过程性（★★★★）

由协会会员联络部牵头成立报告编写组，高层领导参与编写推进及报告审定；编写组对利益相关方进行识别与排序，根据行业重大事项、国家相关政策、行业对标分析等对实质性议题进行界定；计划召开嵌入式发布会，并将以印刷品、电子版等形式呈现报告，具有优秀的过程性表现。

实质性（★★★★★）

《报告》系统披露了"数字矿山建设"、"安全生产"、"环境管理体系"、"环保技术和设备的研发与应用"、"资源储备"、"节约土地资源"、"残矿回收"、"矿区保育、尾矿处理和矿区生态保护"等一般采矿业关键性议题，叙述详细充分，具有卓越的实质性表现。

完整性（★★★☆）

《报告》从"践行责任黄金"、"创造财富黄金"、"雕琢品质黄金"、"打造绿色黄金"、"铸就平安黄金"、"构建和谐黄金"、"科技创新黄金"等方面，披露了一般采矿业68%的核心指标，完整性表现良好。

平衡性（★★★★☆）

《报告》披露了成员企业"安全生产事故数"、"环境污染事故数"等负面数据

信息，并以案例形式，对"3·15黄金交易市场欠规范"、"西藏3·29地质灾害救援"等事件进行回应，平衡性表现领先。

可比性（★★★★☆）

《报告》披露了"安全投入"、"捐赠总额"、"环保投入"等35个关键绩效指标连续3年以上的历史数据，并对"黄金储量"、"黄金产量"等指标进行横向比较，可比性表现领先。

可读性（★★★★☆）

《报告》框架清晰，语言流畅，案例丰富；图片恢宏大气，文字详尽流畅，以金色为主色调，与行业特征契合；对黄金地位及特性进行阐述，并对专业词汇进行解释，使报告内容丰满立体，提高了阅读性，具有领先的可读性表现。

创新性（★★★★）

《报告》开篇设置"会员单位社会责任寄语"，提升了会员企业参与度；篇末以"大事记"形式，梳理行业年度履责重点，利于读者了解行业履责历程，创新性表现优秀。

综合评级（★★★★☆）

经评级小组评价，《中国黄金行业社会责任报告（2014版）》为四星半级，是一份领先的社会责任报告。

（四）改进建议

1. 增加行业核心指标的披露，提高报告的完整性。

2. 提高利益相关方参与度，进一步加强报告过程性管理。

评级小组

组长：新华网副总裁　魏紫川

成员：中国企业公民委员会副会长　刘卫华

　　　北京工商大学经济学院副教授　郭毅

　　　中心过程性评估员　方小静　张晓丹

评级专家委员会主席　　　　　　　　　　评级小组组长
中心常务副理事长　　　　　　　　　　　中心副理事长

十七、《太原钢铁（集团）有限公司 2013 年社会责任报告》评级报告

中国社会科学院经济学部企业社会责任研究中心（以下简称"中心"）受太原钢铁（集团）有限公司委托，从"中国企业社会责任报告评级专家委员会"中抽选专家组成评级小组，对《太原钢铁（集团）有限公司 2013 年社会责任报告》（以下简称《报告》）进行评级。

（一）评级依据

《中国企业社会责任报告编写指南（CASS-CSR 3.0)》暨《中国企业社会责任报告评级标准（2014)》。

（二）评级过程

1. 过程性评估小组访谈太原钢铁（集团）有限公司社会责任部门成员。

2. 过程性评估小组现场审查太原钢铁（集团）有限公司及下属单位社会责任报告编写过程相关资料。

3. 评级小组对企业社会责任报告的管理过程及《报告》的披露内容进行评价。

（三）评级结论

过程性（★★★★）

由集团企业文化部牵头成立编写组，高层领导参与报告审定；编写组对利益相关方进行识别，并对部分利益相关方意见进行调查；根据公司重大事项、行业对标分析等对实质性议题进行界定；拟定嵌入式报告发布方式，并将以印刷品、电子版等形式呈现报告，具有优秀的过程性表现。

实质性（★★★★★）

《报告》系统披露了"产品质量管理"、"产品创新"、"责任采购"、"职业健康管理"、"安全生产"、"环保技术和设备的研发与应用"、"节约能源、水资源"、"发展循环经济"、"厂区周边环境治理"等金属冶炼与压延加工业关键性议题，叙述详细充分，具有卓越的实质性表现。

完整性（★★★★）

《报告》从"社会责任管理"、"公司治理"、"经济责任"、"环境责任"、"员工责任"、"市场责任"、"社会责任"等角度披露了金属冶炼与压延加工业 75% 的核心指标，完整性表现优秀。

平衡性（★★★★☆）

《报告》披露了"廉洁公平责任追究事件"的查处数据和风险排查数据，以及"危险源危险度"、"人身伤害事故"、"千人负伤率"、"百万工时损失工作日"等安全生产负面数据信息，并简要介绍其后续改进措施，平衡性表现领先。

可比性（★★★★）

《报告》披露了34个关键绩效指标连续3年以上的历史数据，并对"申请专利数"、"不锈钢产量"等指标进行国内、国际对比，可比性表现优秀。

可读性（★★★★☆）

《报告》框架清晰，篇幅适宜，案例丰富，文字优美；图片、表格、流程图等表达方式丰富，并对专业词汇进行解释；设计风格轻松活泼，各篇章色调含义与主体内容相呼应，提高了报告的悦读性，具有领先的可读性表现。

创新性（★★★☆）

《报告》各章开篇用图选取员工图画作品，形式新颖，参与性强，体现了企业对员工参与社会责任工作的重视度，具有良好的创新性。

综合评级（★★★★☆）

经评级小组评价，《太原钢铁（集团）有限公司2013年社会责任报告》为四星半级，是一份领先的企业社会责任报告。

（四）改进建议

1. 加强报告过程性管理，进一步提高利益相关方参与度。

2. 增加行业核心指标的披露，提高报告的完整性。

评级小组

组长：中国社会科学院经济学部企业社会责任研究中心主任　钟宏武

成员：中国企业联合会全球契约推进办公室主任　韩斌

　　　北方工业大学经济管理学院副教授　魏秀丽

　　　中心过程性评估员　方小静　王志敏

评级专家委员会主席　　　　　　　　　　　　评级小组组长

中心常务副理事长　　　　　　　　　　　　　中心主任

十八、《中国盐业总公司 2013 年社会责任报告》评级报告

中国社会科学院经济学部企业社会责任研究中心（以下简称"中心"）受中国盐业总公司委托，从"中国企业社会责任报告评级专家委员会"中抽选专家组成评级小组，对《中国盐业总公司 2013 年社会责任报告》（以下简称《报告》）进行评级。

（一）评级依据

《中国企业社会责任报告编写指南（CASS-CSR 3.0)》暨《中国企业社会责任报告评级标准（2014)》。

（二）评级过程

1. 过程性评估小组访谈中国盐业总公司社会责任部门成员。

2. 过程性评估小组现场审查中国盐业总公司及下属单位社会责任报告编写过程相关资料。

3. 评级小组对企业社会责任报告的管理过程及《报告》的披露内容进行评价。

（三）评级结论

过程性（★★★★）

由公司办公厅秘书处牵头成立报告编写组，高层领导参与编写推进及报告审定；编写组对利益相关方进行识别与排序，并对部分利益相关方进行调查；根据相关方意见、公司重大事项、国家相关政策、行业对标分析对实质性议题进行界定；计划以印刷品、电子版等形式呈现报告，具有优秀的过程性表现。

实质性（★★★★☆）

《报告》系统披露了"原材料安全卫生管理"、"食品安全管理"、"绿色采购制度、方针"、"员工权益保护"、"带动农村经济发展"、"节约能源、水资源"、"发展循环经济"等食品饮料业关键性议题，具有领先的实质性表现。

完整性（★★★★）

《报告》系统披露了"责任管理"、"实现持续成长"、"创造共享价值"、"守护美丽家园"等方面的关键指标，涵盖了所在行业 70.5% 的核心指标，完整性表现优秀。

平衡性（★★★★☆）

《报告》披露了"安全生产死亡人数"、"重大化学品泄漏事故发生次数"、"安

全隐患排查次数与整改率"等负面数据信息，并以案例形式，对下属公司液氯泄漏事故发生的原因、处理过程及改善措施进行简述，平衡性表现领先。

可比性（★★★★★）

《报告》披露了"营业收入"、"员工满意度"、"环保总投入"等42个关键绩效指标连续3年的历史数据，可比性表现卓越。

可读性（★★★★☆）

《报告》框架清晰，语言流畅，案例生动；采用图片、表格、流程图等多种表达方式，与文字叙述浑然一体；整体设计精致美观，富有文化底蕴及行业特色，具有领先的可读性表现。

创新性（★★★★☆）

《报告》开篇以水墨画形式，描绘盐业发展史，极具艺术感；设置"责任聚焦"专题，详述企业年度重大事件，利于相关方更深入了解企业责任实践，创新性表现领先。

综合评级（★★★★☆）

经评级小组评价，《中国盐业总公司2013年社会责任报告》为四星半级，是一份领先的企业社会责任报告。

（四）改进建议

1. 增加行业核心指标的披露，提高报告的完整性。

2. 加强报告的过程性管理，提高利益相关方的参与度。

评级小组

组长：新华网副总裁　魏紫川

成员：中国企业公民委员会副会长　刘卫华

　　　北京工商大学经济学院副教授　郭毅

　　　中心过程性评估员　翟利峰　王志敏

评级专家委员会主席　　　　　　　　　评级小组组长

中心常务副理事长　　　　　　　　　　中心副理事长

十九、《国家核电技术公司 2013 年可持续发展报告》 评级报告

中国社会科学院经济学部企业社会责任研究中心（以下简称"中心"）受国家核电技术公司委托，从"中国企业社会责任报告评级专家委员会"中抽选专家组成评级小组，对《国家核电技术公司 2013 年可持续发展报告》（以下简称《报告》）进行评级。

（一）评级依据

《中国企业社会责任报告编写指南（CASS-CSR 3.0)》暨《中国企业社会责任报告评级标准（2014)》。

（二）评级过程

1. 过程性评估小组访谈国家核电技术公司社会责任部门成员。

2. 过程性评估小组现场审查国家核电技术公司总部及下属单位可持续发展报告编写过程相关资料。

3. 评级小组对企业可持续发展报告的管理过程及《报告》的披露内容进行评价。

4. 本次评级基于企业诚信和可靠性保证做出。

（三）评级结论

过程性（★★★★）

由公司办公厅牵头成立报告编写组，高层领导参与协调及审定；编写组对利益相关方进行排序，并对部分相关方进行调查；根据国家政策、相关方意见、公司重大事项等对实质性议题进行界定；拟定报告推广方式，并将以印刷品、电子版及网页 Flash 等形式呈现报告，具有优秀的过程性表现。

实质性（★★★★☆）

《报告》系统披露了"产品质量管理"、"产品服务创新"、"科技研发"、"职业健康管理"、"安全生产"、"环保技术和设备的研发与应用"、"节约能源、水资源"等所在行业关键性议题，具有领先的实质性。

完整性（★★★★）

《报告》从"责任聚焦"、"塑造可持续发展的企业"、"保护可持续发展的环境"、"奉献可持续发展的社会"、"改进可持续发展的绩效"等角度披露了所在行业核心指标的 73%，完整性表现优秀。

平衡性（★★★★☆）

《报告》披露了"安全生产事故数"、"员工伤亡人数"、"工作人员平均受照剂量"等负面数据信息，并以案例形式，对公司"财务审计问题"事件的整改措施进行阐述，平衡性表现领先。

可比性（★★★★☆）

《报告》披露了"营业收入"、"科研投入"、"安全生产投入"、"万元产值综合能耗"、"新建项目环评达标率"等 32 个关键绩效指标连续 3 年的历史数据，可比性表现领先。

可读性（★★★★☆）

《报告》整体框架清晰，语言简洁流畅；图片、示意图等表达方式丰富，与文字描述相得益彰；排版精细，设计精美，绿色主调朴实清新，寓意与可持续发展理念相呼应，具有领先的可读性表现。

创新性（★★★★）

《报告》以"责任聚焦：为建设核电强国贡献力量"的专题形式详细阐述企业的核心责任，利于相关方了解企业责任重点；对相关方的访谈，提高了报告的可信度，创新性表现优秀。

综合评级（★★★★☆）

经评级小组评价，《国家核电技术公司 2013 年可持续发展报告》为四星半级，是一份领先的企业社会责任报告。

（四）改进建议

1. 加强报告过程性管理，提高对相关方意见收集和内部总结的重视度。

2. 增加行业核心指标的披露，进一步提高报告的完整性。

评级小组

组长：中国社会科学院经济学部企业社会责任研究中心主任　钟宏武

成员：中国电力企业联合会秘书长　王志轩

　　　中山大学岭南学院教授　陈宏辉

　　　中心过程性评估员　翟利峰　王梦娟

评级专家委员会主席　　　　　　　　　　　评级小组组长

中心常务副理事长　　　　　　　　　　　　中心主任

二十、《中国兵器装备集团公司 2013 年社会责任报告》评级报告

中国社会科学院经济学部企业社会责任研究中心（以下简称"中心"）受中国兵器装备集团公司委托，从"中国企业社会责任报告评级专家委员会"中抽选专家组成评级小组，对《中国兵器装备集团公司 2013 年社会责任报告》（以下简称《报告》）进行评级。

（一）评级依据

《中国企业社会责任报告编写指南（CASS-CSR 3.0）》暨《中国企业社会责任报告评级标准（2014）》。

（二）评级过程

1. 过程性评估小组访谈中国兵器装备集团公司社会责任部门成员。

2. 过程性评估小组现场审查中国兵器装备集团公司及下属企业社会责任报告编写过程相关资料。

3. 评级小组对企业社会责任报告的管理过程及《报告》的披露内容进行评价。

（三）评级结论

过程性（★★★★）

由集团改革与管理部牵头成立报告编写组，高层领导参与编写推进及报告审定；编写组对利益相关方进行识别与排序，根据公司重大事项、国家相关政策、行业对标分析等对实质性议题进行界定；计划以印刷品、电子版及二维码链接等形式呈现报告，具有优秀的过程性表现。

实质性（★★★★☆）

《报告》系统披露了"客户关系管理"、"产品质量管理"、"产品科技创新"、"职业健康安全管理"、"确保信息安全"、"安全生产"、"环保技术和设备的研发与应用"、"节约资源能源"等特种设备制造业关键性议题，具有领先的实质性表现。

完整性（★★★★）

《报告》系统披露了"责任管理"、"持续发展"、"创新发展"、"共享发展"、"绿色发展"、"协同发展"等方面的关键指标，涵盖了特种设备制造业 71% 的核心指标，完整性表现优秀。

平衡性（★★★★☆）

《报告》披露了"重伤以上事故发生数"、"生产安全事故死亡人数"、"职业病

例"等负面数据信息，并以案例形式，对"10·20"安全生产事故的原因及整改措施进行阐述，平衡性表现领先。

可比性（★★★★★）

《报告》披露了"营业收入"、"纳税总额"、"研发投入"等 100 个关键绩效指标连续 3 年的历史数据，并对"市场占有率增速"、"摩托车产销量"等数据进行横向比较，可比性表现卓越。

可读性（★★★★☆）

《报告》框架清晰，篇幅适宜，语言流畅；图片、表格等表达方式丰富，图文并茂，表述生动；通篇使用蓝色主调，设计风格清新自然，提高了报告的悦读性，具有领先的可读性表现。

创新性（★★★★）

《报告》篇末设置"协同发展"章节，详述下属企业年度履责绩效，利于相关方了解企业履责全貌；对关键绩效数据作醒目处理，重点突出，具有优秀的创新性表现。

综合评级（★★★★☆）

经评级小组评价，《中国兵器装备集团公司 2013 年社会责任报告》为四星半级，是一份领先的企业社会责任报告。

（四）改进建议

1. 加强报告过程性管理，提高利益相关方参与度。

2. 增加行业核心指标的披露，进一步提高报告的完整性。

评级小组

组长：中国社会科学院经济学部企业社会责任研究中心主任　钟宏武

成员：中国企业联合会企业创新工作部主任　程多生

　　　北方工业大学经济管理学院副教授　魏秀丽

　　　中心过程性评估员　方小静　王梦娟

评级专家委员会主席　　　　　　　　　　评级小组组长

中心常务副理事长　　　　　　　　　　　中心主任

二十一、《广百集团 2013 年社会责任报告》评级报告

中国社会科学院经济学部企业社会责任研究中心（以下简称"中心"）受广州百货企业集团有限公司委托，从"中国企业社会责任报告评级专家委员会"中抽选专家组成评级小组，对《广百集团 2013 年社会责任报告》（以下简称《报告》）进行评级。

（一）评级依据

《中国企业社会责任报告编写指南（CASS-CSR 3.0)》暨《中国企业社会责任报告评级标准（2014)》。

（二）评级过程

1. 过程性评估小组访谈广百集团社会责任部门成员。

2. 过程性评估小组现场审查广百集团及下属单位社会责任报告编写过程相关资料。

3. 评级小组对企业社会责任报告的管理过程及《报告》的披露内容进行评价。

4. 本次评级基于企业诚信和可靠性保证做出。

（三）评级结论

过程性（★★★★）

由集团企业文化与品牌传播部牵头成立编写组，高层领导参与启动、推进及审定；编写组识别并建立利益相关方清单，根据公司重大事项、行业对标等对实质性议题进行界定；企业定期发布社会责任季报，拟定与权威媒体合作，召开专项年度社会责任报告发布会，并将以印刷品、电子版、报告简版等形式呈现报告，具有优秀的过程性表现。

实质性（★★★★☆）

《报告》披露了"售后服务管理"、"问题产品处理的制度措施"、"推广环保产品的措施"、"员工权益保护"、"节能建筑与绿色门店"、"责任采购"等零售业关键性议题，具有领先的实质性。

完整性（★★★★）

《报告》从"责任管理"、"顾客权益责任"、"员工权益责任"、"商品质量责任"、"环境保护责任"、"安全生产责任"、"伙伴权益责任"、"社会公益责任"等角度披露了零售业 72.0% 的核心指标，完整性表现优秀。

平衡性 （★★★★☆）

《报告》披露了"顾客投诉事件数"、"公司全年违纪处理数"、"不合格品举例"等负面数据及信息，并以案例形式，对两起"客户谅解事件"的原因及整改措施进行披露，平衡性表现领先。

可比性 （★★★☆）

《报告》披露了 12 个关键绩效指标连续 3 年以上的历史数据，并就"员工满意度"、"员工敬业度"等在行业内进行对比，可比性表现良好。

可读性 （★★★★☆）

《报告》框架清晰，篇幅适宜，语言流畅，案例丰富；采用图片、图表、流程图等表达方式，多层次表现企业责任理念与实践，设计清新自然，令人耳目一新，提高了报告的悦读性，具有领先的可读性表现。

创新性 （★★★★）

《报告》对关键绩效数据、履责主体等内容进行醒目处理，辨识度较高；结尾对报告编写程序进行较详细的说明，梳理总结报告编写对社会责任管理工作的促进作用，创新性表现优秀。

综合评级 （★★★★☆）

经评级小组评价，《广百集团 2013 年社会责任报告》为四星半级，是一份领先的企业社会责任报告。

（四）改进建议

1. 增加历史关键绩效数据的披露，提高报告的可比性。

2. 加强报告过程性管理，提高利益相关方参与度。

评级小组

组长：中国社会科学院经济学部企业社会责任研究中心主任　钟宏武

成员：清华大学创新与社会责任研究中心主任　邓国胜

　　　中国企业联合会全球契约推进办公室主任　韩斌

　　　中心过程性评估员　方小静　王梦娟

评级专家委员会主席　　　　　　　　　　　评级小组组长

中心常务副理事长　　　　　　　　　　　　中心主任

二十二、《中国储备棉管理总公司 2013 年社会责任报告》评级报告

中国社会科学院经济学部企业社会责任研究中心（以下简称"中心"）受中国储备棉管理总公司委托，从"中国企业社会责任报告评级专家委员会"中抽选专家组成评级小组，对《中国储备棉管理总公司 2013 年社会责任报告》（以下简称《报告》）进行评级。

（一）评级依据

《中国企业社会责任报告编写指南（CASS-CSR 3.0)》暨《中国企业社会责任报告评级标准（2014)》。

（二）评级过程

1. 过程性评估小组访谈中国储备棉管理总公司社会责任部门成员。

2. 过程性评估小组现场审查中国储备棉管理总公司及下属单位社会责任报告编写过程相关资料。

3. 评级小组对企业社会责任报告的管理过程及《报告》的披露内容进行评价。

（三）评级结论

过程性（★★★★☆）

由公司企业综合部牵头成立报告编写小组，公司高层领导参与报告启动、推进与审定；编写组根据企业宗旨和主要职责对利益相关方进行识别和排序，以实地调研、问卷调查等方式收集相关方意见，根据调查结果、公司重大事项及国家相关政策对实质性议题进行界定；拟定在官方网站发布报告，并将以印刷品、电子版的形式呈现报告，具有领先的过程性表现。

实质性（★★★★☆）

《报告》系统披露了"响应国家政策"、"安全生产运营"、"员工权益保护"、"提升承储库管理"、"绿色仓储及物流"等所在行业关键性议题，具有领先的实质性表现。

完整性（★★★★）

《报告》从"科学稳健发展"、"服务棉花宏观调控"、"安全生产运营"、"促进员工发展"、"社区和谐发展"、"共建绿色生态"等角度披露了所在行业 72% 的核心指标，完整性表现优秀。

平衡性（★★★★）

《报告》披露了"风险内审问题数"、"重大安全生产事故数"、"员工伤亡数"等负面数据信息，并对"山西省棉麻公司侯马采购供应站事故"的后续改善措施进行披露，平衡性表现优秀。

可比性（★★★★★）

《报告》披露了"资产总额"、"净利润"、"资产负债率"、"招标项目监督"、"女性管理者比例"、"能源消耗总量"等37个关键绩效指标连续3年的历史数据，可比性表现卓越。

可读性（★★★★☆）

《报告》框架清晰，篇幅适宜，案例丰富，文字优美；"水彩画"设计风格，优雅美观；文字叙述结合图表、流程图，生动展现企业履责实践，显著提高了报告的悦读性，具有领先的可读性表现。

创新性（★★★★☆）

《报告》开篇以故事形式，讲述"棉花的历史"、"棉花与经济"，引导读者"走进棉花储备"，发现"中储棉的价值"，趣味盎然，引人入胜，赋予报告更多文化韵味，具有领先的创新性。

综合评级（★★★★☆）

经评级小组评价，《中国储备棉管理总公司2013年社会责任报告》为四星半级，是一份领先的企业社会责任报告。

（四）改进建议

增加行业核心指标的披露，进一步提高报告的完整性。

评级小组

组长：中国企业联合会企业创新工作部主任　程多生

成员：中国企业公民委员会副会长　刘卫华

北方工业大学经济管理学院副教授　魏秀丽

中心过程性评估员　方小静　王志敏

评级专家委员会主席　　　　　　　　　　　　评级小组组长
中心常务副理事长　　　　　　　　　　　　　中心副理事长

二十三、《中煤集团 2013 年社会责任报告》评级报告

中国社会科学院经济学部企业社会责任研究中心（以下简称"中心"）受中国中煤能源集团有限公司（以下简称"中煤集团"）委托，从"中国企业社会责任报告评级专家委员会"中抽选专家组成评级小组，对《中煤集团 2013 年社会责任报告》（以下简称《报告》）进行评级。

（一）评级依据

《中国企业社会责任报告编写指南（CASS-CSR 3.0)》暨《中国企业社会责任报告评级标准（2014)》。

（二）评级过程

1. 过程性评估小组访谈中煤集团社会责任负责部门成员。

2. 过程性评估小组现场审查覆盖中煤集团和下属单位的社会责任报告编写过程相关资料。

3. 评级小组对企业社会责任报告的管理过程进行评价。

4. 评级小组对《报告》的披露内容进行评价。

（三）评级结论

过程性（★★★★☆）

由公司办公厅牵头成立报告编写组，高层领导参与启动及审议；编写组对利益相关方进行识别，并对相关方意见进行调查，根据调查结果、行业对标分析对实质性议题进行界定；将参加报告集中发布会，并将以印刷品、电子版等形式呈现报告，具有领先的过程性表现。

实质性（★★★★★）

《报告》系统披露了"保障能源供应"、"职业健康管理"、"安全生产"、"保护土地"、"发展循环经济"、"矿区保育、尾矿处理和矿区生态保护"等煤炭开采与洗选业关键性议题，实质性表现卓越。

完整性（★★★★）

《报告》从"安全责任"、"经济责任"、"环境责任"、"创新责任"、"员工责任"、"社区责任"等方面披露了煤炭开采与洗选业核心指标的74%，完整性表现优秀。

平衡性（★★★★）

《报告》披露了"原煤生产百万吨死亡率"、"矿建施工万米进尺死亡率"、"安全风险预控管理措施"等负面指标信息概况，平衡性表现优秀。

可比性（★★★★）

《报告》披露了26个关键绩效指标连续3年的历史数据，并就"煤炭生产百万吨死亡率"、"煤机总产量"等在国内行业进行对比，可比性表现优秀。

可读性（★★★★☆）

《报告》框架清晰，篇幅适宜，语言流畅，案例详尽；设置较多图片、图表、流程图，与文字表达相辅相成，设计清新自然，具有领先的可读性表现。

创新性（★★★★）

《报告》在各章节均设置"开篇"专题，辅以对应的利益相关方证言，利于读者了解企业责任实践重点，增加报告可信度，创新性表现优秀。

综合评级（★★★★☆）

经评级小组评价，《中煤集团2013年社会责任报告》为四星半级，是一份领先的企业社会责任报告。

（四）改进建议

1. 增加负面数据和负面事件分析的披露，提高报告的平衡性。

2. 增加历史关键绩效数据的披露，提高报告的可比性。

评级小组

组长：中国社会科学院经济学部企业社会责任研究中心主任　钟宏武

成员：清华大学创新与社会责任研究中心主任　邓国胜

　　　中国企业公民委员会副会长　刘卫华

过程性评估小组：中心评价部　翟利峰　方小静

评级专家委员会主席　　　　　　　　　　　评级小组组长

中心常务副理事长　　　　　　　　　　　　中心主任

二十四、《LG 化学（中国）社会责任报告 2013》评级报告

中国社会科学院经济学部企业社会责任研究中心（以下简称"中心"）受 LG 化学（中国）投资有限公司委托，从"中国企业社会责任报告评级专家委员会"中抽选专家组成评级小组，对《LG 化学（中国）社会责任报告 2013》（以下简称《报告》）进行评级。

（一）评级依据

《中国企业社会责任报告编写指南（CASS-CSR 3.0)》暨《中国企业社会责任报告评级标准（2014)》。

（二）评级过程

1. 过程性评估小组访谈 LG 化学（中国）投资有限公司社会责任部门成员。

2. 过程性评估小组现场审查 LG 化学（中国）及下属单位社会责任报告编写过程相关资料。

3. 评级小组对企业社会责任报告的管理过程及《报告》的披露内容进行评价。

（三）评级结论

过程性（★★★★☆）

由公司总务/涉外 PART 牵头成立报告编写小组，高层领导参与报告编写启动、推进及最终审定；编写组对利益相关方进行识别与排序，并以咨询、座谈、告知等方式对相关方意见进行调查，根据调查结果、公司重大事项及中国国家相关政策对实质性议题进行界定；计划在公司内部活动中发布报告，并将以印刷品、电子版等形式呈现报告，具有领先的过程性表现。

实质性（★★★★☆）

《报告》系统披露了"产品服务创新"、"职业健康管理"、"安全生产"、"环境事故应急管理机制"、"危险化学品管理"、"发展循环经济"等工业化学品制造业关键性议题，具有领先的实质性表现。

完整性（★★★☆）

《报告》从"责任管理"、"能源管理"、"人才培养"、"职业安全健康"、"社会关爱"等角度披露了工业化学品制造业 60% 的核心指标，完整性表现良好。

平衡性（★★★☆）

《报告》披露了"工伤率"、"水污染排放量"、"有害化学物质"等负面数据信

息，平衡性表现良好。

可比性（★★★★★）

《报告》披露了"经济"、"环境"、"能源"、"社会"等方面 61 个关键绩效指标连续 3 年以上的历史数据，可比性表现卓越。

可读性（★★★★☆）

《报告》结构清晰，逻辑清楚，语言简洁流畅；排版精美，设计新颖，图片、表格、流程图等表达方式多样，与文字叙述浑然一体，各篇章色调含义与主体内容相呼应，提高了报告的悦读性，具有领先的可读性表现。

创新性（★★★★）

《报告》在篇尾"2013 年关键绩效表"中，加入企业在相应板块的政策或措施，使绩效数据表现更加丰满；在设计风格上，以活泼的化学标示串联各章节，形式新颖，具有优秀的创新性表现。

综合评级（★★★★☆）

经评级小组评价，《LG 化学（中国）社会责任报告 2013》为四星半级，是一份领先的企业社会责任报告。

（四）改进建议

1. 增加行业核心指标的披露，提高报告的完整性。

2. 增加负面数据信息以及负面事件的披露，提升报告平衡性。

评级小组

组长：中国社会科学院经济学部企业社会责任研究中心主任　钟宏武

成员：中山大学岭南学院教授　陈宏辉

　　　《中国企业观察报》编辑　侯明辉

　　　中心过程性评估员　方小静　王梦娟

评级专家委员会副主席　　　　　　　　　评级小组组长

中心常务副理事长　　　　　　　　　　　中心主任

二十五、《深圳供电局有限公司 2013 年社会责任实践报告》评级报告

中国社会科学院经济学部企业社会责任研究中心（以下简称"中心"）受深圳供电局有限公司委托，从"中国企业社会责任报告评级专家委员会"中抽选专家组成评级小组，对《深圳供电局有限公司 2013 年社会责任实践报告》（以下简称《报告》）进行评级。

（一）评级依据

《中国企业社会责任报告编写指南（CASS-CSR 3.0)》暨《中国企业社会责任报告评级标准（2014)》。

（二）评级过程

1. 过程性评估小组访谈深圳供电局有限公司社会责任部门成员。

2. 过程性评估小组现场审查覆盖深圳供电局有限公司和下属单位的社会责任实践报告编写过程相关资料。

3. 评级小组对企业社会责任实践报告的管理过程进行评价。

4. 评级小组对《报告》的披露内容进行评价；基于企业诚信和可靠性保证，未对其真实性做出评价。

（三）评级结论

过程性（★★★★☆）

企业管理部牵头成立编写组，高层领导参与审议及会签；编写组对公司利益相关方进行识别和排序，并对利益相关方意见进行深度调查，根据调查结果、公司重大事项、国家相关政策及行业对标分析等对实质性议题进行界定；公司计划在"社会责任日"召开专项发布会，将以印刷品、电子版和多语种等形式呈现报告，具有领先的过程性表现。

实质性（★★★★★）

《报告》系统披露了"保障电力供应"、"提供优质服务"、"综合停电管理的制度措施"、"绿色供电的制度及措施"、"安全生产"、"设备管理"、"员工权益保护"等电力供应业关键性议题，叙述详尽，具有卓越的实质性。

完整性（★★★★）

《报告》从"电力供应"、"绿色环保"、"经济绩效"、"社会和谐"、"责任管理"等角度披露了电力供应业核心指标的 75%，完整性表现优秀。

平衡性（★★★★）

《报告》披露了"重大及以上电力安全事故"、"重大及以上设备事故"、"员工伤亡"、"年度新增职业病"等负面信息概况，并对"变电管理一所测温排查隐患"事件进行披露，平衡性表现优秀。

可比性（★★★★）

《报告》披露了30个关键绩效指标连续3年以上的数据，就"客户年平均停电时间"、"供电服务公众满意度"、"客户满意度"等指标进行国内、国际行业对比，可比性表现优秀。

可读性（★★★★☆）

《报告》结构清晰，逻辑清楚，语言简洁流畅；采用"水墨画"设计风格，排版美观，设计精美，图片、图表、流程图等多种表达方式与文字叙述相互呼应，且对专业术语进行解释，可读性表现领先。

创新性（★★★★）

《报告》开篇以"电力服务，走近您身边"、"绿电网，深港行"责任专题形式，详细介绍企业在服务及供电方面的责任实践重点；各专题以员工希望寄语的方式开篇，形式新颖，创新性表现优秀。

综合评级（★★★★☆）

经评级小组评价，《中国深圳供电局2013年社会责任实践报告》为四星半级，是一份领先的企业社会责任报告。

（四）改进建议

1. 增加负面信息与负面事件分析的披露，提高报告的平衡性。

2. 增加行业核心指标的披露，进一步提高报告的完整性。

评级小组

组长：中国社会科学院经济学部企业社会责任研究中心主任　钟宏武

成员：北京工商大学副教授　郭毅

　　　商道纵横总经理　郭沛源

过程性评估小组：中心评价部　翟利峰　张晓丹

评级专家委员会主席　　　　　　　　　评级小组组长
中心常务副理事长　　　　　　　　　　中心主任

二十六、《新兴际华集团 2013 年社会责任报告》评级报告

中国社会科学院经济学部企业社会责任研究中心（以下简称"中心"）受新兴际华集团有限公司委托，从"中国企业社会责任报告评级专家委员会"中抽选专家组成评级小组，对《新兴际华集团 2013 年社会责任报告》（以下简称《报告》）进行评级。

（一）评级依据

《中国企业社会责任报告编写指南（CASS-CSR 3.0)》暨《中国企业社会责任报告评级标准（2014)》。

（二）评级过程

1. 过程性评估小组访谈新兴际华集团有限公司社会责任部门成员。

2. 过程性评估小组现场审查新兴际华集团有限公司及下属企业社会责任报告编写过程相关资料。

3. 评级小组对企业社会责任报告的管理过程及《报告》的披露内容进行评价。

（三）评级结论

过程性（★★★★）

由集团办公室牵头成立报告编写组，高层领导参与编写推进及报告审定；编写组识别利益相关方，并根据公司重大事项、国家相关政策等对实质性议题进行界定；计划在官方网站发布报告，并将以印刷品、电子版等形式呈现报告，具有优秀的过程性表现。

实质性（★★★★☆）

《报告》系统披露了"产品质量管理"、"产品创新"、"职业健康管理"、"安全生产"、"环保技术和设备的研发与应用"、"节约能源、水资源"、"减少'三废'排放"等所在行业关键性议题，具有领先的实质性表现。

完整性（★★★★）

《报告》从"管理提升实力"、"科技保障能力"、"环境激发潜力"、"分享形成合力"、"诚心服务客户"、"真心善待员工"、"爱心回馈社会"等角度，披露了所在行业 78.0% 的核心指标，完整性表现优秀。

平衡性（★★★★）

《报告》披露了"员工伤亡人数"、"员工工伤事故次数"、"重大设备事故次数"

等负面数据信息，并对车间安全隐患排查结果及整改措施进行简要阐述，平衡性表现优秀。

可比性 （★★★★★）

《报告》披露了"纳税总额"、"安全生产投入"、"员工培训次数"、"研发投入"、"万元产值综合能耗"等54个关键绩效指标连续3年的历史数据，具有卓越的可比性表现。

可读性 （★★★★☆）

《报告》框架清晰，篇幅适宜，语言流畅；图片、表格、流程图等表达方式丰富，与文字叙述相得益彰；设计风格简约雅致，色调清新，显著提高了报告的悦读性，可读性表现领先。

创新性 （★★★★）

《报告》开篇设置"亮点2013"专题，提炼企业年度履责重点，利于相关方了解企业责任情况；对关键绩效作醒目处理，重点突出，具有优秀的创新性表现。

综合评级 （★★★★☆）

经评级小组评价，《新兴际华集团2013年社会责任报告》为四星半级，是一份领先的企业社会责任报告。

（四）改进建议

1. 加强报告过程性管理，提高利益相关方参与度。

2. 增加行业核心指标的披露，进一步提高报告的完整性。

评级小组

组长：中国企业联合会企业创新工作部主任　程多生

成员：北方工业大学经济管理学院副教授　魏秀丽

　　　中国社会科学院经济学部企业社会责任研究中心常务副主任　张蒽

　　　中心过程性评估员　方小静　王梦娟　张晓丹

评级专家委员会主席　　　　　　　　　　　　评级小组组长

中心常务副理事长　　　　　　　　　　　　　中心副理事长

第十六章　评级报告展示（四星级）

一、《华润置地有限公司 2013 年社会责任报告》评级报告

中国社会科学院经济学部企业社会责任研究中心（以下简称"中心"）受华润置地有限公司委托，从"中国企业社会责任报告评级专家委员会"中抽选专家组成评级小组，对《华润置地有限公司 2013 年社会责任报告》（以下简称《报告》）进行评级。

（一）评级依据

《中国企业社会责任报告编写指南（CASS-CSR 3.0)》暨《中国企业社会责任报告评级标准（2014)》。

（二）评级过程

1. 过程性评估小组访谈华润置地有限公司社会责任部门成员。

2. 过程性评估小组现场审查华润置地有限公司及下属企业社会责任报告编写过程相关资料。

3. 评级小组对企业社会责任报告的管理过程及《报告》的披露内容进行评价。

（三）评级结论

过程性（★★★★）

由公司企业人事行政部牵头成立编写组，高层领导参与启动、推进及审定，核心部门与下属企业代表参与撰写；编写组对利益相关方进行识别与排序，并对部分相关方意见进行收集；根据公司重大事项、国家相关政策、行业对标分析对实质性议题进行界定；计划在官方网站发布报告，并将以印刷品、电子版等形式呈现报告，具有优秀的过程性表现。

实质性（★★★★☆）

《报告》系统披露了"贯彻宏观政策"、"确保房屋住宅质量"、"提供优质服务"、"积极应对客户投诉"、"员工培训和发展"、"废弃砖石、原料、土壤等循环利用"、

"绿色建筑"等房地产开发业、房地产服务业关键性议题，具有领先的实质性表现。

完整性（★★★☆）

《报告》从"为股东实现价值创造"、"为员工建设幸福家园"、"为客户提供优质产品与服务"、"与合作伙伴携手共赢"、"与社会和谐共存"、"缔造可持续生态环境"等角度披露了所在行业 66% 的核心指标，完整性表现良好。

平衡性（★★★★☆）

《报告》披露了"工伤事故发生数"、"重伤及以上的一般事故数"、"万元以上损失事故数"等负面数据信息，并以案例形式，对公司"沈阳奉天九里项目客诉事件"的过程和整改措施进行详细的披露，平衡性表现领先。

可比性（★★★★★）

《报告》披露了 33 个关键绩效指标连续 3 年的历史数据，并对"住宅项目签约额"、"净利润"等指标进行横向对比，可比性表现卓越。

可读性（★★★★☆）

《报告》框架清晰，逻辑清楚，案例丰富；使用图片、表格、流程图等多种表达方式，与文字叙述相得益彰；排版精美，主题色调活泼明快，设计风格具有行业特色，提高了报告的悦读性，具有领先的可读性表现。

创新性（★★★☆）

《报告》以专题"万象十年"开篇，详细阐述企业在责任领域的实践亮点；多处以便笺形式展示企业责任案例，形式新颖，重点突出，创新性表现良好。

综合评级（★★★★）

经评级小组评价，《华润置地有限公司 2013 年社会责任报告》为四星级，是一份优秀的企业社会责任报告。

（四）改进建议

1. 增加行业核心指标的披露，提高报告的完整性。

2. 提高利益相关方参与度，进一步加强报告过程性管理。

评级小组

组长：中国社会科学院经济学部企业社会责任研究中心主任　钟宏武

成员：中山大学岭南学院教授　陈宏辉

　　　《中国企业观察报》编辑　侯明辉

　　　中心过程性评估员　方小静　王志敏

评级专家委员会主席　　　　　　　　　　评级小组组长

中心常务副理事长　　　　　　　　　　　中心主任

二、《现代汽车集团（中国）2013 年社会责任报告》评级报告

中国社会科学院经济学部企业社会责任研究中心（以下简称"中心"）受现代汽车（中国）投资有限公司委托，从"中国企业社会责任报告评级专家委员会"中抽选专家组成评级小组，对《现代汽车集团（中国）2013 年社会责任报告》（以下简称《报告》）进行评级。

（一）评级依据

《中国企业社会责任报告编写指南（CASS-CSR 3.0）》暨《中国企业社会责任报告评级标准（2014）》。

（二）评级过程

1. 过程性评估小组访谈现代汽车（中国）投资有限公司社会责任部门成员。

2. 过程性评估小组现场审查现代汽车（中国）及下属单位社会责任报告编写过程相关资料。

3. 评级小组对企业社会责任报告的管理过程及《报告》的披露内容进行评价。

4. 本次评级基于企业诚信和可靠性保证做出。

（三）评级结论

过程性（★★★★）

由公司企业营销战略部牵头成立编写组，高层领导参与报告审定；编写组对利益相关方进行识别与排序，并对部分利益相关方意见进行调查；根据公司重大事项、中国国家相关政策对实质性议题进行界定；拟定报告专项发布方式，并将以印刷品、电子版等形式呈现报告，具有优秀的过程性表现。

实质性（★★★★★）

《报告》系统披露了"客户关系管理"、"确保产品安全性"、"支持科技研发"、"产品召回机制"、"职业健康管理"、"节能与新能源交通运输设备的研发与销售"、"报废设备的回收再利用"等交通运输设备制造业关键性议题，叙述详细充分，具有卓越的实质性表现。

完整性（★★★★）

《报告》从"追求技术领先"、"汽车生活伴侣"、"为绿色而行动"、"培养现代人才"、"助建和谐社会"等方面披露了交通运输设备制造业核心指标的 71%，完整性表现优秀。

平衡性（★★★☆）

《报告》以案例形式，对"北京现代主动召回 ix35 汽车"事件的原因、召回方式及解决办法进行了较详细的披露，平衡性表现良好。

可比性（★★★★★）

《报告》披露了 54 个关键绩效指标连续 3 年的历史数据，并对"顾客满意指数"、"中国汽车用户满意指数"等指标进行行业对比，可比性表现卓越。

可读性（★★★★☆）

《报告》框架合理，篇幅适宜，语言流畅；图表、流程图等表达方式丰富，设计风格具有汽车行业特色，色调清新，亲和力强；"小知识"栏目对专业词汇进行了解释，具有领先的可读性表现。

创新性（★★★☆）

作为公司在华的首份社会责任报告，以专题和大事记等形式开篇，多空间和长视角地展现企业在中国的发展历程和责任实践，便于读者更加全面深刻地理解企业社会责任现况，具有良好的创新性。

综合评级（★★★★）

经评级小组评价，《现代汽车集团（中国）2013 年社会责任报告》为四星级，是一份优秀的企业社会责任报告。

（四）改进建议

1. 加强报告过程性管理，提高利益相关方参与度。

2. 增加行业核心指标的披露，进一步提高报告的完整性。

3. 增加对企业负面数据信息的披露，进一步提高报告的平衡性。

评级小组

组长：新华网副总裁　魏紫川

成员：北京工商大学副教授　郭毅

　　　中国社会科学院企业社会责任研究中心副主任　张蒽

　　　中心过程性评估员　翟利峰　张晓丹

评级专家委员会主席　　　　　　　　　　　　评级小组组长

中心常务副理事长　　　　　　　　　　　　　中心副理事长

三、《中国黄金国际资源有限公司 2013 年社会责任报告》评级报告

中国社会科学院经济学部企业社会责任研究中心（以下简称"中心"）受中国黄金国际资源有限公司委托，从"中国企业社会责任报告评级专家委员会"中抽选专家组成评级小组，对《中国黄金国际资源有限公司 2013 年社会责任报告》（以下简称《报告》）进行评级。

（一）评级依据

《中国企业社会责任报告编写指南（CASS-CSR 3.0）》暨《中国企业社会责任报告评级标准（2014）》。

（二）评级过程

1. 过程性评估小组访谈中国黄金国际资源有限公司社会责任部门成员。

2. 过程性评估小组现场审查中国黄金国际资源有限公司及下属企业社会责任报告编写过程相关资料。

3. 评级小组对企业社会责任报告的管理过程及《报告》的披露内容进行评价。

（三）评级结论

过程性（★★★★）

由公司综合办公室董秘处牵头成立报告编写组，高层领导参与编写推进及报告审定；编写组对利益相关方进行识别，根据公司重大事项、国家相关政策、行业对标分析等对实质性议题进行界定；计划在官方网站发布报告，并将以印刷品、电子版、中英文版本等形式呈现报告，具有优秀的过程性表现。

实质性（★★★★☆）

《报告》系统披露了"数字矿山建设"、"职业健康管理"、"安全生产"、"环境管理体系"、"环保技术和设备的研发与应用"、"减少'三废'排放"、"矿区保育、尾矿处理和矿区生态保护"等一般采矿业关键性议题，具有领先的实质性表现。

完整性（★★★★）

《报告》从"责任管理"、"环保节能"、"安全生产"、"员工权益"、"科技创新"、"和谐共赢"等角度，披露了一般采矿业 70.0%的核心指标，完整性表现优秀。

平衡性（★★★★）

《报告》披露了"工亡事故数"、"千人负伤率"、"职业病例数"等负面数据信息，并对子公司安全生产隐患排查过程及整改成效进行阐述，平衡性表现优秀。

可比性（★★★★★）

《报告》披露了"纳税总额"、"安全投入"、"环保投入"、"对外捐助总额"等 69 个关键绩效指标连续 3 年以上的历史数据，具有卓越的可比性表现。

可读性（★★★★☆）

《报告》框架清晰，语言流畅，案例翔实；图片、表格等表达方式丰富，与文字叙述相得益彰；排版精美，选用金色为主色调，符合行业特征，提高了报告的悦读性，可读性表现领先。

创新性（★★★★）

《报告》以独立分报告形式，采用丰富案例及图片展现子公司责任实践，对主报告内容进行补充，便于相关方全面了解企业责任绩效，具有优秀的创新性表现。

综合评级（★★★★）

经评级小组评价，《中国黄金国际资源有限公司 2013 年社会责任报告》为四星级，是一份优秀的企业社会责任报告。

（四）改进建议

1. 增加行业核心指标的披露，提高报告的完整性。

2. 增加对企业负面数据信息的披露，进一步提高报告的平衡性。

3. 加强报告过程性管理，提高利益相关方参与度。

评级小组

组长：中国社会科学院经济学部企业社会责任研究中心主任　钟宏武

成员：中山大学岭南学院教授　陈宏辉

　　　深圳证券交易所高级经理　费加航

　　　中心过程性评估员　方小静　王梦娟

评级专家委员会主席　　　　　　　　　　评级小组组长

中心常务副理事长　　　　　　　　　　　中心主任

四、《华润电力控股有限公司 2013 年可持续发展报告》评级报告

中国社会科学院经济学部企业社会责任研究中心（以下简称"中心"）受华润电力控股有限公司委托，从"中国企业社会责任报告评级专家委员会"中抽选专家组成评级小组，对《华润电力控股有限公司 2013 年可持续发展报告》（以下简称《报告》）进行评级。

（一）评级依据

《中国企业社会责任报告编写指南（CASS-CSR 3.0)》暨《中国企业社会责任报告评级标准（2014)》。

（二）评级过程

1. 过程性评估小组访谈华润电力控股有限公司社会责任部门成员。

2. 过程性评估小组现场审查华润电力控股有限公司及下属企业可持续发展报告编写过程相关资料。

3. 评级小组对企业可持续发展报告的管理过程及《报告》的披露内容进行评价。

（三）评级结论

过程性（★★★★）

由公司董事会办公室牵头成立报告编写组，高层领导参与编写推进及报告审定；编写组对利益相关方进行识别，根据公司重大事项、国家相关政策及相关方意见对实质性议题进行界定；拟定在公司官方网站发布报告，并将以印刷品、电子版、多语种版本等形式呈现报告，具有优秀的过程性表现。

实质性（★★★★☆）

《报告》系统披露了"保障电力供应"、"安全生产"、"发展绿色电力"、"发展循环经济"、"节约资源能源"、"厂区及周边环境治理"等电力生产业关键性议题，实质性表现领先。

完整性（★★★☆）

《报告》从"责任管理"、"发展绩效"、"经济绩效"、"环境绩效"、"社会绩效"等角度披露了电力生产业 66.0% 的核心指标，完整性表现良好。

平衡性（★★★☆）

《报告》披露了"安全生产事故数"、"人身伤亡事故数"、"非计划停运次数"等负面数据信息，并以案例形式，对公司管理缺陷及整改措施进行阐述，平衡性

表现良好。

可比性（★★★★★）

《报告》披露了"运营发电量"、"经营利润"、"员工培训总投入"、"烟尘排放率"等53个关键绩效指标连续3年的历史数据，具有卓越的可比性表现。

可读性（★★★★☆）

《报告》框架清晰，篇幅适宜，语言流畅；采用图片、表格、流程图等多种表现形式，排版精美；设计风格生动活泼，多处嵌入具有行业特色的图形设计，提高了报告的悦读性，可读性表现领先。

创新性（★★★☆）

《报告》以专题"十年发展履责路"、"蓝筹之路"开篇，描绘企业社会责任绩效全貌，便于相关方整体了解企业履责历程，创新性表现良好。

综合评级（★★★★）

经评级小组评价，《华润电力控股有限公司2013年可持续发展报告》为四星级，是一份优秀的企业社会责任报告。

（四）改进建议

1. 增加行业核心指标的披露，提高报告的完整性。

2. 增加负面数据及负面事件信息的披露，提高报告的平衡性。

3. 提高利益相关方参与度，进一步加强报告过程性管理。

评级小组

组长：中国社会科学院经济学部企业社会责任研究中心主任　钟宏武

成员：中国企业联合会全球契约推进办公室主任　韩斌

　　　北方工业大学经济管理学院副教授　魏秀丽

　　　中心过程性评估员　翟利峰　王梦娟

评级专家委员会主席　　　　　　　　　　　评级小组组长

中心常务副理事长　　　　　　　　　　　　中心主任

五、《2013 年中钢集团可持续发展报告》评级报告

中国社会科学院经济学部企业社会责任研究中心（以下简称"中心"）受中国中钢集团公司委托，从"中国企业社会责任报告评级专家委员会"中抽选专家组成评级小组，对《2013 年中钢集团可持续发展报告》（以下简称《报告》）进行评级。

（一）评级依据

《中国企业社会责任报告编写指南（CASS–CSR 3.0)》暨《中国企业社会责任报告评级标准（2014)》。

（二）评级过程

1. 过程性评估小组访谈中国中钢集团公司社会责任部门成员。

2. 过程性评估小组现场审查中国中钢集团公司及下属单位社会责任报告编写过程相关资料。

3. 评级小组对企业社会责任报告的管理过程及《报告》的披露内容进行评价。

4. 本次评级基于企业诚信和可靠性保证做出。

（三）评级结论

过程性（★★★★☆）

由集团办公室牵头成立《报告》编写组，高层领导参与报告推进及审定；编写组有明确的编写分工及推进计划，并就《报告》编写进行培训；根据公司重大事项、行业对标及利益相关方调查结果对实质性议题进行界定；拟定召开报告视频发布会，并将以印刷品、电子版及手机 APP 等形式呈现报告，具有领先的过程性表现。

实质性（★★★★☆）

《报告》系统披露了"职业健康管理"、"安全生产"、"环境管理体系"、"环保技术和设备的研发与应用"、"节约土地资源"、"减少'三废'排放"、"残矿回收"、"矿区保育、尾矿处理和矿区生态保护"等所在行业关键性议题，具有领先的实质性。

完整性（★★★★）

《报告》从"责任管理"、"产业链责任"、"员工责任"、"安全生产"、"和谐矿区"、"环境责任"等角度披露了所在行业核心指标的 78.0%，完整性表现优秀。

平衡性（★★★☆）

《报告》披露了"安全生产事故数"、"工亡人数"、"重伤人数"等负面数据信

息，平衡性表现良好。

可比性（★★★☆）

《报告》披露了"营业收入"、"研发投入"、"万元产值综合能耗"等18个关键绩效指标连续3年的历史数据，可比性表现良好。

可读性（★★★★☆）

《报告》框架合理，语言简洁流畅；主题色调与封面图形所使用"橙、蓝、绿"三色呼应，设计精美；图表样式丰富，简化了文字叙述，清晰明了；案例配图准确，生动表现责任实践，具有领先的可读性表现。

创新性（★★★★）

《报告》构思巧妙，三大篇章对应三组英文短语，而每个短语中主题词的首字母又构成企业各责任板块的履责重点，并以此为核心内容领衔各小节，脉络清晰而有新意；正文以"声音"的形式表达利益相关方对企业社会责任实践的认识，更具说服力，创新性表现优秀。

综合评级（★★★★）

经评级小组评价，《2013年中钢集团可持续发展报告》为四星级，是一份优秀的企业社会责任报告。

（四）改进建议

1. 增加行业核心指标的披露，进一步提高报告的完整性。

2. 增加行业关键绩效数据的披露，提高报告的可比性。

3. 增加对企业负面信息及事件的披露，进一步提高报告的平衡性。

评级小组

组长：中国社会科学院经济学部企业社会责任研究中心主任　钟宏武

成员：中山大学岭南学院教授　　陈宏辉

　　　《中国企业观察报》编辑　　侯明辉

　　　中心过程性评估员　方小静　王梦娟

评级专家委员会主席　　　　　　　　　　　评级小组组长

中心常务副理事长　　　　　　　　　　　　中心主任

六、《中国交建 2013 年社会责任报告》评级报告

中国社会科学院经济学部企业社会责任研究中心（以下简称"中心"）受中国交通建设股份有限公司（以下简称"中国交建"）委托，从"中国企业社会责任报告评级专家委员会"中抽选专家组成评级小组，对《中国交建 2013 年社会责任报告》（以下简称《报告》）进行评级。

（一）评级依据

《中国企业社会责任报告编写指南（CASS-CSR 3.0)》暨《中国企业社会责任报告评级标准（2014)》。

（二）评级过程

1. 过程性评估小组访谈中国交建社会责任部门成员。

2. 过程性评估小组现场审查覆盖中国交建和下属单位的社会责任报告编写过程相关资料。

3. 评级小组对企业社会责任报告的管理过程进行评价。

4. 评级小组对《报告》的披露内容进行评价。

（三）评级结论

过程性（★★★☆）

党委工作部牵头成立报告编写组，高层领导参与报告审议；编写组对利益相关方进行识别，参考公司重大事项、行业对标分析等对实质性议题进行界定；拟订报告发布方案，将以印刷品、电子版和多语种等形式呈现报告，具有良好的过程性表现。

实质性（★★★★☆）

《报告》系统披露了"贯彻宏观政策"、"建筑质量管理"、"产品创新"、"农民工权益保护"、"承包商管理制度与措施"、"安全生产"、"建筑垃圾管理"等建筑业关键性议题，实质性表现领先。

完整性（★★★★）

《报告》从"责任管理"、"五商中交"、"客户满意"、"股东满意"、"员工满意"、"社会满意"、"绿色生态"等方面披露了建筑业核心指标的 76.2%，完整性表现优秀。

平衡性（★★★★☆）

《报告》披露了"安全生产事故数"、"员工伤亡人数"等负面数据信息，并对

"10·12 重庆丰都长江二桥施工重大安全事故"的经过及应对措施进行较详细的分析，平衡性表现领先。

可比性（★★★★★）

《报告》披露了 34 个关键绩效指标连续多年的历史数据，并就"国际工程承包能力"、"建筑产品设计能力"、"集装箱起重机制造规模"等在国内外行业内进行对比，可比性表现卓越。

可读性（★★★★）

《报告》框架清晰，语言流畅，案例结合得当；图片、图表、流程图等表达方式丰富多样，中英文表达利于国内外相关方阅读，具有优秀的可读性。

创新性（★★★☆）

《报告》内外结合，从报告设计和内容设置上突出"五商中交"的发展思路；用"浇筑"这一行业特色词汇诠释实现主要利益相关方"满意"的理念和路径，创新性表现良好。

综合评级（★★★★）

经评级小组评价，《中国交建 2013 年社会责任报告》为四星级，是一份优秀的企业社会责任报告。

（四）改进建议

1. 增加行业核心指标的披露，进一步提高报告的完整性。

2. 完善报告编写流程，提高相关方参与度和议题识别的规范性。

评级小组

组长：中国社会科学院经济学部企业社会责任研究中心主任　钟宏武

成员：中山大学岭南学院教授　陈宏辉

　　　中国企业联合会全球契约推进办公室主任　韩斌

过程性评估小组：中心评价部　翟利峰　张晓丹

评级专家委员会主席　　　　　　　　　　评级小组组长

中心常务副理事长　　　　　　　　　　　中心主任

七、《中航工业社会责任报告 2013》评级报告

中国社会科学院经济学部企业社会责任研究中心（以下简称"中心"）受中国航空工业集团公司委托，从"中国企业社会责任报告评级专家委员会"中抽选专家组成评级小组，对《中航工业社会责任报告 2013》（以下简称《报告》）进行评级。

（一）评级依据

《中国企业社会责任报告编写指南（CASS-CSR 3.0)》暨《中国企业社会责任报告评级标准（2014)》。

（二）评级过程

1. 过程性评估小组访谈中国航空工业集团公司社会责任部门成员。

2. 过程性评估小组现场审查中国航空工业集团公司及下属企业社会责任报告编写过程相关资料。

3. 评级小组对企业社会责任报告的管理过程及《报告》的披露内容进行评价。

（三）评级结论

过程性（★★★★）

由集团办公厅社会责任处牵头成立报告编写组，高层领导参与编写推进及报告审定；编写组对利益相关方进行识别与排序，根据公司重大事项、国家相关政策、行业对标分析等对实质性议题进行界定；拟定召开嵌入式发布会，并将以印刷品、电子版、多语种版本等形式呈现报告，具有优秀的过程性表现。

实质性（★★★★★）

《报告》系统披露了"贯彻宏观政策"、"客户关系管理"、"产品质量管理"、"产品科技创新"、"职业健康安全管理"、"安全生产"、"环保技术和设备的研发与应用"、"节约资源能源"等特种设备制造业关键性议题，叙述详细充分，具有卓越的实质性表现。

完整性（★★★☆）

《报告》从"筑牢国家安全基石"、"服务国民经济增长"、"提供用户满意产品"、"引领行业跨越发展"、"共同建设美丽中国"、"争当优秀企业公民"等角度，披露了特种设备制造业 65.0% 的核心指标，完整性表现良好。

平衡性（★★★★）

《报告》披露了"职业病病例数"、"重大事故隐患整改率"等负面数据信息，

并对质量隐患、安全隐患的整治过程及整改绩效进行阐述，平衡性表现优秀。

可比性（★★★）

《报告》披露了 10 个关键绩效指标连续 3 年的历史数据，并对"通航飞机数量"、"通航飞机年飞行小时数"等指标进行横向比较，可比性需进一步加强。

可读性（★★★★☆）

《报告》框架清晰，篇幅适宜，语言流畅；艺术化的羽毛设计贯穿全篇，突出"以心为翼，载梦飞翔"的责任理念，契合行业特征，提高了报告的悦读性，具有领先的可读性表现。

创新性（★★★★☆）

《报告》开篇设置专题，详述企业"发展通用民航，服务国计民生"的履责成果，重点突出；各篇章附有二维码链接，提供延伸阅读方式，便于读者进一步了解企业履责实践，创新性表现领先。

综合评级（★★★★）

经评级小组评价，《中航工业社会责任报告 2013》为四星级，是一份优秀的企业社会责任报告。

（四）改进建议

1. 增加企业历史关键数据的披露，提高报告的可比性。

2. 增加行业核心指标的披露，提高报告的完整性。

3. 加强报告过程性管理，提高利益相关方参与度。

评级小组

组长：中国社会科学院经济学部企业社会责任研究中心主任　钟宏武

成员：北方工业大学经济管理学院副教授　魏秀丽

　　　商道纵横总经理　郭沛源

　　　中心过程性评估员　方小静　王志敏

评级专家委员会主席　　　　　　　　　　评级小组组长

中心常务副理事长　　　　　　　　　　　中心主任

八、《天津生态城投资开发有限公司 2013 年社会责任报告》评级报告

中国社会科学院经济学部企业社会责任研究中心（以下简称"中心"）受天津生态城投资开发有限公司（简称"天津生态城"）委托，从"中国企业社会责任报告评级专家委员会"中抽选专家组成评级小组，对《天津生态城投资开发有限公司 2013 年社会责任报告》（以下简称《报告》）进行评级。

（一）评级依据

《中国企业社会责任报告编写指南（CASS-CSR 3.0)》暨《中国企业社会责任报告评级标准（2014)》。

（二）评级过程

1. 过程性评估小组访谈天津生态城社会责任部门成员。

2. 过程性评估小组现场审查覆盖天津生态城总部和下属单位的社会责任报告编写过程相关资料。

3. 评级小组对企业社会责任报告的管理过程进行评价。

4. 评级小组对《报告》的披露内容进行评价。

（三）评级结论

过程性（★★★★）

《报告》编写由公司战略与资产管理部牵头负责，高层领导参与启动及审议；编写组对利益相关方进行识别和排序，通过公司重大事项、国家政策、行业对标等对实质性议题进行界定；拟定在公司"企业文化日"上发布，并预定以电子版、印刷品为发布格式，过程性表现优秀。

实质性（★★★★☆）

《报告》系统披露了"提供优质服务"、"产品服务创新"、"应对客户投诉"、"员工权益保护"、"特殊人群服务的制度和措施"、"绿色办公"等所在行业关键性议题，实质性表现领先。

完整性（★★★★）

《报告》从"责任亮点"、"经济繁荣"、"生态友好"、"和谐共赢"、"责任管理"等方面披露了所在行业核心指标的 70%，完整性表现优秀。

平衡性（★★★★☆）

《报告》披露了"工伤事故发生次数"、"安全生产重伤死亡事故数"等负面数

据信息，并对"水泥撒漏事件"、"公用事业客服中心投诉事件"的原因及应对措施进行案例分析，平衡性表现领先。

可比性（★★★★☆）

《报告》披露了 40 个关键绩效指标连续 3 年的历史数据，可比性表现领先。

可读性（★★★☆）

《报告》框架清晰，行文流畅，篇幅适宜，案例详尽；图片、图表、流程图等表达方式多样，绿色主题设计切合企业环保特质，可读性表现良好。

创新性（★★★★）

《报告》开篇设置"城市·印象"、"城市·标杆"、"亮点 2013"等专题，突出了企业社会责任重点，并披露部分利益相关方的评价，创新性表现优秀。

综合评级（★★★★）

经评级小组评价，《天津生态城投资开发有限公司 2013 年社会责任报告》为四星级，是一份优秀的企业社会责任报告。

（四）改进建议

1. 提升报告设计美观度，提高报告的可读性。

2. 进一步完善报告编写流程，提高内外部利益相关方的参与度。

3. 增加行业核心指标的披露，进一步提高报告的完整性。

评级小组

组长：新华网副总裁　魏紫川

成员：清华大学创新与社会责任研究中心主任　邓国胜

　　　商道纵横总经理　郭沛源

过程性评估小组：中心评价部　方小静　张晓丹

评级专家委员会主席　　　　　　　　　　评级小组组长

中心常务副理事长　　　　　　　　　　　中心副理事长

九、《中国航天科技集团公司 2013 年社会责任报告》评级报告

中国社会科学院经济学部企业社会责任研究中心（以下简称"中心"）受中国航天科技集团公司委托，从"中国企业社会责任报告评级专家委员会"中抽选专家组成评级小组，对《中国航天科技集团公司 2013 年社会责任报告》（以下简称《报告》）进行评级。

（一）评级依据

《中国企业社会责任报告编写指南（CASS-CSR 3.0)》暨《中国企业社会责任报告评级标准（2014）》。

（二）评级过程

1. 过程性评估小组访谈中国航天科技集团公司社会责任部门成员。

2. 过程性评估小组现场审查中国航天科技集团公司及下属单位社会责任报告编写过程相关资料。

3. 评级小组对企业社会责任报告的管理过程及《报告》的披露内容进行评价。

4. 本次评级基于企业诚信和可靠性保证做出。

（三）评级结论

过程性（★★★★）

由集团办公厅牵头成立报告编写组，高层领导参与审定；编写组对利益相关方进行识别与排序，根据公司重大事项、国家相关政策对实质性议题进行界定；拟订嵌入式报告发布会方案，并将以印刷品、电子版、网页版等形式呈现报告，具有优秀的过程性表现。

实质性（★★★★☆）

《报告》系统披露了"贯彻宏观政策"、"产品质量管理"、"产品科技创新"、"职业健康安全管理"、"安全生产"、"环保技术和设备的研发与应用"、"节约资源能源"等特种设备制造业关键性议题，具有领先的实质性表现。

完整性（★★★☆）

《报告》从"国家责任与和平发展"、"经济责任与持续发展"、"社会责任与和谐发展"、"环境责任与绿色发展"等方面披露了特种设备制造业 68%的核心指标，完整性表现良好。

平衡性（★★★★）

《报告》披露了安全事故隐患排查与整改数据，并以案例形式，对"资源一号03 星失利"事件应对和后续处理进行较详细的披露，平衡性表现优秀。

可比性（★★★☆）

《报告》披露了 19 个关键绩效指标连续 3 年以上的历史数据，并就"营业收入和利润平均增速"、"运载火箭发射情况"等指标进行国内国际对比，可比性表现良好。

可读性（★★★★☆）

《报告》框架合理，语言流畅，案例丰富，专题深入；色调清新，图表、流程图等表达方式丰富，设计风格具有行业特色，生动展现企业责任实践；并对专业词汇进行解释，利于读者理解，具有领先的可读性表现。

创新性（★★★★☆）

《报告》以"年度社会责任大事记"专题，回顾总结企业在报告期内的履责历程；各章节均以"重大专题"结尾，详细披露该议题年度大事件，层次分明，利于相关方了解企业责任重点，具有领先的创新性。

综合评级（★★★★）

经评级小组评价，《中国航天科技集团公司 2013 年社会责任报告》为四星级，是一份优秀的企业社会责任报告。

（四）改进建议

1. 增加行业核心指标的披露，提高报告的完整性。

2. 增加历史关键绩效数据的披露，提高报告的可比性。

3. 加强报告过程性管理，进一步提高利益相关方参与度。

评级小组

组长：中国社会科学院经济学部企业社会责任研究中心主任　钟宏武

成员：中山大学岭南学院教授　陈宏辉

　　　《中国企业观察报》编辑　侯明辉

　　　中心过程性评估员　方小静　王梦娟

评级专家委员会主席　　　　　　　　　　　　评级小组组长

中心常务副理事长　　　　　　　　　　　　　中心主任

十、《中国储备粮管理总公司 2012~2013 年社会责任报告》评级报告

中国社会科学院经济学部企业社会责任研究中心（以下简称"中心"）受中国储备粮管理总公司委托，从"中国企业社会责任报告评级专家委员会"中抽选专家组成评级小组，对《中国储备粮管理总公司 2012~2013 年社会责任报告》（以下简称《报告》）进行评级。

（一）评级依据

《中国企业社会责任报告编写指南（CASS-CSR 3.0)》暨《中国企业社会责任报告评级标准（2014)》。

（二）评级过程

1. 过程性评估小组访谈中国储备粮管理总公司社会责任部门成员。

2. 过程性评估小组现场审查中国储备粮管理总公司及下属单位社会责任报告编写过程相关资料。

3. 评级小组对企业社会责任报告的管理过程及《报告》的披露内容进行评价。

4. 本次评级基于企业诚信和可靠性保证做出。

（三）评级结论

过程性（★★★★）

由公司办公厅牵头成立编写组，高层领导担任组长并参与报告审定；编写组对利益相关方进行识别，并以实地调研、微信平台等方式对部分利益相关方意见进行收集；根据国家相关政策、行业对标分析等对实质性议题进行界定；拟定以印刷品、电子版等形式呈现报告，且将通过媒体以分专题形式推广报告，具有优秀的过程性表现。

实质性（★★★★☆）

《报告》系统披露了"确保粮食安全"、"建设高效仓储物流体系"、"绿色仓储和运输"、"员工权益保护"、"诚信经营与公平竞争"等所在行业关键性议题，具有领先的实质性。

完整性（★★★☆）

《报告》从"社会责任管理"、"维护粮食安全责任"、"全面从严治企责任"、"强化稳健发展责任"、"践行绿色环保责任"、"共筑和谐社会责任"等角度披露了所在行业核心指标的 66%，完整性需进一步提高。

平衡性（★★★★☆）

《报告》披露了"职业病发生次数"等负面数据信息，并以案例形式，对公司"林甸直属库火灾"造成的影响及整改措施进行系统的披露，同时对严峻的储粮安全形势及采取的预防措施进行阐述，平衡性表现领先。

可比性（★★★☆）

《报告》披露了17个关键绩效指标连续5年的历史数据，并就近年来国内外"玉米价格走势"、"谷物价格走势"等指标表现企业的调控成效，可比性表现良好。

可读性（★★★★☆）

《报告》框架清晰，逻辑清楚，表达流畅；选用春耕翠绿及秋收金黄作为主色调，排版精美，且契合公司业务特点；流程图、图表等设计形式丰富多样，提高了报告的悦读性，具有领先的可读性表现。

创新性（★★★★）

《报告》开篇运用三大专题，详细阐述企业本年度履责重点及成效，集中回应了利益相关方诉求；另辟专版系统介绍实质性议题的筛选过程，便于读者了解企业特性，创新性表现优秀。

综合评级（★★★★）

经评级小组评价，《中国储备粮管理总公司2012~2013年社会责任报告》为四星级，是一份优秀的企业社会责任报告。

（四）改进建议

1. 增加行业核心指标和关键议题的披露，提高报告的完整性。

2. 增加行业关键绩效数据的披露，提高报告的可比性。

3. 加强报告过程性管理，进一步提高利益相关方参与度。

评级小组

组长：中国社会科学院经济学部企业社会责任研究中心主任　钟宏武

成员：北京工商大学副教授　郭毅

　　　《中国企业观察报》编辑　侯明辉

　　　中心过程性评估员　方小静　王梦娟

评级专家委员会主席　　　　　　　　　　　　评级小组组长

中心常务副理事长　　　　　　　　　　　　　中心主任

十一、《中国机械工业集团有限公司 2013 年社会责任报告》评级报告

中国社会科学院经济学部企业社会责任研究中心（以下简称"中心"）受中国机械工业集团有限公司委托，从"中国企业社会责任报告评级专家委员会"中抽选专家组成评级小组，对《中国机械工业集团有限公司 2013 年社会责任报告》（以下简称《报告》）进行评级。

（一）评级依据

《中国企业社会责任报告编写指南（CASS-CSR 3.0)》暨《中国企业社会责任报告评级标准（2014)》。

（二）评级过程

1. 过程性评估小组访谈中国机械工业集团有限公司社会责任部门成员。

2. 过程性评估小组现场审查中国机械工业集团有限公司及下属企业社会责任报告编写过程相关资料。

3. 评级小组对企业社会责任报告的管理过程及《报告》的披露内容进行评价。

（三）评级结论

过程性（★★★★）

由集团企业文化部牵头成立编写组，高层领导参与推进及审定；编写组对利益相关方进行识别及排序；根据公司重大事项、国家相关政策、行业对标分析等对实质性议题进行界定；计划召开嵌入式发布会，并将以印刷品、电子版等形式呈现报告，具有优秀的过程性表现。

实质性（★★★★☆）

《报告》系统披露了"产品质量管理"、"产品创新"、"安全生产"、"环保产品的研发和销售"、"节约能源、水资源"、"报废设备的回收再利用"等机械设备制造业关键性议题，具有领先的实质性。

完整性（★★★☆）

《报告》从"责任国机"、"价值国机"、"创新国机"、"绿色国机"、"幸福国机"等角度披露了机械设备制造业 62% 的核心指标，完整性表现良好。

平衡性（★★★★）

《报告》披露了"重大安全事故数"、"安全事故死亡人数"、"安全事故重伤人数"等负面数据信息，并对公司"安全生产隐患"的数量及整改情况进行披露，

平衡性表现优秀。

可比性（★★★）

《报告》披露了"营业收入"、"员工总数"、"安全生产投入"等18个关键绩效指标连续3年以上的历史数据，并对"工程承包能力"、"工程设计咨询能力"等指标进行全球对比，具有一定的可比性。

可读性（★★★★☆）

《报告》框架清晰，篇幅适宜，案例丰富；排版精美，使用图片、表格、流程图等丰富的表达方式，与文字叙述相得益彰；各篇章色调寓意与主体内容契合，提高了报告的悦读性，具有领先的可读性表现。

创新性（★★★★）

《报告》设置"报效国家平生志，情系医疗献终身"专题，详细阐述优秀员工典型履责事项，重点突出；多处加入相关方证言，提高了报告的可信度，创新性表现优秀。

综合评级（★★★★）

经评级小组评价，《中国机械工业集团有限公司2013年社会责任报告》为四星级，是一份优秀的企业社会责任报告。

（四）改进建议

1. 增加历史关键绩效指标的披露，提高报告的可比性。

2. 增加行业核心指标的披露，提高报告的完整性。

3. 提高利益相关方参与度，进一步加强报告过程性管理。

评级小组

组长：中国社会科学院经济学部企业社会责任研究中心主任　钟宏武

成员：中山大学岭南学院教授　陈宏辉

　　　《中国企业观察报》编辑　侯明辉

　　　中心过程性评估员　方小静　王梦娟

评级专家委员会主席　　　　　　　　　　评级小组组长

中心常务副理事长　　　　　　　　　　　中心主任

十二、《中国诚通控股集团有限公司 2013 年社会责任报告》评级报告

中国社会科学院经济学部企业社会责任研究中心（以下简称"中心"）受中国诚通控股集团有限公司委托，从"中国企业社会责任报告评级专家委员会"中抽选专家组成评级小组，对《中国诚通控股集团有限公司 2013 年社会责任报告》（以下简称《报告》）进行评级。

（一）评级依据

《中国企业社会责任报告编写指南（CASS-CSR 3.0)》暨《中国企业社会责任报告评级标准（2014)》。

（二）评级过程

1. 过程性评估小组访谈中国诚通控股集团有限公司社会责任部门成员。

2. 过程性评估小组现场审查中国诚通控股集团有限公司及下属企业社会责任报告编写过程相关资料。

3. 评级小组对企业社会责任报告的管理过程及《报告》的披露内容进行评价。

（三）评级结论

过程性（★★★★）

由集团战略管理中心牵头成立报告编写组，高层领导参与编写启动、推进及报告审定；编写组对利益相关方进行识别与排序，根据国家相关政策、行业对标分析等对实质性议题进行界定；计划以印刷品、电子版及杂志专刊等形式呈现报告，具有优秀的过程性表现。

实质性（★★★★☆）

《报告》系统披露了"提供优质产品与服务"、"产品服务创新"、"应对客户投诉"、"员工权益保护"、"发展循环经济"、"减少废气、废水、废渣排放"等所在行业关键性议题，具有领先的实质性表现。

完整性（★★★☆）

《报告》从"社会责任管理"、"发挥资产经营独特作用"、"持续创造主业市场价值"、"努力促进社会和谐发展"、"积极投身生态文明建设"等方面，披露了所在行业 68% 的关键指标，完整性表现良好。

平衡性（★★★☆）

《报告》披露了"信访案件处理次数"、"隐患排查数"、"隐患处理率"等负面数

据信息，具有一定的平衡性。

可比性（★★★）

《报告》披露了"营业收入"、"纳税额"、"环保总投资"等 14 个关键绩效指标连续 3 年以上的历史数据，并对"综合实力排名"进行横向对比，可比性需进一步提升。

可读性（★★★★☆）

《报告》框架清晰，篇幅适宜，语言流畅；使用图片、表格等丰富的表达方式，与文字叙述相辅相成；设计风格清新自然，便笺设置一目了然，提高了报告的悦读性，具有领先的可读性表现。

创新性（★★★☆）

《报告》设置专题，梳理企业的"历史沿革"，阶段性划分易于读者了解企业责任历程；关键绩效作醒目处理，重点突出，具有一定的创新性。

综合评级（★★★★）

经评级小组评价，《中国诚通控股集团有限公司 2013 年社会责任报告》为四星级，是一份优秀的企业社会责任报告。

（四）改进建议

1. 增加历史关键绩效数据的披露，提高报告的可比性。

2. 增加行业核心指标的披露，提高报告的完整性。

3. 增加负面数据及负面事件分析的披露，提高报告的平衡性。

4. 加强报告过程性管理，提高利益相关方参与度。

评级小组

组长：中国社会科学院经济学部企业社会责任研究中心主任　钟宏武

成员：中山大学岭南学院教授　陈宏辉

　　　《中国企业观察报》编辑　侯明辉

　　　中心过程性评估员　方小静　张晓丹

评级专家委员会主席
中心常务副理事长

评级小组组长
中心主任

十三、《中国长江三峡集团公司 2013 年社会责任报告》评级报告

中国社会科学院经济学部企业社会责任研究中心（以下简称"中心"）受中国长江三峡集团公司委托，从"中国企业社会责任报告评级专家委员会"中抽选专家组成评级小组，对《中国长江三峡集团公司 2013 年社会责任报告》（以下简称《报告》）进行评级。

（一）评级依据

《中国企业社会责任报告编写指南（CASS-CSR 3.0）》暨《中国企业社会责任报告评级标准（2014）》。

（二）评级过程

1. 过程性评估小组访谈中国长江三峡集团公司社会责任部门成员。

2. 过程性评估小组现场审查中国长江三峡集团公司及下属企业社会责任报告编写过程相关资料。

3. 评级小组对企业社会责任报告的管理过程及《报告》的披露内容进行评价。

（三）评级结论

过程性（★★★★）

由集团办公厅牵头成立报告编写组，高层领导参与推进及审定；编写组通过问卷、意见征求会等方式对利益相关方进行调查；根据调查结果、公司重大事项、国家相关政策、行业对标分析等对实质性议题进行界定；计划以座谈会形式召开报告发布会，并将以印刷品、电子版、官方微信等形式呈现报告，具有优秀的过程性表现。

实质性（★★★★☆）

《报告》系统披露了"贯彻宏观政策"、"保障电力供应"、"安全生产"、"发展绿色电力"、"节约资源能源"、"减少'三废'排放"等电力生产业关键性议题，具有领先的实质性表现。

完整性（★★★☆）

《报告》从"社会责任管理"、"发展枢纽综合效益"、"维护自然生态平衡"、"构筑和谐劳动关系"、"奉献爱心回馈社会"等角度披露了电力生产业 64% 的核心指标，完整性表现良好。

平衡性（★★★★）

《报告》披露了"电力安全事故发生次数"、"一般设备故障发生次数"、"员工工伤率"、"员工职业病发生率"等负面指标信息，平衡性表现优秀。

可比性（★★）

《报告》披露了"发电量"、"节水发电量"、"申请专利数"等7个关键绩效指标连续5年的数据，可比性需进一步提高。

可读性（★★★★☆）

《报告》框架合理，逻辑清晰，语言简洁；图片、表格、流程图等表达方式多样，与文字表述相得益彰；蓝色主题设计清新自然，图片选取典型，行业特色突出，并对部分专业词汇进行解释，可读性表现领先。

创新性（★★★★☆）

《报告》各篇章均采用关键绩效展示、重点议题分析、专题案例阐述的表述方式，层次分明、框架感强，利于读者总体把握企业履责特点，并全面了解企业履责现状；多处嵌入相关方证言，提高了报告的客观性及可信度，创新性表现领先。

综合评级（★★★★）

经评级小组评价，《中国长江三峡集团公司2013年社会责任报告》为四星级，是一份优秀的企业社会责任报告。

（四）改进建议

1. 增加历史关键绩效指标的披露，提高报告的可比性。

2. 增加行业核心指标的披露，进一步提高报告的完整性。

3. 增加负面数据及负面事件信息的披露，进一步提高报告的平衡性。

评级小组

组长：中国社会科学院经济学部企业社会责任研究中心主任　钟宏武

成员：中国电力企业联合会秘书长　王志轩

清华大学创新与社会责任研究中心主任　邓国胜

中心过程性评估员　方小静　王梦娟

评级专家委员会主席　　　　　　　　　　评级小组组长

中心常务副理事长　　　　　　　　　　　中心主任

十四、《2013 年中国浦项社会责任报告》评级报告

中国社会科学院经济学部企业社会责任研究中心（以下简称"中心"）受浦项（中国）投资有限公司委托，从"中国企业社会责任报告评级专家委员会"中抽选专家组成评级小组，对《2013 年中国浦项社会责任报告》（以下简称《报告》）进行评级。

（一）评级依据

《中国企业社会责任报告编写指南（CASS-CSR 3.0)》暨《中国企业社会责任报告评级标准（2014)》。

（二）评级过程

1. 过程性评估小组访谈浦项（中国）投资有限公司社会责任部门成员。

2. 过程性评估小组现场审查浦项（中国）投资有限公司及下属企业社会责任报告编写过程相关资料。

3. 评级小组对企业社会责任报告的管理过程及《报告》的披露内容进行评价。

（三）评级结论

过程性（★★★★）

由企业对外协力部牵头成立编写组，高层领导参与编写推进及报告审定；编写组对利益相关方进行识别，根据公司重大事项、行业对标分析对实质性议题进行界定；计划在官方网站发布报告，并将以电子版、简易版、印刷版等形式呈现报告，具有优秀的过程性表现。

实质性（★★★★☆）

《报告》系统披露了"产品质量管理"、"产品创新"、"责任采购"、"职业健康管理"、"安全生产"、"发展循环经济"等金属冶炼及压延加工业关键性议题，具有领先的实质性表现。

完整性（★★★★）

《报告》从"社会责任管理"、"社会"、"市场"、"环境"等角度披露了金属冶炼及压延加工业 70.0% 的核心指标，完整性表现优秀。

平衡性（★★★☆）

《报告》披露了"安全事故数"、"安全生产工伤人数"、"职业病发生数"等负面数据信息，平衡性表现良好。

可比性（★★★★）

《报告》披露了"销售额"、"纳税额"、"员工总数"等31个关键绩效指标连续3年以上的历史数据，并对企业社会责任发展指数名次进行国内对比，可比性表现优秀。

可读性（★★★☆）

《报告》框架清晰，篇幅适宜，充分利用图片、表格等表达方式，配合大量案例，排版简洁大方，具有良好的可读性表现。

创新性（★★★☆）

《报告》以专题形式梳理公司2013年社会责任大事记，重点突出，便于相关方了解企业年度履责实践，创新性表现良好。

综合评级（★★★★）

经评级小组评价，《2013年中国浦项社会责任报告》为四星级，是一份优秀的企业社会责任报告。

（四）改进建议

1. 增加负面数据信息以及负面事件的披露，提升报告平衡性。

2. 增加行业核心指标的披露，进一步提高报告的完整性。

3. 加强报告过程性管理，进一步提高利益相关方参与度。

评级小组

组长：中国社会科学院经济学部企业社会责任研究中心主任　钟宏武

成员：清华大学创新与社会责任研究中心主任　邓国胜

中国企业联合会全球契约推进办公室主任　韩斌

中心过程性评估员　方小静　张晓丹

评级专家委员会副主席 　　　　　　　　评级小组组长

中心常务副理事长 　　　　　　　　　　中心主任

十五、《丰田中国 2013 年 CSR 企业社会责任报告》评级报告

中国社会科学院经济学部企业社会责任研究中心（以下简称"中心"）受丰田汽车（中国）投资有限公司（以下简称"丰田中国"）委托，从"中国企业社会责任报告评级专家委员会"中抽选专家组成评级小组，对《丰田中国 2013 年 CSR 企业社会责任报告》（以下简称《报告》）进行评级。

（一）评级依据

《中国企业社会责任报告编写指南（CASS-CSR 3.0)》暨《中国企业社会责任报告评级标准（2014)》。

（二）评级过程

1. 过程性评估小组访谈丰田中国社会责任部门成员。

2. 过程性评估小组现场审查覆盖丰田中国总部和下属单位的社会责任报告编写过程相关资料。

3. 评级小组对企业社会责任报告的管理过程进行评价。

4. 评级小组对《报告》的披露内容进行评价。

（三）评级结论

过程性（★★★★）

《报告》编写由丰田中国社会贡献部牵头负责，高层领导参与启动及审议；编写组对利益相关方进行识别并通过访谈等方式使其参与编写过程；通过行业对标分析对实质性议题进行界定；编写组拟订了报告发布方案，并将以印刷品、电子版、移动客户端和多语种等形式呈现报告，过程性表现优秀。

实质性（★★★★☆）

《报告》系统披露了"节能与新能源交通运输设备的研发与销售"、"节约资源能源"、"确保产品安全性"、"安全生产"、"客户关系管理"、"支持科技研发"、"职业健康管理"等交通运输设备制造业关键性议题，具有领先的实质性。

完整性（★★★☆）

《报告》从"理念与管理"、"环境责任"、"安全责任"、"顾客责任"、"员工责任"、"社区责任"等角度披露了交通运输设备制造业核心指标的 65.5%，完整性表现良好。

平衡性（★★★）

《报告》披露了"百万工时休业事故率"、"合同纠纷、诉讼案件"等负面数据信息，具有一定的平衡性。

可比性（★★★）

《报告》披露了8个关键绩效指标连续多年的历史数据，并就综合实力排名与全球及同行业进行对比，具有一定的可比性。

可读性（★★★★☆）

《报告》框架清晰，篇幅适宜，案例详尽，语言流畅，图片、图表、流程图等表达方式相得益彰，设计感强，且各章节以不同色彩进行区分及强调，提高了报告的悦读性，具有领先的可读性。

创新性（★★★★☆）

《报告》呼应全球环境话题，对环境责任进行重点披露，体现了丰田中国对汽车行业社会责任时代议题的关注；在报告信息传播上采用了APP互动的形式，提高相关方沟通效果，创新性表现领先。

综合评级（★★★★）

经评级小组评价，《丰田中国2013年CSR企业社会责任报告》为四星级，是一份优秀的企业社会责任报告。

（四）改进建议

1. 进一步完善报告编写流程，提高内外部利益相关方的参与度。

2. 增加行业关键绩效数据的披露，提高报告的可比性。

3. 增加负面数据及负面事件分析披露，提高报告的平衡性。

评级小组

组长：中国社会科学院经济学部企业社会责任研究中心主任　钟宏武

成员：中国企业联合会全球契约推进办公室主任　韩斌

　　　北京工商大学副教授　郭毅

过程性评估小组：中心常务副主任　孙孝文

　　　　　　　　中心评价部　翟利峰　方小静

评级专家委员会主席　　　　　　　　　　　评级小组组长

中心常务副理事长　　　　　　　　　　　　中心主任

十六、《中国保利集团公司 2013 年社会责任报告》评级报告

中国社会科学院经济学部企业社会责任研究中心（以下简称"中心"）受中国保利集团公司委托，从"中国企业社会责任报告评级专家委员会"中抽选专家组成评级小组，对《中国保利集团公司 2013 年社会责任报告》（以下简称《报告》）进行评级。

（一）评级依据

《中国企业社会责任报告编写指南（CASS-CSR 3.0)》暨《中国企业社会责任报告评级标准（2014)》。

（二）评级过程

1. 过程性评估小组访谈中国保利集团公司社会责任部门成员。

2. 过程性评估小组现场审查中国保利集团公司及下属企业社会责任报告编写过程相关资料。

3. 评级小组对企业社会责任报告的管理过程及《报告》的披露内容进行评价。

（三）评级结论

过程性（★★★★）

由集团企业发展部牵头成立报告编写组，高层领导参与编写推进及报告审定；编写组对利益相关方进行识别与排序，根据公司重大事项、国家相关政策、行业对标分析等对实质性议题进行界定；计划在官方网站发布报告，并将以印刷品、电子版等形式呈现报告，具有优秀的过程性表现。

实质性（★★★★）

《报告》系统披露了"提供优质服务"、"弘扬传统文化"、"责任采购"、"绿色建筑"、"安全生产"等所在行业关键性议题，具有优秀的实质性表现。

完整性（★★★☆）

《报告》从"保国利民促发展"、"创造可持续价值"、"共建美好新家园"、"打造可持续生态"、"尽责拓展走出去"等角度，披露了所在行业 68.0% 的核心指标，完整性表现良好。

平衡性（★★★☆）

《报告》披露了"内控缺陷数"、"安全生产隐患数"等负面数据信息，并对子公司安全生产隐患排查及整改成效进行阐述，平衡性表现良好。

可比性（★★★★）

《报告》披露了"营业收入"、"纳税总额"、"员工总数"等20个关键绩效指标连续3年以上的历史数据，并对"军品出口签约额"、"净利润"等数据进行横向比较，可比性表现优秀。

可读性（★★★★☆）

《报告》框架清晰，篇幅适宜，语言流畅；使用图片、表格等表达方式，与文字叙述相得益彰；水墨画设计风格，恢宏大气，提高了报告的悦读性，可读性表现领先。

创新性（★★★★☆）

《报告》各章均以分目录和关键绩效开篇，层次分明，责任成效一目了然；以专题案例结尾，生动阐述该板块核心责任实践，重点突出，具有领先的创新性表现。

综合评级（★★★★）

经评级小组评价，《中国保利集团公司2013年社会责任报告》为四星级，是一份优秀的企业社会责任报告。

（四）改进建议

1. 增加行业核心指标的披露，提高报告的完整性。

2. 增加负面数据和负面事件信息的披露，提高报告的平衡性。

评级小组

组长：新华网副总裁　魏紫川

成员：清华大学创新与社会责任研究中心主任　邓国胜

中国社会科学院经济学部企业社会责任研究中心常务副主任　张蒽

中心过程性评估员　翟利峰　张晓丹

评级专家委员会主席　　　　　　　　　评级小组组长

中心常务副理事长　　　　　　　　　　中心副理事长

十七、《朔黄铁路发展有限责任公司 2013 年度社会责任报告》评级报告

中国社会科学院经济学部企业社会责任研究中心（以下简称"中心"）受朔黄铁路发展有限责任公司（简称"朔黄铁路"）委托，从"中国企业社会责任报告评级专家委员会"中抽选专家组成评级小组，对《朔黄铁路发展有限责任公司 2013 年度社会责任报告》（以下简称《报告》）进行评级。

（一）评级依据

《中国企业社会责任报告编写指南（CASS-CSR 3.0)》暨《中国企业社会责任报告评级标准（2014)》。

（二）评级过程

1. 过程性评估小组访谈朔黄铁路社会责任部门成员。

2. 过程性评估小组现场审查覆盖朔黄铁路总部和下属单位的社会责任报告编写过程相关资料。

3. 评级小组对企业社会责任报告的管理过程进行评价。

4. 评级小组对《报告》的披露内容进行评价。

（三）评级结论

过程性（★★★☆）

由公司企业策划部牵头成立报告编写组，高层领导参与启动、推进及审议；编写组对利益相关方进行识别与排序，并根据公司重大事项、国家相关政策、行业对标分析等对实质性议题进行界定；拟定报告发布方式，并将以印刷品、电子版为报告格式，具有良好的过程性表现。

实质性（★★★★）

《报告》系统披露了"服务质量管理"、"职业安全健康"、"安全运输"、"使用环保节能交通工具、绿色能源交通工具"等交通运输服务业关键性议题，具有优秀的实质性。

完整性（★★★☆）

《报告》从"社会责任管理"、"安全生产"、"员工权益"、"环保节能"、"创新驱动"、"社会贡献"等角度披露了交通运输服务业核心指标的 65%，完整性表现良好。

平衡性（★★★）

《报告》对"危险源评审个数"、"交通一般 B 类以上事故"、"员工死亡事故"、"火灾爆炸事故"等负面信息概况进行了披露，具有一定的平衡性。

可比性（★★★★☆）

《报告》披露了 29 个关键绩效指标连续 4 年以上的历史数据，可比性表现领先。

可读性（★★★★）

《报告》框架清晰，逻辑清楚，语言流畅，案例详尽；运用图片、图表、流程图等多种表达方式，设计风格清新，提高了报告的悦读性，具有优秀的可读性表现。

创新性（★★★☆）

《报告》以诗篇"朔黄赋"开篇，气势磅礴；"社会评价"专题披露了各利益相关方对企业的评价与期望，提高了报告的可信度，创新性表现良好。

综合评级（★★★★）

经评级小组评价，《朔黄铁路发展有限责任公司 2013 年度社会责任报告》为四星级，是一份优秀的企业社会责任报告。

（四）改进建议

1. 完善报告编写流程，提高内外部利益相关方的参与度。

2. 增加负面数据信息及负面事件分析的披露，提高报告的平衡性。

3. 增加行业核心指标和关键性议题的披露，提高报告的完整性和实质性。

评级小组

组长：中国社会科学院经济学部企业社会责任研究中心主任　钟宏武

成员：北方工业大学经济管理学院副教授　魏秀丽

　　　商道纵横总经理　郭沛源

过程性评估小组：中心评价部　方小静　张晓丹

评级专家委员会主席　　　　　　　　　　评级小组组长

中心常务副理事长　　　　　　　　　　　中心主任

十八、《中粮集团 2013 年企业社会责任报告》评级报告

中国社会科学院经济学部企业社会责任研究中心（以下简称"中心"）受中粮集团有限公司委托，从"中国企业社会责任报告评级专家委员会"中抽选专家组成评级小组，对《中粮集团 2013 年企业社会责任报告》（以下简称《报告》）进行评级。

（一）评级依据

《中国企业社会责任报告编写指南（CASS–CSR 3.0）》暨《中国企业社会责任报告评级标准（2014）》。

（二）评级过程

1. 过程性评估小组访谈中粮集团社会责任部门成员。

2. 过程性评估小组现场审查中粮集团和下属单位社会责任报告编写过程相关资料。

3. 评级小组对企业社会责任报告的管理过程及《报告》的披露内容进行评价。

4. 本次评级基于企业诚信和可靠性保证做出。

（三）评级结论

过程性（★★★）

由集团办公厅牵头成立报告编写组，董事会参与报告审定；编写组对利益相关方进行识别，根据公司重大事项、行业对标分析对实质性议题进行界定；拟定以印刷品、电子版、多语种等形式发布报告，过程性需进一步提升。

实质性（★★★★☆）

《报告》系统披露了"食品安全管理"、"食品信息披露、广告宣传合规"、"应对客户投诉"、"员工权益保护"、"带动农村经济发展"、"节约能源、水资源"、"发展循环经济"等食品饮料业关键性议题，具有领先的实质性。

完整性（★★★☆）

《报告》披露了"责任管理"、"市场绩效"、"社会绩效"、"环境绩效"等食品饮料业指标的 65.0%，完整性表现良好。

平衡性（★★★☆）

《报告》披露了"消费者投诉事件"的负面数据信息，并就"广告包装物法律风险"及相应的改进措施做出披露，平衡性表现良好。

可比性（★★★★☆）

《报告》披露了 26 个关键绩效指标连续 3 年的历史数据，并就"总资产"、"营业收入"、"贸易量"等在行业内进行国际对比，可比性表现领先。

可读性（★★★★）

《报告》篇幅适宜，语言简洁流畅；运用图片、图表、流程图等表达方式，案例排版清晰明了，整体色调清新，设计具有行业特色，具有优秀的可读性表现。

创新性（★★★☆）

《报告》以中粮的"全产业链"战略为主线，依次阐述企业全产业链的布局、创新、环保、社会关怀等责任实践，业务特点突出，创新性表现良好。

综合评级（★★★★）

综合以上七项评价指标，《中粮集团 2013 年企业社会责任报告》为四星级，是一份优秀的企业社会责任报告。

（四）改进建议

1. 加强报告过程性管理，提高组织管理和相关方参与度。

2. 增加行业关键指标的披露，提高报告的完整性。

3. 增加负面数据及负面事件信息的披露，提高报告的平衡性。

评级小组

组长：中国社会科学院经济学部企业社会责任研究中心主任　钟宏武

成员：北方工业大学经济管理学院副教授　魏秀丽

　　　《中国企业观察报》编辑　侯明辉

　　　中心过程性评估员　翟利峰　王梦娟

评级专家委员会主席　　　　　　　　　　评级小组组长

中心常务副理事长　　　　　　　　　　　中心主任

十九、《远洋地产 2013 年企业社会责任报告》评级报告

中国社会科学院经济学部企业社会责任研究中心（以下简称"中心"）受远洋地产有限公司委托，从"中国企业社会责任报告评级专家委员会"中抽选专家组成评级小组，对《远洋地产 2013 年企业社会责任报告》（以下简称《报告》）进行评级。

（一）评级依据

《中国企业社会责任报告编写指南（CASS-CSR 3.0)》暨《中国企业社会责任报告评级标准（2014）》。

（二）评级过程

1. 过程性评估小组访谈远洋地产有限公司社会责任部门成员。

2. 过程性评估小组现场审查覆盖远洋地产有限公司和下属单位的社会责任报告编写过程相关资料。

3. 评级小组对企业社会责任报告的管理过程进行评价。

4. 评级小组对《报告》的披露内容进行评价。

（三）评级结论

过程性（★★★☆）

由公司企业战略发展部牵头成立报告编写组，核心部门及下属企业代表参与报告编写，高层领导参与报告审议；编写组对利益相关方进行识别，组织编写启动会并培训，拟订报告发布方案，并将以印刷品、电子版等形式呈现报告，过程性表现良好。

实质性（★★★★）

《报告》系统披露了"贯彻宏观政策"、"确保房屋住宅质量"、"客户信息保护"、"保护农民工权益"、"新建项目环评"等房地产开发业关键性议题，具有优秀的实质性表现。

完整性（★★★☆）

《报告》基于利益相关方管理，从"回报股东"、"服务客户"、"关爱员工"、"携手合作方"、"诚信经营"、"投身公益"、"环保节能"等方面披露了房地产开发业核心指标的 62%，完整性表现良好。

平衡性（★★★）

《报告》披露了"安全事故数"、"百万平方米事故率"等负面指标信息概况，平衡性需进一步提升。

可比性（★★★★★）

《报告》披露了56个关键绩效指标连续3年以上的历史数据，并就"资产市值"在行业内进行对比，可比性表现卓越。

可读性（★★★★☆）

《报告》结构清晰，篇幅适宜，案例丰富；图片、图表、流程图等表达方式多样，文字图表搭配得当，排版设计优美，色彩明快艳丽，具有领先的可读性。

创新性（★★★★）

《报告》以分报告形式回顾企业多年来社会责任历程，便于相关方整体了解企业责任亮点，创新性表现优秀。

综合评级（★★★★）

经评级小组评价，《远洋地产2013年企业社会责任报告》为四星级，是一份优秀的企业社会责任报告。

（四）改进建议

1.加强公司负面数据及负面事件分析的披露，提高报告的平衡性。

2.增加行业核心指标的披露，提高报告的完整性。

3.完善报告编写流程，提高利益相关方的参与度和议题识别的规范性。

评级小组

组长：中国社会科学院经济学部企业社会责任研究中心主任　钟宏武

成员：中山大学岭南学院教授　陈宏辉

　　　中国企业联合会全球契约推进办公室主任　韩斌

过程性评估小组：中心评价部　翟利峰　方小静　张晓丹

评级专家委员会主席　　　　　　　　　　评级小组组长

中心常务副理事长　　　　　　　　　　　中心主任

第十七章 评级报告展示（三星半级）

一、《广州医药有限公司 2013 年社会责任报告》评级报告

中国社会科学院经济学部企业社会责任研究中心（以下简称"中心"）受广州医药有限公司委托，从"中国企业社会责任报告评级专家委员会"中抽选专家组成评级小组，对《广州医药有限公司 2013 年社会责任报告》（以下简称《报告》）进行评级。

（一）评级依据

《中国企业社会责任报告编写指南（CASS-CSR 3.0)》暨《中国企业社会责任报告评级标准（2014)》。

（二）评级过程

1. 过程性评估小组访谈广州医药有限公司社会责任部门成员。

2. 过程性评估小组现场审查广州医药有限公司及下属单位社会责任报告编写过程相关资料。

3. 评级小组对企业社会责任报告的管理过程及《报告》的披露内容进行评价。

（三）评级结论

过程性（★★★★）

由公司企业文化部牵头成立报告编写组，高层领导参与编写推进及报告审定；编写组对利益相关方进行识别，并对部分利益相关方进行调查；根据相关方意见及公司重大事项对实质性议题进行界定；计划召开嵌入式发布会，并将以印刷品、电子版等形式呈现报告，具有优秀的过程性表现。

实质性（★★★★）

《报告》系统披露了"公平与诚信贸易"、"库存管理"、"药品应急配送"、"员工权益保护"、"仓储、运输中的能源节约"等所在行业关键性议题，具有优秀的实

质性表现。

完整性（★★★☆）

《报告》披露了"客户责任"、"股东责任"、"政府责任"、"社区责任"、"员工责任"、"环境责任"、"安全责任"等方面的关键指标，涵盖了所在行业 63.0%的核心指标，完整性表现良好。

平衡性（★★★☆）

《报告》披露了"员工流失率"、"劳动争议事件数"、"员工因公伤亡人数"、"重大安全事故数"等负面数据信息，平衡性表现良好。

可比性（★★★★☆）

《报告》披露了"主营业务收入"、"商品合格率"、"客户满意度"等 26 个关键绩效指标连续 3 年的历史数据，并对"销售收入"等指标进行横向比较，可比性表现领先。

可读性（★★★★）

《报告》逻辑清楚，语言流畅，篇幅适宜；采用图片、表格等表达方式，结合丰富案例，生动呈现报告，具有优秀的可读性表现。

创新性（★★★）

《报告》开辟"业绩荣誉"章节，对年度社会责任绩效及荣誉进行总结，利于相关方快速了解企业责任现况，具有一定的创新性。

综合评级（★★★☆）

经评级小组评价，《广州医药有限公司 2013 年社会责任报告》为三星半级，是一份良好的企业社会责任报告。

（四）改进建议

1. 增加行业核心指标的披露，提高报告的完整性。

2. 增加对企业负面信息及事件的披露，提高报告的平衡性。

评级小组

组长：中国社会科学院经济学部企业社会责任研究中心主任　钟宏武

成员：中山大学岭南学院教授　陈宏辉

中国企业联合会全球契约推进办公室主任　韩斌

中心过程性评估员　方小静　王梦娟

评级专家委员会主席　　　　　　　　　评级小组组长

中心常务副理事长　　　　　　　　　　中心主任

二、《中煤平朔集团 2013 年社会责任报告》评级报告

中国社会科学院经济学部企业社会责任研究中心（以下简称"中心"）受中煤平朔集团有限公司委托，从"中国企业社会责任报告评级专家委员会"中抽选专家组成评级小组，对《中煤平朔集团 2013 年社会责任报告》（以下简称《报告》）进行评级。

（一）评级依据

《中国企业社会责任报告编写指南（CASS-CSR 3.0)》暨《中国企业社会责任报告评级标准（2014)》。

（二）评级过程

1. 过程性评估小组访谈中煤平朔集团有限公司社会责任部门成员。

2. 过程性评估小组现场审查覆盖中煤平朔集团有限公司总部和下属单位的社会责任报告编写过程相关资料。

3. 评级小组对企业社会责任报告的管理过程进行评价。

4. 评级小组对《报告》的披露内容进行评价。

（三）评级结论

过程性（★★★☆）

《报告》编写由集团办公室作为牵头部门负责，高层领导参与启动、推进及审议，列有利益相关方清单，通过行业对标对实质性议题进行识别，拟订发布计划并预定报告格式，过程性表现良好。

实质性（★★★★☆）

《报告》系统披露了"保障能源供应"、"煤质控制与管理"、"职业健康管理"、"安全生产"、"保护土地"、"发展循环经济"、"矿区保育、尾矿处理和矿区生态保护"等煤炭开采与洗选业关键性议题，实质性表现较好。

完整性（★★★☆）

《报告》从"能源供应"、"安全生产"、"转型发展"、"科技引领"、"环境保护"、"社会贡献"等角度披露了煤炭开采与洗选业核心指标的 65%，完整性表现良好。

平衡性（★★★）

《报告》披露了"生产安全死亡责任事故数"、"累计百万吨死亡率"等负面数据信息，具有一定的平衡性。

可比性（★★）

《报告》披露了 5 个关键绩效指标连续 6 年以上的历史数据，并就"矿井下安全避险六大系统负荷"进行同行业对比，可比性需进一步提高。

可读性（★★★★）

《报告》结构清晰，篇幅适宜，语言流畅；采用了图片、图表、流程图等多种表达方式；通篇使用书签设计，可读性表现优秀。

创新性（★★★☆）

《报告》在文字提炼、结构设置、整体设计等方面较上年度报告有较多创新；书签设计便于读者阅读，创新性表现良好。

综合评级（★★★☆）

经评级小组评价，《中煤平朔集团 2013 年社会责任报告》为三星半级，是一份良好的企业社会责任报告。

（四）改进建议

1. 进一步完善报告编写流程，提高利益相关方参与度。

2. 增加关键绩效数据的披露，提高报告的可比性。

3. 增加负面数据及负面事件分析披露，提高报告的平衡性。

4. 增加行业核心指标的披露，进一步提高报告的完整性。

评级小组

组长：中国社会科学院经济学部企业社会责任研究中心主任　钟宏武

成员：《WTO 经济导刊》副社长　殷格非

　　　中山大学岭南学院教授　陈宏辉

过程性评估小组：中心评价部　翟利峰　方小静

评级专家委员会主席　　　　　　　　　　　评级小组组长

中心常务副理事长　　　　　　　　　　　　中心主任

三、《中国互联网络信息中心 2013 年社会责任报告》评级报告

中国社会科学院经济学部企业社会责任研究中心（以下简称"中心"）受中国互联网络信息中心委托，从"中国企业社会责任报告评级专家委员会"中抽选专家组成评级小组，对《中国互联网络信息中心 2013 年社会责任报告》（以下简称《报告》）进行评级。

（一）评级依据

中国社会科学院经济学部企业社会责任研究中心、中国企业联合会、中国石油与化学工业联合会、中国轻工业联合会、中德贸易可持续发展与企业行为规范项目、《WTO 经济导刊》、中国企业公民委员会联合发布的《中国企业社会责任报告编写指南（CASS-CSR 2.0)》，及《中国企业社会责任报告评级标准（2013)》。

（二）评级结论

完整性（★★★☆）

《报告》从"责任战略"、"内核责任"、"中层责任"、"外延责任"等角度，披露了互联网服务业核心指标的 62.50%，完整性表现良好。

实质性（★★★★）

《报告》涵盖了"提高客户满意度"、"保护客户信息安全"、"拦截不良、垃圾信息的机制"、"绿色办公"等所在行业关键性议题，实质性表现优秀。

平衡性（★★）

《报告》负面数据信息、负面事件披露较少，平衡性需进一步提高。

可比性（★★）

《报告》披露了少量关键绩效指标的历史数据，可比性表现一般。

可读性（★★★★）

《报告》结构严谨，篇幅适宜，语言流畅，案例详尽；设计风格清新，运用较多图片、图表、流程图等表达方式，具有优秀的可读性表现。

创新性（★★★★）

《报告》主体框架层次分明，从"内核"、"中层"及"外延"等不同角度阐述社会责任工作重点，使人耳目一新，创新性表现优秀。

综合评级（★★★☆）

经评级小组评价，《中国互联网络信息中心 2013 年社会责任报告》为三星半

级，是一份良好的企业社会责任报告。

（三）改进建议

1. 增加负面数据及相关事件的披露，提高报告的平衡性。

2. 增加社会责任历史数据的披露，提高报告的可比性。

3. 增加所在行业核心指标的披露，进一步提高报告的完整性。

评级小组

组长：中国社会科学院经济学部企业社会责任研究中心主任　钟宏武

成员：中国企业联合会全球契约推进办公室主任　韩斌

　　　北方工业大学经济管理学院副教授　魏秀丽

评级专家委员会主席　　　　　　　　　　　评级小组组长

中心常务副理事长　　　　　　　　　　　　中心主任

附　录

附录一：《指南 3.0》分行业编修进展

序号	发布时间	指南名称	合作机构
1	2014 年 1 月 21 日	《中国企业社会责任报告编写指南之一般框架》（整体框架）	南方电网、华电集团、华润集团、中国三星支持全系列指南
2	2014 年 1 月 21 日	《中国企业社会责任报告编写指南之一般采矿业》	中国黄金
3	2014 年 7 月 25 日	《中国企业社会责任报告编写指南之汽车制造业》	东风汽车、上海大众
4	2014 年 10 月 24 日	《中国企业社会责任报告编写指南之电力生产业》	华电集团
5	2014 年 10 月 29 日	《中国企业社会责任报告编写指南之电信服务业》	中国移动
6	2014 年 10 月 29 日	《中国企业社会责任报告编写指南之煤炭采选业》	神华集团、中煤集团
7	2014 年 11 月 13 日	《中国企业社会责任报告编写指南之建筑业》	中国建筑
8	2014 年 11 月 13 日	《中国企业社会责任报告编写指南之家电制造业》	松下（中国）

附录二:《指南 3.0》2015 年编修计划及合作权益

➤《指南 3.0》分行业指南 2015 年编修计划:

序号	指南名称	合作机构
1	电力供应业	南方电网
2	石油石化	中石化集团、青岛丽东化工
3	非金属制品业	中国建材
4	医药行业	华润医药
5	食品饮料业	中盐集团、蒙牛集团、雨润集团
6	房地产行业	华润置地、中海集团、远洋地产
7	银行业	中国工商银行、中国民生银行
8	特种装备制造业	中国兵器工业集团、中国航空工业集团、中国电科集团
9	重大装备制造业	国机集团、东方电气、斗山(中国)
10	电子行业	三星(中国)、中国电子
11	钢铁	浦项(中国)
12	仓储	中储棉

➤《指南 3.0》分行业指南合作权益与成果:

序号	名称	权益与成果
1	一个行业平台	由行业内领先企业和外部专家共同组成行业指南专家委员会
2	一次企业调研	组织 CSR 研究者、协会以及企业专家共同去企业进行调研
3	一次专家研讨会	组织 CSR 研究者、协会以及企业专家共同召开《指南 3.0》专家研讨会
4	一本分行业指南	编制出版《指南 3.0》
5	一场指南发布会	召开《指南 3.0》专题或综合型发布会
6	一次指南培训会	为企业举办一次《指南 3.0》使用培训会

附录三：报告评级十问

一、什么是企业社会责任报告评级？报告评级与报告审验有何区别？

答：企业社会责任报告评级是对社会责任报告质量的评价，评价对象限于报告本身及其编写过程。

报告评级与报告评价的区别有：报告评级依据的是《中国企业社会责任报告编写指南》和《中国企业社会责任报告评级标准》，报告评价的依据非常散乱；报告评级是专家委员会集体结论和中心的机构意见，报告评价是专家个人判断。

报告评级与报告审验的区别：报告审验的核心是验证信息的真实性与可靠性、数据的准确性等，而报告评级是对披露内容本身质量的评价，不对信息的真实性进行评价。

二、为什么要进行社会责任报告评级？

答：通过报告评级向企业提供专业意见，为企业社会责任工作提供智力支持，改进我国企业社会责任工作现况；以报告促管理，充分发挥报告在利益相关方沟通、企业社会责任绩效监控的作用，将报告作为提升公司社会责任管理水平的有效工具。

三、谁来负责对企业社会责任报告评级？

答：企业社会责任报告评级的总负责机构是"中国企业社会责任报告评级专家委员会"，该委员会由中国社会科学院经济学部企业社会责任研究中心牵头成立，由我国企业社会责任研究领域及实践领域的顶级专家组成。

报告内容评级之前，由评级事务联络人组成的资料审核小组赴企业所在地，对企业社会责任报告的"过程性"做实地评估，将评估资料清单与企业社会责任报告一并提交专家，评级专家小组成员分别进行打分，由评级小组组长综合专家意见确定报告最终级别、出具评级报告。示例如下：

2012 年中国三星社会责任报告评级小组名单

组长：中国社会科学院经济学部企业社会责任研究中心主任钟宏武

成员：《WTO 经济导刊》副社长，企业社会责任发展中心主任殷格非，商道纵横总经理郭沛源

四、报告评级的流程是什么？

答：分为六个步骤。

1. 企业根据自愿原则向中国社会科学院经济学部企业社会责任研究中心（以下简称"中心"）提出正式的报告评级申请，并与中心达成报告评级协议；

2. 在评级专家委员会中抽取专家成立报告评级小组，报告评级小组由专家委员和评级事务联络人组成，联络人一般由中心工作人员组成；

3. 评级事务联络人赴企业所在地对其社会责任报告"过程性"进行评估，评估结果交评级小组参考；

4. 专家委员小组成员根据《中国企业社会责任报告评级标准（2014）》和《中国企业社会责任报告编写指南（CASS-CSR 3.0）》对企业社会责任报告分别进行打分；

5. 评级小组组长综合专家意见后形成评级报告，委员会主席审签；

6. 组织专家与企业进行后续沟通及报告改进。

五、评级依据是什么？从哪些指标对社会责任报告评级？

答：报告评级的依据是《中国企业社会责任报告编写指南（CASS-CSR 3.0）》和《中国企业社会责任报告评级标准（2014）》。

从七项指标对社会责任报告的质量进行评级：过程性、实质性、完整性、易读性、平衡性、可比性和创新性。每项指标赋有一定的权重。

七项指标权重

过程性	实质性	完整性	平衡性	可比性	可读性	创新性
25%	25%	15%	10%	10%	10%	5%

六、报告最终评级共分为多少个级别？如何确定？

答：中国企业社会责任报告评价采取星级制，共分为七个级别，即报告分为五星级、四星半级、四星级、三星半级、三星级、二星级和一星级。每一个星级

对应一定的分值范围。

星级与分值对应表

评级结果	评级图示	分数区间
五星级	★★★★★	90~100
四星半	★★★★☆	80~90
四星级	★★★★	70~80
三星半	★★★☆	60~70
三星级	★★★	50~60
二星级	★★	30~50
一星级	★	30以下

七、评级报告包括哪些内容？

答：评级报告由以下要素构成：
- 报告评级概述。
- 报告评级依据。
- 报告评级范围。
- 报告评级结论。
- 报告改进建议。
- 评级小组名单。
- 评级小组组长审签。
- 报告评级委员会主席审签。

八、评级需要多长时间？

答：从企业提出评级申请到出具评级报告，需10个工作日。

九、评级如何收费？

答：每份企业社会责任报告的评级费用为3万元人民币，评级费用用于支付评级小组的专家费用、评价事务联络人的差旅费以及评级委员会的日常管理。

十、怎么申请评级？

答：计划申请报告评级的企业科致电中国社会科学院企业社会责任研究中心评价部：

联系人：方晓静　王梦娟

邮件：rating@cass-csr.org

电话：010-59001552

附录四：评级企业名单

2014 年申请报告评级企业名单（61 家）	
中国南方电网公司	中国石油化工集团公司
中国黄金集团公司	中国三星
中国移动通信集团公司	中国华电集团公司
中国建筑股份有限公司	中国电子科技集团公司
中国铝业公司	中国电信集团公司
中国华能集团公司	中国兵器工业集团公司
中国建筑材料集团有限公司	斗山 Infracore（中国）
LG（中国）	中国松下
华润（集团）有限公司	中国石油化工股份有限公司
神华集团有限责任公司	海南航空集团有限公司
佳能（中国）有限公司	中国医药集团总公司
中国电子信息产业集团有限公司	北京控股集团有限公司
中国海洋石油总公司	东风汽车公司
中国节能环保集团公司	上海大众汽车有限公司
中国黄金行业协会	太原钢铁（集团）有限公司
中国盐业总公司	国家核电技术公司
中国兵器装备集团公司	广州百货企业集团有限公司
中国储备棉管理总公司	中国中煤能源集团有限公司
LG 化学（中国）投资有限公司	深圳供电局有限公司
新兴际华集团有限公司	华润置地有限公司
现代汽车（中国）投资有限公司	中国黄金国际资源有限公司
华润电力控股有限公司	中国中钢集团公司
中国交通建设股份有限公司	中国航空工业集团公司
天津生态城投资开发有限公司	中国航天科技集团公司
中国储备粮管理总公司	中国机械工业集团有限公司
中国诚通控股集团有限公司	中国长江三峡集团公司
浦项（中国）投资有限公司	丰田汽车（中国）投资有限公司
中国保利集团公司	朔黄铁路发展有限责任公司
中粮集团有限公司	远洋地产有限公司
广州医药有限公司	中煤平朔集团有限公司
中国互联网络信息中心	

续表

2013 年申请报告评级企业名单（60 家）

中国南方电网公司	中国兵器工业集团公司
中国建筑材料集团有限公司	中国电信集团公司
中国华电集团公司	中国建筑股份有限公司
中国石油化工集团公司	中国华能集团公司
中国石油化工股份有限公司	中国电子科技集团公司
中国铝业公司	太原钢铁（集团）有限公司
华润（集团）有限公司	神华集团有限责任公司
中国联合网络通信集团有限公司	中国兵器装备集团公司
广东省粤电集团有限公司	国家核电技术公司
中国民生银行股份有限公司	广东省广业资产经营有限公司
中国三星	远洋地产控股有限公司
中国黄金集团公司	中国中煤能源集团有限公司
中国海洋石油总公司	中国储备棉总公司
中国建筑设计研究院	新兴际华集团有限公司
中国盐业总公司	中国电子信息产业集团有限公司
斗山 Infracore（中国）	中国保利集团公司
中国松下	中国中纺集团公司
中国东方航空股份有限公司	广东物资集团公司
中国医药集团总公司	中国机械工业集团有限公司
北京汽车集团有限公司	广东省建筑工程集团有限公司
中国黄金国际资源有限公司	中国航天科技集团公司
广东省丝绸纺织集团有限公司	广东粤海控股有限公司
中国中钢集团公司	中国交通建设股份有限公司
佳能（中国）有限公司	广州百货企业集团有限公司
中国节能环保集团	LG 化学（中国）投资有限公司
朔黄铁路发展有限责任公司	中国航空工业集团公司
广东省水电集团有限公司	浙江省电力公司
广东省交通集团有限公司	广东省广晟资产经营有限公司
广东省航运集团有限公司	广东省铁路建设投资集团有限公司
广东省广新控股集团有限公司	广东省机场管理集团有限公司

2012 年申请报告评级企业名单（43 家）

中国电信集团公司	中国兵器工业集团公司
中国南方电网公司	中国石油化工股份有限公司
中国石油化工集团公司	中国华能集团公司
中国黄金行业协会	中国兵器装备集团公司
中国电子科技集团公司	中国诚通控股集团有限公司

续表

鞍钢集团公司	中国民生银行
华润（集团）有限公司	中国黄金集团公司
中国电子信息产业集团有限公司	中国建筑材料有限公司
广百集团有限公司	武汉钢铁集团公司
神华集团有限责任公司	中国机械工业集团有限公司
中国华电集团公司	中国建筑股份有限公司
远洋地产控股有限公司	中国铝业公司
中国建筑设计研究院	新兴际华集团有限公司
哈尔滨电机厂有限责任公司	中国节能环保集团公司
中国农业发展集团有限公司	中国北方工业公司
中国储备棉管理总公司	中国盐业总公司
中国黄金国际资源有限公司	中国中钢集团
中国医药集团总公司	广东粤电集团有限公司
广百股份有限公司	国家核电技术公司
马钢集团	中国航天科技集团公司
中煤集团	哈尔滨电气集团公司
佳能（中国）有限公司	

2011 年申请报告评级企业名单（22 家）

中国南方电网有限责任公司	中国兵器装备集团公司
中国电信集团公司	中国盐业总公司
中国华能集团公司	中国建筑材料集团有限公司
中国石油化工集团公司	中国民生银行股份有限公司
中国石油化工股份有限公司	中国大唐集团公司
中国黄金集团公司	中国中钢集团公司
远洋地产控股有限公司	中国电子信息产业集团有限公司
中国电子科技集团公司	中国储备棉管理总公司
鞍钢集团公司	中国华电集团公司
哈尔滨电气集团公司	中国黄金国际资源股份有限公司
国家核电技术公司	中国医药集团总公司

2010 年申请报告评级企业名单（10 家）

中国石化集团公司	中国大唐集团公司
中国石油化工股份有限公司	中国中钢集团公司
中国民生银行股份有限公司	中国南方电网有限责任公司
中国华能集团公司	马钢集团
中国华电集团公司	鞍山钢铁集团公司

附录五：中国社科院企业社会责任研究中心 2015 年合作计划

类别	项目内容	委托方/合作方	时间
研究	《指南 3.0》分行业指南	各行业 CSR 领袖企业	1~12 月
	海外中资企业社会责任研究报告	国务院国资委、"走出去"企业	1~12 月
	海外中资企业社会责任影像志	国务院国资委、"走出去"企业	1~12 月
	食品药品行业社会责任信息披露机制	食药监局、相关行业企业	1~12 月
培训	分享责任——中国企业社会责任公益讲堂	中外企业社会责任经理人	4 月、7 月、10 月
	分享责任——中国首席责任官培训	中外企业社会责任负责人	1~12 月
	中国社科院 MBA "企业社会责任"必修课	中国社科院 MBA 中心	3~5 月
	《指南 3.0》应用培训	行业协会、中外企业社会责任经理人	1~12 月
	定制化社会责任培训	政府、协会、企业	1~12 月
评价	"十二五"工业暨信息企业社会责任评估	工信部，各工业、信息企业	1~12 月
	中国企业社会责任报告评级	报告评级申请企业	1~12 月
	《企业公益蓝皮书（2015）》	经济管理出版社	3~9 月
	《企业社会责任蓝皮书（2015）》	社会科学文献出版社	7~10 月
	《中国企业社会责任报告白皮书（2015）》	新华网	3~11 月
调研	分享责任中国行——中国 CSR 领先企业调研	中国 CSR 领先企业、新华网	1~7 月
	分享责任世界行——全球 CSR 领先企业调研	中国企业，日韩、中国港台地区、欧美 CSR 领先企业、新华网	1~8 月
咨询	企业社会责任报告顾问	合作伙伴	1~12 月
	企业社会责任管理体系咨询	合作伙伴	1~12 月
	公益项目评估与规划	合作伙伴	1~12 月
会议	分享责任年会暨企业社会责任报告峰会	合作伙伴	1 月
	《企业公益蓝皮书（2014）》发布会	媒体	2 月
	《企业公益蓝皮书（2015）》发布会	合作伙伴、媒体	10 月
	《企业社会责任蓝皮书（2015）》发布会	合作伙伴、央视等媒体	11 月
	《企业社会责任报告白皮书（2015）》发布会暨评级总结会	合作伙伴、新华网等媒体	12 月
	《海外中资企业社会责任蓝皮书》发布会暨责任影像志首映礼	国务院国资委、"走出去"企业、新华网等媒体	12 月

后 记

《中国企业社会责任报告（2014）》是集体劳动的成果，整个项目前后历时7个多月，先后有20余人投入其中，共收集47个行业1500余家企业社会责任报告，对几十项指标进行采集和分析，形成最终成果。本书编写过程中的信息搜集、数据整理及写作工作，由翟利峰、方小静组织协调完成；方小静、张晓丹、王梦娟、王志敏、马金伟、朱蓉蓉、赵婕伶、赵晨莉、李晓晗、王颖楚、郑伊廷、陈雯玲等同志负责信息采集工作。

本书的写作提纲由钟宏武、魏紫川、张蕙、翟利峰共同确定。总论由钟宏武、翟利峰、王志敏撰写；报告篇的第一章"中国企业社会责任报告概况"由魏紫川、王志敏、李晓晗、赵晨莉撰写；第二章"中国企业社会责任报告议题分析"由张蕙、王梦娟、翟利峰撰写；管理篇的素材由各企业提供，资料整理由翟利峰、方小静、王梦娟、张晓丹、王志敏共同完成；评级篇的资料整理与编辑由方小静、李晓晗、赵晨莉共同完成；附录由张晓丹、李晓晗共同整理。全书由钟宏武、翟利峰、王梦娟审阅、修改和定稿。

中国企业社会责任的研究起步不久，还有很多的问题有待探索和解决。希望各行各业的专家学者、读者朋友不吝赐教，共同推动中国企业社会责任更快更好地发展。

（本书电子版，请登录中心网站下载，地址：http：//www.cass-csr.org/，相关数据的查询和排名亦可登录责任云 www.zerenyun.com，或下载手机客户端应用——"责任云"进行相关查询）

中国社会科学院经济学部企业社会责任研究中心

正德至远社会责任机构

2014 年 12 月

关注中国企业社会责任最新进展，请关注中心微信公众号。

中国社科院 CSR 中心

责任云 CSRCloud